キリシタン 迫害と殉教の記録

東出版刊「キリシタンの愛と死」復刻

下

共著者
飯塚伝太郎・斉藤秀夫・内山善一・満江　巌・海老沢有道・山口弥一郎
梅宮　茂・小野忠亮・今村義孝・山田野理夫・榎本宗次・松野武雄・永田富智

編　者　助野健太郎・山田野理夫
発　行　フリープレス

84
P. Petrus Casui Iappon Societ. IESV varijs crucia:
tibus in odium Fidei occisus Yendi Augusto. 1633

日本人初の司祭となったペトロ・カスイ・岐部（イエズス会蔵の宣教報告資料より）

本書は、昭和42年刊行の「キリシタンの愛と死」（3巻構成）を改題したうえ、
旧版を復刻したものです。

復刻版・キリシタン迫害と殉教の記録㊦

旧版・きりしたんの愛と死
―その歴史と風土と―

東日本編　目次

主要キリシタン用語略解

駿河の切支丹

飯塚伝太郎

一　駿府切支丹の興廃

徳川家康は、慶長十二年（一六〇七）三月、将軍職を秀忠にゆずり、駿府《すんぷ》（静岡市）に退隠した。

しかし、幕府では重要な問題はすべて家康のさしずを求めた。それで、諸大名はもとより、海外諸国の使臣らも、彼を、駿府の大御所様と尊び、彼の好感を得ようとして、おとずれるので、駿府の繁昌は、大へんなものであった。静岡市の久能山東照宮には、当時を物語る家康の遺品が残っている。

天文十八年（一五四九）以来、わが国に入ってきた切支丹信仰は、この頃には、そうとうの深度に普及し、徳川旗下の武士や、江戸や駿府の市民の間にも多数の信者ができた。

駿府切支丹は、慶長の初期からで、フランシスカン派のエロニモ、および、ゼスイト派のアンゼリスの両師から洗礼をうけたものが数千名に上ったといわれる。

慶長十二年（一六〇七）五月、フランシス・パジェスら一行が、駿府にきて、本多上野介《こうずけのすけ》の斡旋で、家康に謁見した頃には、家康の周辺には、結城《ゆうき》忠直《ただなお》・松平忠輝《ただてる》らをはじめ、多数の信者があった。また、駿府には切支丹寺院（南蛮寺）が、二つもでき、毎日、二百人以上の受洗者があったという。

慶長十六年（一六一一）家康に謁見した、ビスカイノは、わが国で採金に従事したスペイン人で、その「金銀島探険記」に

「家康の侍女ジュリアが、宿舎で行われたミサ聖祭に列するために来たので、ビイドロ（ガラス）の玩具を与えると、それよりも、ロザリオ（珠数）および、キリストの画像の方を希望した。その態度から見ても、彼女が立派な信者であることがわかった。」と記してある。

この頃、肥後国八代《やつしろ》の僧が、切支丹について家康に訴えた。

「南蛮国王は、己が国の税で、金銀・織物・珍器などを買い込み、毎年、商船にのせて我国に渡し、これを餌《えさ》にして、諸人を邪宗門に勧め入らしめ、伴天連《ばてれん》（神父）、入《いる》満《まん》（法弟）らは、何年には何百人を信者にした、と、帳面に記して報告し、その人数に応じて、ほうびをもらう。フィリッピンのルソン島も、初めはイスパニア人が、僅かの土地を借りて、寺を建て、ひそかに切支丹宗を広めた。すると、これを信ずる愚民どもが、南蛮人に味方をし、自分の国を南蛮人に奪い取らせてしまった。その後は、南蛮人が施政官を置き、其地で産出する諸物産・金銀を、ことごとく己れのものとなし、三年目に本国へ運送させる」

家康は、この僧の話を聞くまでもなく、すでにそれ以上、海外の事情や切支丹に関して知識を持っていた。

わが国に最初に来航したのは、ポルトガル人で、次にイスパニア人である。彼らは通商と同時に切支丹の伝道をした。その後に、オランダ人、イギリス人が来航したが、これらは、単に通商の利益を目的とし、通商の競争者であるポルトガル人、イスパニア人の悪口を、家康に言って、その利益を独占しようとした。

家康は、関ケ原役で勝利を得てからは、西国の切支丹大名らに対し圧迫を加えはじめた。それは軍事的の理由のみでなく、切支丹を通じての海外貿易の利益を独占したいという、経済的の欲望が主であった。さらに、オランダ、イギリスの商船の来航が始まり、宗教をともなうポルトガル、イスパニアの船舶の入航が必要でなくなったので、これらの国々に切支丹の布教を停止するよう命じた。それでもなお、ひそかに宣教師の潜入する者が絶えなかった。

そこで、家康は断固として、ポルトガル、イスパニア船の来航するのを禁止してしまった。

慶長十七年（一六一二）家康は九州の切支丹大名有馬晴信を岡本大八の事件を機に処分してから、まず、自己の周囲の切支丹宗の廓清をはじめた。

駿府城旗下の武士の信者を調査し、これに改宗を命じたが、左記の人々は、それに従わなかったので、四月二

切支丹禁制の高札（明治初年）

十四日、財産没収の上、追放に処した。原主水、榊原嘉兵衛、小笠原権之丞、西郷宗三郎、湯沢伝三郎、山下庄三郎、梶十兵衛、梶市之助、横地長五郎、吉田武兵衛、水野二左衛門、山田次左衛門、小野庄蔵、須賀久兵衛。

また、国内の諸大名に、これら追放人を保護したり、その領内に居住させてはいけない。と、酒井忠世・大久保忠潾・本多正信らが連署して通達した。

次いで、大奥女中の信者のうち、改宗をきかなかったお中臈《ちゅうろう》のジュリア、クレール、リュースの三名を、伊豆の孤島へ島流しにした。

駿府切支丹の遺跡・遺物は殆んど何もない。

駿府城大奥の信者の女中らが、隠れて崇拝の対象にした切支丹灯籠が在ったという本丸の庭園紅葉《もみじ》山《やま》の位置は、現在、静岡市の駿府公園の中央辺で、その頃から植っていたという蜜柑の老樹が立っている附近である。

二　岡本大八事件

駿府切支丹禁制の導火線となったのは岡本大八の事件である。

肥前国日野江城（原城ともいう）主、有馬《ありま》修理《しゅり》太夫《だゆう》晴《はる》信《のぶ》（聖名ジャン、又はドム・プロテー＝プロタジオ）は熱心な切支丹信者で、慶長十一年（一六〇六）カンボジャに一艘の貿易船を出した。占城《チャンパ》から伽羅《キャラ》（香木）その他を積んでの帰路、暴風を避けて、マカオ港に入ると、すでに数艘の日本船が入っていた。それには、かつて八幡大菩薩《まんだいにさつ》の旗をかかげ、南海に活躍した〝ばはん船〟の血を引く人たちが乗込んでいた。これが同地のポルトガル人と闘争をおこし、積荷をうばわれ、双方に死傷者がでた。幸いアンドレア・ペッソア総督の武力鎮圧によって納まったが、もし、マカオの司教の調停がなかったら、日本人は皆殺しにされるところであった。

有馬氏の船が長崎に帰ると、晴信から、奉行長谷川左兵衛に、ポルトガル人の非道を訴えた。長谷川が駿府の家康にこれを報告すると、家康は怒って、以後ポルトガルと通商をしない、といった。

一六〇九年（慶長十四）ペッソアの乗ったポルトガル船聖母丸《マードレ・デ・デオス》が長崎に来航した。これを知った家康は有馬晴信に「ペッソアを捕え、聖母丸を押収せよ」と命じた。晴信はいろいろ画策したが、うまくゆかなかったので遂に千二百の兵を引き連れて長崎に急行して聖母丸を攻撃した。三日にわたる激戦の後ペッソアは敵しがたきを知り、積込んである火薬に点火して爆沈した。

有馬氏の領内には熱心なクリスチャンが多かった。晴信の子、左衛門佐直純《さえもんのすけなおずみ》もまた、ミッセルと称する信者である。直純の夫人国姫は家康の外曽孫《ひまご》である。彼女の母は、家康の長子、岡崎三郎信康《のぶやす》の娘、父は本多美濃守忠政である。国姫ははじめ松平越後守忠俊に嫁したが、忠俊罪あって配流の後、熱心に仏教を信じ、独身で暮しておったのを、家康があわれに思い、自分の養女として、美濃国北方の地千百石を化粧料に与え、有馬直純に配したのであった。

肥前国藤津・彼杵《そのぎ》・杵島《きじま》の三郡は、鍋島信濃守勝茂《なべしましなののかみかつしげ》の領地であるが、元は、有馬氏の所領だった。それを鍋島の故主龍造寺氏《りゅうぞうじ》のためにうばわれた土地であるので、晴信はつねにこの失地を回復したいと希望しておった。

駿府の大御所側近に仕える本多上野介正純《こうずけのすけまさずみ》の家来に岡本大八という与力があった。この人も聖名をポールと呼ぶ切支丹で、主命を奉じてしばしば長崎に往来するうちに有馬氏と親しくなった。大八は、晴信が、失地回復の希望あるを知り、有馬氏がポルトガル船を撃沈した功によって、失った三郡を賜わるよう主人上野介に斡旋させよう、と持ちかけ、多額の運動費を取った。その後、三郡を有馬氏に加封するという偽せ朱印状の下書を見せ、

「近くこのような御下知があるはずである。ついては御老中方へ謝礼として贈りたいから」と称して、数千両を提供させて大八が着服し、これを資本にひそかに商売をした。

晴信は、今に吉報がくるだろうと、一年ばかり待ったが何の音沙汰もない。そこで、ようやく大八に疑いをいだき　直接本多侯に真相をただそう、と決心し、子息、直純夫妻をともなって日野江城を立ち、京都伏見まで至った。そこに直純夫妻を留めおき、彼ひとり駿府へ先行し、事の成否を探って報告すべきを約して先発した。

ところが、直純夫妻は、父より先きに駿府に急行して家康に謁した。直純の夫人は家康に、「舅晴信は、自分に対し、貴族に対する待遇をしない。また老年なるにかかわらず夫直純に家督をゆずらない。その上に欲が深く、旧領を賜わらんことを運動し、多額の資金を提供している。このままでは、われら夫婦の将来が心配である。」と訴えた。家康は、晴信が切支丹であり、且つ、長崎奉行からも、色々と好くない報告を受けており、今また、養女国姫の哀訴を聞き、ますます晴信を憎むようになった。

直純はまた、本多上野介をおとずれ、

「父は、御家来岡本大八の周旋によって、旧領回復のため、巨額の運動費を提供したもようであるが、大八の言の如く、願望がかないましょうや如何」

と、たずねた。ところが上野介から

「左様な話は一向に存ぜぬ」

とハッキリ答えられ、直純はどうしようもなかった。一方、上野介は、直純の言うのが本当ならば、一番疑われるのは彼自身であると思い、急ぎ大八を呼出して取調べたところ、大八は知らぬ存ぜぬ一点ばりなので、この事を大御所家康の耳に入れた。

家康は直ちに町奉行彦坂九兵衛に命じ、岡本大八を捕えさせ、「有馬晴信をば至急召寄せて対決せしめよ」と命じた。

一足おそく駿府に着いた晴信は、お召出しと聞き、「さては、旧領回復の御下知」と心中踊り上らんばかり喜び、指定の四ツ足御門前大久保石見守長安《いわみのかみながやす》の邸に出ると、案に相違し岡本大八との対決訊問となった。

その結果、大八から送った数通の書状及び朱印状の偽案文等を晴信が呈出すると、大八の詐偽であることが明らかとなった。大八は獄に収容され、晴信は、「若輩者にだまされて、他人の領地を奪わんと計ったのは、大名にあるまじき行為である」と、所領没収の上、石見守にお預けとなった。

大八は獄中から「晴信は、長崎奉行、長谷川藤広を暗殺しようと企てた」と訴えた。

そこで再び、石見守邸において、大八と晴信とを対決させた処、大八の訴えどおり、晴信の旧悪が露見し、甲斐国谷村《やむら》の鳥居成次《しげつぐ》に預けられた。ここにおいて、晴信はその過ちを悔悟し、この地に在って、ただ聖書を読誦し、キリストの精神を理解するにつとめた。彼の夫人は聖名をジェストと称する信者であった。夫と共に谷村にあって、常に夫を励まし、悔い改めた信者として、清い生活を送らしめた。一方、晴信の子直純は父の生存を喜ばず、計るところがあったので、ついに斬罪に処せられることになった。死に臨んだ晴信は聖書を読誦せしめ、キリストの像の前にひざまずき、過去の罪悪をざん悔し、家康たちに対しても従来の非行を謝し、畳二枚を敷き、一端に十字架を立て、朧燭を点じた。晴信は静かに衣服の襟をひろげ、従臣の一人に命じて首をはねさせた。夫人もこの席に侍し、終始晴信のために祈っていたが、やがて夫の首級を抱いて接吻したのち、それを遺骸と共に包んだ。それから一室に退き髪を切って遁世のしるしとした。検死の役人らも、彼らの神妙さに感じ、切支丹のならわしによる夜中の埋葬を許した。

慶長十七年（一六一二）五月七日のことであった。

鍋島勝茂は、領地の安全を得たのを喜んで、黄金五百両、猩々緋《しょうじょうひ》三十間を家康に献じた。

さて大八は、獄中で己れの罪過をざん悔し、慶長十七年（一六一二）三月二十一日、駿府の町々を引廻しの上、府の西、安倍川原の刑場で火あぶりの刑に処せられた。大八の妻も一度は逮捕されたが、やがて免され、刑場の傍らにあって夫のために神の恩恵を祈った。

有馬氏の所領は子息直純に与えられた。直純はこの時から切支丹の信仰を捨てて仏教信者となり、領内の切支丹信者に対し転宗をすすめ、長崎奉行長谷川藤広と共に信仰を捨てぬ者に、ひどい迫害を加えた。

家康も、浄土僧の幡随《ばんずい》意上人を九州につかわし、直純の夫人と協力させて、有馬領民に改宗をすすめさせた。しかし、領民を全く改宗させることはできなかった。

直純は領民を改宗させる手腕なし、と見られ、慶長十九年（一六一四）二月、日向国に転封を命ぜられた。しかし、石高は一万三千石を加えられ五万三千石となった。

彼の家臣は、大部分切支丹信者であった。それで、主君の厳命にもかかわらず信仰を捨てなかった。なお、日向に移ることもしなかった。そして、かえって改宗した主君を捨てた。

三　駿府の殉教者

小笠原権之丞

小笠原権之丞《じょう》は、三河国幡豆《はず》村の小笠原氏の分家である。家康の鉄砲組頭となり、扶持米六千俵を賜わった。六歳のとき受洗し、聖名をジエゴ・ディダクといい、品行端正で、旗下の模範といわれた人である。

当時、品行端正の者を、「彼は、ディダクのようだ」と称したものであった。仏教徒でさえも「天下に、誰か彼に勝る人格者があろうか」と賞讃したという。

権之丞が信者になったときには、彼の家来のうちで、信者は、わずか三人しかなかったが、後には、彼の感化によって洗礼を受けた者が三百人に達した。

彼は自己の領地に切支丹の寺院を建て、聖母信心会をおこし、外国宣教師を招いで伝道をおこない、仏教徒にも聴問を許した。

駿府においても、地を求め、家を建て、外国人宣教師を養って、信者を導かせ、また、教会堂を建て、仏教徒への改宗にも従事させた。なお、彼の兄弟姉妹・妻子をはじめとし、熱心な仏教徒であった彼の母親をも改宗させた。

駿府城中で信者の検挙があったとき、権之丞は城内におらなかった。彼は市中でこの風説を聞き、いそいで宣教師のところに行き、懺悔をなし、自分も殉教の苦難を受けたいと祈り、少しの苦悩もなく夜を過した。

この頃、駿府城の役人たちは、岡本大八の事件で多忙であって、信者処分の手続も延びのびになっていた。権之丞は止むを得ぬ用事のため領地に赴いた。彼の不在の間に追放信者の名簿が作成されたが、彼の名も勿論そのなかに記載されてあった。しかし、彼は終身追放の報せを受けても少しの苦悩も示さず、むしろ信仰証明者となったことを喜び、かえって、一命を捧げるを得なかったのを残念に思った。

「キリストの信愛を受けるため、甘んじて、現世の財産と幸福とを捨てよう」と決心し、財産も、朋友も、親族をも捨て、彼の妻と、二歳になる女児を連れ、ただ、十字架と忍耐力とのみを身につけて去り、僻村に住み、手ずから働いて生活した。

彼は去るにのぞんで、数通の愛憐に満ちた書簡を所々へ贈った。このとき、彼は二十四歳であった。耶蘇天誅記には、「家康より誅戮を蒙る」ともある。また、ある説は、「後に大坂城に入り、元和元年、二十七歳で討死」

ともいう。

権之丞の子息安芸守《あきのかみ》は、「公命を重んじ、仏宗に改めたので、父の跡を賜わり家名を相続した」とも見える。

原主水《もんど》胤信《たねのぶ》

原主水は聖名をジュアンといった。

下総国印幡郡臼井城主、原刑部少輔《ぎょうぶしょうゆう》胤義《たねよし》の子で、はじめ、北条氏に属し、小田原落城のとき、父が自殺したので、家康に召されて小姓となり、累進して千五百石を領するにいたった。

慶長十七年（一六一二）三月、切支丹の禁令がでると、いち早く、駿府を脱走し、武州埼玉郡岩槻《いわつき》の粟飯原《あいばら》氏を頼り、約二年間かくれておった。その間に、大宮・粕壁、並びに江戸の近くまで、子育観音と称する像をもって布教に従事した。ところが岩槻城主高力《こうりき》左近太夫《さこんだゆう》忠房《ただふさ》に発見、逮捕されて、駿府に護送された。

慶長十九年（一六一四）八月三十日（あるいは九月十三日）府西、安倍川原の刑場で、他の信者ら五名と共に、額に十字の焼印をおされ、手足の拇指《おやゆび》と、足の筋を切断され、「この罪人をかくまう者は厳罰に処する」との札を掛けられ、駿府の町々を引廻しののち、放逐された。そのうちの二人はこの責苦に堪えず絶命したので安倍川原に埋められた（一説では、手足の指十本ずつを切り、その後首をはねたともいう）。

主水は、その晩、安倍川原におった癩病人の小屋に休息し、友人の岡平内のところにかくれ、それから駿府郊外の牧ケ谷の耕雲寺に潜伏したが、やがて江戸に出て、ひそかに布教に従事した。江戸には四ッ谷・新宿・浅草等に南蛮寺があった。

岡平内《へいない》は、岡越前守貞綱《おかえちぜんのかみさだつな》の子である。原主水をかくした罪で岡父子を取調べたところ、越前守は全然関係なかったので無罪、平内のみ罰せられた。平内は浮田家の浪士、明石掃部《あかしかもん》全登の聟で、平内・全登・原主水の三人は切支丹信者であったのである。

耕雲寺の住職も、主水をかくまった罪で所罰された。

主水は元和九年（一六二三）十月十三日、江戸において逮捕され、品川で火刑に処せられた。

主水が駿府にあったとき、愛人があった。彼女は、野尻彦太郎の娘とも、また、中野彦太郎の妹であるともいう。駿府大奥に仕えていたが、慶長十九年（一六一九）八月二十八日、大悪を企てて捕えられ、九月二十一日死刑になった。城内におけるたびたびの放火事件などに関係があったのでもあろうか。

梶兄弟

慶長十七年（一六一二）四月、徳川家康の近習十四人が追放されたなかに、お小姓、梶十兵衛（ジョアシャム）及び梶市之助（バルテルミー）の兄弟がある。時に兄は二十四歳、弟は十七歳であった。彼らはこれより二年前に切支丹に入った。両人とも、いたって温厚な、そしてまじめな若者であった。

駿府における旗下の切支丹信者の名簿を作成する際、梶兄弟が他行中であったを幸いに、係りの者は、彼らを憐れみ、助けてやろうと、わざと名簿に記載せずにおいた。

しかし、彼ら兄弟は、信者の取調べがあったことを知って、急いで駿府に帰り、宣教師のところを訪れ、

「われら、不在のため、信者の名簿に洩れたと聞きます。われらの信仰が薄いため洩れたとすれば、信者として非常に残念であります」と歎いた。

翌朝、兄弟は奉行に面会し、

「信者の名簿にわれらを記録し、キリストの僕としての証明をしていただきたい」

と、申し出でた。奉行は、記帳されぬと聞けば喜んで、黙っているのが普通であるにもかかわらず、自ら名乗って出るとは何たることかと驚いた。そして、

「汝らは何を申すか、早く退れ、強いて左様な事を申すにおいては、所領は没収、生命をも失うかも知れぬ。当方の好意を了解せず、何を申すのだ、退れ、退れ」と叱った。

兄弟はこれに服せず、

「われらが此処へ罷り出ましたのは、財を惜しみ、生命を助かりたくてまいったのではございませぬ。生命にもまさる上帝のお恵みにあずかろうと存ずるからでありまず。なにとぞ、われら兄弟が、キリストの僕であることを名簿にお記入下され、そして信者として当然受くべき苦難をお与え下さい。もし、お聞きとどけなくば、大御所様直々にこの事をお願い申し上ぐる覚悟でござります」

という。奉行は、なおも梶兄弟の不心得をさとし、その志をひるがえさせようとしたが、両人は頑として従わなかった。放っとけば公方に直訴しかねない有様なので、奉行も、仕方なく同役に相談した。彼も、梶兄弟の人物を惜しみ、法廷において審問したならば、あるいは、翻意させることができるかも知れぬと考えたので、特に幼少の弟一人を召出して説諭してみることにした。弟の市之助が、法廷の厳粛な空気に圧せられ、初志を貫きえないだろうと思ったからである。しかし、弟は法廷に出ても、上帝の恩恵によって、おのれ一人が召し出されたことを感謝し、さらにその加護を祈るばかりであった。

尋問は、幼い市之助に対し、全く恐怖を感ぜしめるきびしさであったが、彼は弁護人もなく只一人で、少しの動揺をも示さなかった。

裁判官は問うた。

「汝は、切支丹を信ずるか」

法廷の人々は、市之助が何と答えるか、一瞬緊張した。

「はい、仰せの通り、信者に相違ありません」

「いつから信者になったか」

「もはや二年になります」

「汝は切支丹がご禁制になったのを知らぬか」

「よく存じております。けれども、この世の造り主、すべてのものを統べ給う上帝は、〝キリストの教えを信ぜよ〟と命じております。神によって造られた人間は、まず神の命に従うべきであると存じまするが、それとも神によりて造られた公方様に従うべきでしょうか」

裁判官は答えに苦しんだが、やがて、

「わが日本国では、釈迦《しゃか》・阿弥陀《あみだ》を帰依仏《きえぶつ》と致しておるによって、これを信ずるのが当然である」

といい、そして、

「汝が、公方の命に従って切支丹を捨てれば御加増があるぞ。もし捨てねば厳罰に処するがどうじゃ」と、なだめたり、おどしたりした。

市之助は、

「公方様の下さる財宝は亡びるものです。上帝の命によって身命を捧げれば、永久に亡びぬ栄誉が得られます。亡びる宝と、亡びぬ宝と、どちらを取るか迷うことはないでしょう。私が上帝の命に背いて信仰を捨てても、公方様が私に栄誉を賜わるわけはありません。

およそ世の中で、最も尊いものは徳行であります。信仰を捨て、神の教えに背く罪悪をどうして徳行と申せましょうか。私は何されようと決して神にそむきませぬ」

それから、キリスト教が、すべての宗教に優るわけを語ったが、彼の身体に神霊が満ちあふれているかに見えた。

「天も聞け、地も我が声を聞け、いま此席の人々も耳を傾けて聞け、我は火あぶりになるとも、一寸きざみにされようとも、断じて上帝の教えを捨てない」と叫んだ。

同席の一同はこの少年の気魄に圧倒された。裁判官は、市之助の決心のゆるがぬのをみて兄の十兵衛を呼び出した。十兵衛は弟が法廷の中央に昂然と立ち、多数の役人が粛然としているのを見た。そこでどんな問答が行われたのかわからないが、弟のさわやかな顔色から想像して、上帝の加護によって、彼が固く信仰を守り通したことが知られ、彼も弟と同様殉教の栄誉を得ようと決意を固めた。

役人らは、この兄弟らの態度を見て、もはや強いて反省をうながそうとはせず、この次第を公方に報告した。

家康も、この兄弟を改宗させるのは不可能だと聞いて、他の十二人の信者らと同様に、追放に処すべきことを命じた。梶兄弟は殉教の栄誉を神に感謝しつつその判決に服した。

清　安

慶長十九年（一六一四）九月二十七日、切支丹清安と

いう者が獄中にあって、囚人二人に布教したのが発見され、額に十文字の焼き印をあてられ、十本の指を切られて追放された。清安の身分は不明である、と「駿府記」に記事が見える。

転宗者嘉兵衛

家康の旗下の切支丹信者のうち、転宗した者は榊原《さかきばら》嘉《か》兵衛《へえ》只一人であった。

彼は久能山城の守将榊原照久《てるひさ》の弟である（家康は歿後、遺命によって久能山に葬られ、照久は家康の遺言により、久能山東照宮の総御門番を勤め、亡君の祭祀に奉仕し、駿河国有度郡のうち、千五百石を領した）。

榊原家は、代々、浄土宗であった。慶長十七年（一六一二）一月頃、彼の女児が病死すると、ある人から「切支丹を信仰し、その封札《おふだ》を貼れば、悪事災難一切を免がれる」と聞き、八歳の息子、及び配下の武士らにもすすめ、共にキリスト教の洗礼を受けた。

兄の照久はこれを知って大いに怒り、直ちに転宗をすすめた。間もなく、切支丹禁制の令が出た。親戚の人々もしきりに転宗をすすめるし、禁制に背けば、財産を没収の上、追放されると聞き、大いにこれを恐れ、直ちに執政のところに転宗を申し出た。ところが家康はこの事を聞くと、

「一旦信じた教えを、処罰を恐れて、あわてて捨てるは卑怯者である」と怒った。「武徳編年集成」によれば、「改宗の証拠歴然にして、罰せられるに及ばずといえども、その禄を没収せられ、同国久能寺に蟄《ちつ》居、後に上州館林にて死す」とある。

ジュリアおたあ

徳川家康は、駿府における旗下、小笠原権之丞ら十余名を処分する一方、城内大奥の女性信者を探索した。そして、ジュリア、クレール、リュースの三名の信者をつかまえた。

これらはお中臈《ちゅうろう》を勤めていた。

家康はこの三名を改宗せしめれば、以下の奥女中らは

自然と信仰を捨て、仏教に転向するだろう、と甘く考えた。そこで、この三名に向って、手を変え、品を変えて、追放・死刑・火あぶりなどの刑罰を挙げておどし、あるいは転向すれば賞を与えるなど甘言をもって誘った。しかし、少しの効果も顕れなかった。この仕事に当ったお年寄《としよ》りの女中らは、自分らの手におえぬことを大御所様に報告しなければならなかった。

家康は、ジュリアら三名が、堅く信仰を守り、転宗のすすめに従わぬことを聞き非常に腹を立てた。

その中でも、ジュリアは、容貌美しく、家康の最も可愛がった少女であった。彼女は朝鮮の貴族の娘で、豊臣秀吉が半島へ出兵した際、小西行長が、捕虜として日本に連れてきたものである。行長は聖名をドン・オーギュスタンと称した熱心なクリスチャンであった。彼はこの少女に、キリスト教による教育を施し、彼の夫人の侍女として成長せしめた。行長の死後、ジュリアは、駿府に移されて、城中に勤仕した。

家康は、彼女の美貌と、才智とを愛し、彼の侍妾にしようとした。

ジュリアは、それは上帝の教えに背くことだといって固くこばんだ。大御所はお年寄りに命じて何とかして彼の命に従うように伝えさせた。しかし、ジュリアの志を動かすことはできなかった。

たまたま、切支丹禁制のことがおこり、ジュリア、ルーシー、クレールの三名が捕えられ、転宗をせまられたが聞かないので、ルーシーとクレールの二名は伊豆の離れ島に流人として送ったが、ジュリアだけは、家康が手放しかね、お年寄りに命じ、再三再四転宗を説得させた。

「どうしても切支丹を捨てられぬならば、表向きは大御所様の御威光に従って転宗したように見せかけ、内々で信仰をつづけるようにしたならば……」と、お年寄りも折れて出た。けれどもジュリアは、

「絶対に大御所様の仰せに従うことはできませぬ。また、信仰を捨てることもできませぬ」と頑張った。理を尽し、情をつくし、涙を流して説得するお年寄りの誠意には、ジュリアの心も動きかけた。しかし、キリストの恩恵を

思い、勇気をふるいおこし、

「妾が、大御所の深い御恩を蒙りながら、お言葉に従わないのは、全く恩知らずであると存じます。不幸な、頼る者のない身を、何不足なく幸福な生活をさせていただきながら、この世におる間、御恩返しも致しませず、まことに申しわけなく思います。でも、よくお聞き下さい。天にまします主は、私をこの世に送り、生命を保たせ、また、いろいろの苦しみからお守り下さいます。それ故、神様の掟に従い、天の主に仕える者は、この世の主人に仕えるより、なおさら心をつくして仕えねばなりません。天の主を偽って、地上の主人に従うことは、キリスト信者として、最も恥ずべきことです。聖書に『此世で神を忘れた者は、来世で神に忘れられる』とございます。私は、自分の良心を曲げてまで、この世の利益を求める考えはありません。いかなる苦難に遇うとも、絶対に神の掟に背くわけにはまいりませぬ」

と、どうしても自分の信念をまげなかった。お年寄りもとうとう怒ってしまい、家康にこの次第を告げ、なお、

「ジュリアは、時々お城を脱け出して何処かへまいります」と訴えた。家康がジュリアを呼び出してこのことを詰問した。しかし彼女が、

「切支丹寺院に参詣するほかには何処へも外出しない。なお、外出の際には必ず証人となるべき者をともなって行った」ことが判明した。

家康は彼女を島流しにするにしのびなかったが、町奉行彦坂光政に命じ、伊豆大島へ遠島を申し渡さしめた。そうすれば彼女が、道中の困難と、離れ島生活の恐怖のため、心をひるがえし、彼の意に従うと、申し出るかも知れぬ、と考えたからである。それで、清水港から乗船せしめるのが普通であったが、途中反省の時間を与えるため、わざと、伊豆の網代《あじろ》港まで陸路を護送させた。そして、護送の役人に、彼女が後悔し、志をひるがえしたなら連れかえるようにと、ひそかに、内命した。また、道中は駕籠に乗せ大切にせよ、と言い含めた。ジュリアは駕籠が清見《きよみ》潟《がた》を過ぎ、薩埵峠《さったとうげ》にかかると、駕籠から下りて歩きたいと申し出た。彼女はキリストが十字架を負

い、はだしでカルバリ山を登った故事にならおうとしたからである。

しかし、大奥の生活になれた貴女に、どうして石ころ坂が登られよう。真白い足には忽ち血がにじんだ。護送の役人は再び彼女を駕籠に乗せねばならなかった。

網代港にいたると、すでに大島に渡る船の準備ができていた。ジュリアはここから、日本基督教会長フランソワ・パシーに宛て、自己の受難と、信仰の不動を報じ、聖処女アルチルの伝記を送ってくれるよう、書翰で依頼した。

大島に着いたジュリアは、毎日、祈りを怠らなかった。ある時には、駿府にいるパジェスに書を寄せ、宗教書の送付を乞うた。大島の島民のなかには、彼女に感化されて切支丹を信ずる者ができた。島の役人は後難を恐れて、わずか一ヵ月程の滞留の後、彼女をさらに新島《にいじま》へ転送した。

彼女はそこで、さきに送られたルーシーとクララに再会することができて大いに喜んだ。しかし役人は彼女らを一緒に置くことは、ジュリアの転宗の妨げになるだろう。と、わずか数日の後、さらに神津島に移した。そこには少数の漁夫が住んでいるのみであった。

けれどもジュリアの信仰は少しもゆるがず、淋しい孤島に在っても、神の恵みの下で清らかな四十年を送り、ついにそこで歿した。

彼女の死を聞いた大島の島民は、波浮《はぶ》の港の近くに祠《ほこら》を建て「お滝姉《たいね》大明神」と祀り、彼女の霊をなぐさめた。

ジュリアは、駿府城内では、「お滝」または「おたあ」と呼ばれていた。

四　遺跡・遺物

千人塚と桔梗川

駿府における切支丹禁制が、旗下・奥女中の追放から一般市民にも及んだが、一旦浸み込んだ信仰は、なかなか捨てきれるものではなかった。信者は、地上の幸福よりも、天国における永遠の生命を得ようとする人々の方が多かった。この人々の処刑されたというところが千人塚で、駿府の西郊、安倍川に近い処である。

現在安倍川町静岡工業試験場の南方で、静岡市駒形五丁目曽根方の向側で、現在空地になっていて、材木が置いてある。その片隅に墓標らしいものがあって、それが処刑された信者を葬った千人塚だという。千人塚は、仙人塚又は弁天塚などともいわれている。

昭和十五年頃までは、そこに数本の古木があって目じるしになっていたが、戦災後は近所の人に聞いてもわかりかねるほどになった。昔は、塚に手を触れると祟りがあると恐れられ、また、咳やオコリを病む人が祈ると効験があるといって参詣する人があった。今でも時たま、わざわざたずねてきて、祈願する人があるという。

昔、毎年夏になると、この塚に誰れとも知れず、塚が埋まるほど白い花を手向ける者があったという。あるいは殉教者の子孫のしわざではなかったろうか。

また、この傍らの小川に、処刑者の血が流れ、川水がキキョウ色に染ったので、この川を桔梗川《ききょうがわ》と呼ぶのだといわれている。

切支丹灯籠

(A)幕末に著わされた「駿国雑志」に

「府中(静岡市)札の辻(現在は市役所の位置)町奉行屋敷に石灯籠がある。町奉行井上左門正章がいうに〝是は元、駿府城の奥庭、紅葉山に在ったもので、後にわけがあって此処に移してお預りした、形は地蔵型で、高さ六尺ばかり、誰かが誤ってこれを手に触れると、必ず病難がある。それで常に香花茶湯を供えているが、オコリ(熱病)の者が平癒を祈って、この茶を飲むと治るが、不思議のことだ〟」と、ある。

この石灯籠は、安政五年(一八五八)三月一日、駿府土太夫町の町頭萩原鶴夫《かくふ》がもらい受け、久しく同家にあったが、大正八年(一九一九)頃所望する人があって東京方面に移された。

(B)また、明治二十九年(一八九六)十二月、静岡連隊の兵営を設けるため、駿府城の本丸を埋め立てた際、本丸紅葉山で、石灯籠を発見し、工事請負者はこれを静岡市紺屋町《こうやまち》の料亭浮月楼《ふげつろう》にゆずった。それを三重県の熊沢一衛がゆずり受けて四日市へ運び、浮月楼庭園にはそのイミテーションが建っている。四日市のは熊沢氏歿後、売立目録で写真を見掛けたが、行衛知れぬ。

(C) 静岡市常磐町二丁目浄土宗宝台院《ほうだいいん》の庭にも一基ある。総高四尺六寸、竿石二尺七寸五分、これを舟形にくり、一尺の像を彫り出してある。大正十一年(一九二二)頃、静岡の郷土史家法月俊郎氏が、故老から耶蘇灯籠の話を聞き調査中に発見したものである。

切支丹燈籠
(静岡市浅間町志貴家蔵)

(D) 静岡市浅間町《せんげんちょう》、志貴昌芳《しきまさよし》方にも同種のものが現存する。同家は静岡浅間神社の神官を勤めた旧家である。

(E) 静岡市伝馬《てんま》町、臨済宗、宝泰寺《ほうたいじ》、二基、うち一つは庭内、一つは墓地(岡田茂三郎家)にある。この方は岡田氏が古物商をやっていた頃市中で入手したもので、火袋の部分に手を加えてある。明治初年にはこの種の石灯籠をちょくちょく見かけたものだということである。

(F) 静岡市井宮《いのみや》町、曹洞宗、瑞龍寺《ずいりょうじ》の前庭、戦災後、同寺の池を埋立てる際、石垣中から発見した。

(G) なお、三島市小中島《こなかじま》、元本陣、樋口《ひぐち》伝左衛門方の庭内。

次いでに遠州所在のもの

(H) 掛川市駅南、大日寺。これは竿石の下部が

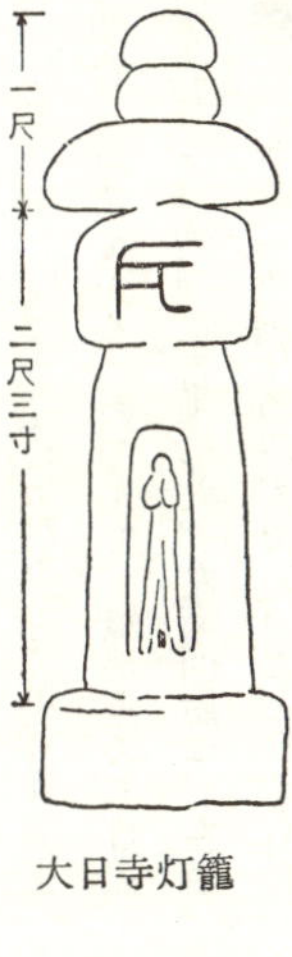

大日寺灯籠

バチ型にやや開いており、舟型の彫りの上方に図の如きマークがある。ただし、火袋を欠く。

（I）小笠郡大須賀町横須賀、撰要寺　一基

遠州横須賀三代の城主、渡辺左衛門尉は、天正十九年（一五九一）に大坂から三万石の大名となって来城した。文禄四年（一五九五）、豊臣秀次に加担したかどで関東臼井峠で切腹。当城を去るにのぞんで、織部型の石灯籠並びに茶道具等を撰要寺に寄進した。左衛門尉は、在坂当時、千利休の門人であったと伝えられる。

（J）磐田郡浅羽町　万松院　一基

（K）磐田市見付　旅館　朝陽館　一基

（これには聖人像が見えない）

南蛮屏風（静岡市来迎院旧蔵）

墓碑

三島市山中新田（三島市から東海道国道を箱根に至る、接待茶屋の手前の部落）の寺に十字架の如き家紋を付した墓石が数本ある。紋は花クルスともいうべき形である。これを切支丹に結び付ける理由は、墓石の年号及び、それの墓石を祀る子孫が、明治初年いち早くキリスト教に改宗したこと、などによる。多分、

三島の伊豆教会に属した信者の基石であろう。と、三島市の郷土史家戸羽山《とばやま》瀚《かん》氏の談である。

南蛮屏風

静岡市横内《よこうち》町、浄土宗、来迎院《らいこういん》は、慶長十四年（一六〇九）徳川家康の開基による。

同寺に家康より賜わったという寺伝のある南蛮屏風が伝来していた。明治二十二年（一八八九）当時の静岡県知事関口隆吉《たかよし》の斡旋によって徳川家達《いえさと》に献上され、更に皇居造営を祝するため、徳川家から宮中へ献納された。

この屏風は単に南蛮屏風として珍らしいばかりでなく、バテレン及び南蛮寺、キリスト像をかかげた寺院内部を現わし、当時の風俗を知る貴重な文化財である。現在は東京上野博物館に所蔵されている。

愛鷹《あしたか》山切支丹遺跡

寛永十年（一六三三）三島（静岡県三島市）の信者三人が捕えられて江戸に送られた。この地方の信者らは伊豆教会と称する団体に属するものであった。そのうちの愛鷹山麓の信者らは、山中の岩に十字架の形を彫って、ひそかに礼拝をつづけた。このことは三百年来世に秘められていたが、明治になって、浜松教会の宣教師ビリング師が、これをきいて同地を訪れ、部落の人々の案内で、熊笹を分けて祖先伝来のクルス場に至ると、岩壁に十字架が彫ってあった。師は感激し、同行の部落民にミサを施し、祝福を祈って引き上げた。その後、同師が再び、充分の調査をしようとおとずれたところ、その時は部落の空気が変って案内してくれなかったので、一人で登って探したが見付けることができなかった。と、三田元鐘の「切支丹伝承」に、東京、塚本昇次談として記してある。

その後、同地の渡辺徳逸氏が三島市のカトリック教会のメイヤー師から、このクルス場を探すように依頼されたので、営林署の山廻りや、竹伐り業者らに依頼して探してもらったが、未だ発見されない。しかしその場所は金岡《かなおか》の奥らしい。

三島カトリック教会史によれば、寛文十年(一六七〇)頃、日本名を知左衛門といったフェルナンデス神父が、愛鷹山麓の信者の家を歴訪して慰め励ました。神父は寛文十年七月三十日、山口で捕えられ、長崎で処刑された。と記してある。

「駿東郡誌」には〝山居〟という見晴らしのよい高いところに〝切支丹の遺蹟がある〟と記してあるが、迫害のさなかに人目につき易い場所につくるはずがない。と松尾四郎編の、「静岡県の史話と伝説―富士山麓篇―」に、渡辺徳逸の談として記してある。

愛鷹山は静岡県の駿東《すんとう》郡にあり、鉄道東海道線からは富士山の前に聳えて見える山である。

用宗のマリア観音

東海道線用宗《もちぶね》駅の背後の小山は、城山《しろやま》と呼ぶ古城址である。その頂きに、子安観音の石像が祀ってある。右膝を立て、小児を抱き、慈しみあふれる眼でこれを見守っている。子供のない婦人が祈願すると子宝が授かるといって参詣する。また、手を触れると祟《たた》りがあるという。これが駿府切支丹の遺物の、マリア観音だといわれている（同形のものが、山形県北村山郡高崎村龍泉寺にもある）。

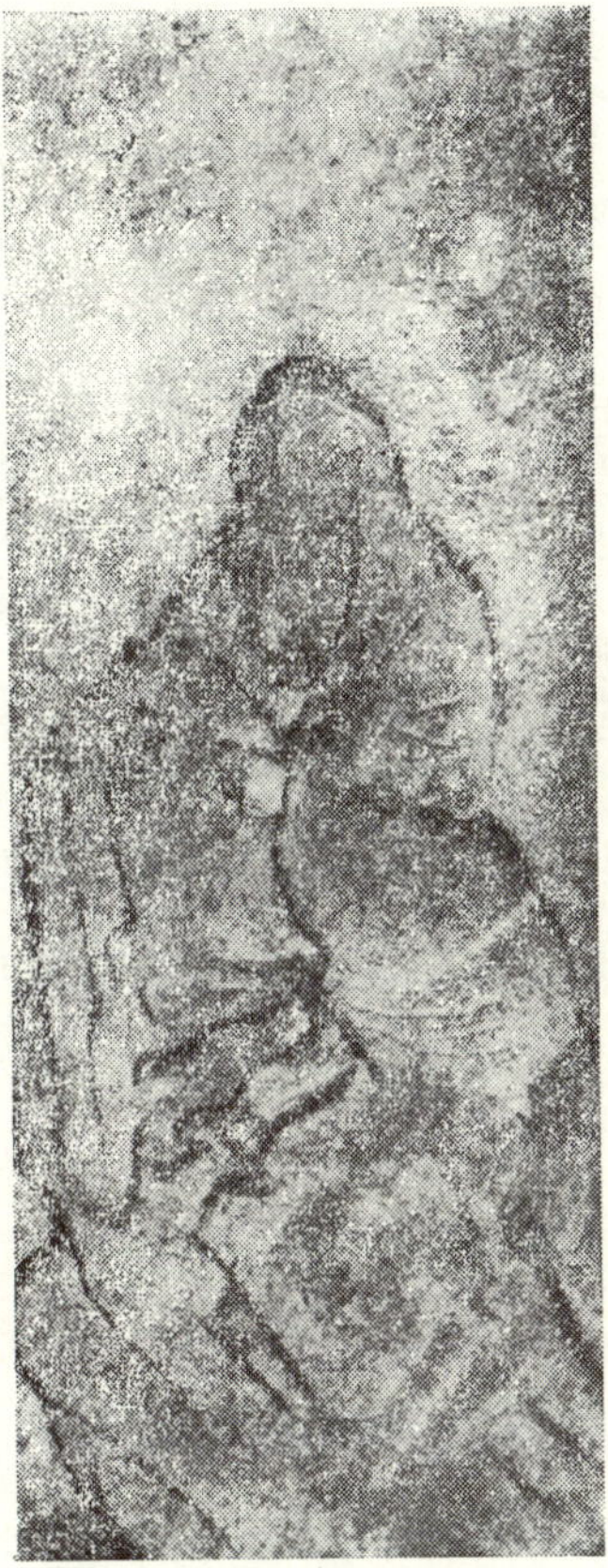
子育観音
（静岡市用宗城山所在）

参考書

「西教史談」　山本秀煌著　大正十五　新生堂
「切支丹大名記」　シュタイシュン著 吉田小五郎訳　昭和五　大岡山書店
「日本西教史」（上・下）　太政官訳　大正十五　太陽堂書店
「切支丹の復活」（前・後）　浦川和三郎著　昭和二三　日本カトリック刊行会
「切支丹伝承」　三田元鍾著　昭和十六　厚生閣
「静岡県史話と伝説（富士山麓篇）」　松尾四郎著　昭和三三　静岡松尾書店
「日本宗教史」　比屋根安定著　大正十五　三共出版社
「切支丹宗教文学」　姉崎正治著　昭七　同文館
「切支丹伝道の興廃」　〃　昭五　〃
「切支丹宗門の迫害と潜伏」　〃　〃

「切支丹禁制の終末」姉崎正治著　大正十五　同文館
「切支丹迫害史中の人物事実」〃　昭五　〃
「考註切支丹鮮血遺書」松崎実著　大正十五　改造社
「切支丹殉教記」〃　大正十四　春秋社
「キリシタン禁教と鎖国」塩田嵩著　昭和二十二　大化書房
「三浦按針」岡田章雄著　昭十九　創元社
「キリシタンと茶道」西村貞著　昭二三　全国書房
「大日本史料」第十二編、十三、十四　史料編纂所　明治四三　東京大学
「静岡県下に於ける切支丹灯籠」後藤粛堂（「駿遠豆」第五巻第八号）昭五・八　静岡県人社
「耶蘇地蔵灯籠」法月俊郎（「静岡県」第五巻三号）昭五・二　静岡県町村長会
「徳川実記」　国史大系
「駿府政事録」　写本
「切支丹文庫」一―五　比屋根安定編　昭二　警醒社
「静岡市史余録（切支丹灯籠）」拓植清　昭七　自家

相模の切支丹

斎藤秀夫

はじめに

ここで相模というのは、便宜上、現在の神奈川県の全域を対象としたので、武蔵の一部がふくまれる。すなわち、神奈川県へのキリシタンの布教は、慶長五年（一六〇〇）前後からはじまり、迫害期のなかでひろがっていったが、今日では、潜伏キリシタンの事跡はもとより、それと見られる何らかの伝承すらとどめていない。また、県下に現存するキリシタン遺物の幾つかは、いずれも伝来が明らかでなく、切支丹墓といわれる数基の墓碑も、実際には断定することのできないものばかりであり、いわば、神奈川県のキリシタン史は、これからの発掘を待っている状態といえよう。

一　戦国末期の南関東

神奈川県の地は、太平洋沿岸および東海道の要地を占めて、神奈川・浦賀・鎌倉・小田原などは、中世以来の港町の姿をとどめていたし、後北条五代九十年の治世下に、小田原を中心に、当時としては高い水準の産業（兵器・鉄器製造・石切・染工・塩業・漁業など）を誇っていた。

天正十八年（一五九〇）、小田原が秀吉にあえなく滅ぼされ、家康の江戸入府とともにすべてが江戸にもちさられた。家康は、後北条の在地土豪をそのまま旗本、あるいは村役人として再編成しながらも、南関東一帯を天領（直轄領）または側近の知行地という形で、完全に支配することで足場を固め、一方では大名の統制強化、都市・金銀山の直接経営、海外貿易の独占等を通じて、全国統一の事業をすすめていった。

家康は「政治上や商業上有利な点から手心を加えた」切支丹政策を、とっていたが、天正十五年（一五八七）、いわゆる秀吉の天正禁令の後、キリシタンがヴァリニァーノ師の指導によって、コンフラリア（組講）と布教書の出版という、新しい布教の方法をとったことは、迫害・潜伏の時代にも、信仰を支える大きな力となった。と同時に、イエズス会の潜行を教勢の後退と考えた、マニラのフランシスコ会やドミニコ会、アウグスチノ会などがあいついで来日、布教に従うにいたって、関東・東北地方にも「生き生きとした火」がともされはじめた。

二　布教のはじめ

すでに、後北条末期の小田原にはキリシタンの布教が行われていたともいわれるが、南関東への布教は、慶長三年（一五九八）十二月、フランシスコ会のジェロニモ・デ・ゼスス師が捕えられて家康に会い、家康から「イスパニア人が通商のため関東の諸港を訪れ、また家来どもに銀山の作業を教えてくれるように」と希望され、マニラに手紙を出すとともに、関東に住むことをきめ、翌慶長四年（一五九九）、江戸に出て、そこに一つの天主堂を建て、聖霊降臨の日に最初のミサ聖祭を献てたことによってはじめられた、と見るべきであろう。

この天主堂は慶長十七年（一六一二）春頃破壊されるまで、京都・大坂と共に公認の天主堂であり、そこには、フランシスコ帯の組や、ドミニコ会の聖ロザリオの組などが信徒のなかにつくられていた。

ジェロニモ師は、慶長七年（一六〇二）、家康の通商使節としてマニラにゆき、帰途、フランシスコ会の二人の宣教師を同伴、京都で家康に報告したのち、朱印状も得られずに間もなく病歿した。フランシスコ会では、さらに八人の修道者を送り、うち四人が江戸に出て、天主堂のそばに修道院と小さい病院をたてた。

こうして、慶長八年（一六〇三）には「イエズス・キリストの教は、西国に於て特にそうであったばかりでなく、関東の諸州それから更に東国にも拡がり、東国の諸州では福音の生き生きした火を感じさせた」といわれるまでになった。

三　海外貿易と浦賀港

慶長五年（一六〇〇）、イギリス人ウィリアム・アダムス（三浦按針）は、難船して日本に漂着、家康の外交顧問にとりたてられ、今の横須賀市逸見《へみ》一帯に領地と、「八、九十人の百姓を従僕として給せられ」ていた。

家康は海外貿易に備えて、彼に造船事業と共に、浦賀を貿易港とする計画の実施を命じた。後北条のころ、「浦賀定海賊（水軍）」のおかれた浦賀（浦河・浦川）は、新しい脚光をあびて登場した。ノバ・イスパニア（メキシコ）のアカプルコとマニラとの間に、元亀三年（一五七二）以来、毎年二隻の定期船を往来させていたイスパニアにとっても、浦賀はよい中間港であり、慶長十五年（一六一〇）前後には、九州の長崎・平戸などと並ぶ海外貿易の窓口となった。

アダムスは元和六年（一六二〇）、平戸で歿するまで、ついに聖公会員としての生活をかえなかったが、逸見時代には、宣教師がたびたび改宗のすすめに立寄ったようである。慶長十年（一六〇五）、長崎の学林にいたイエズス会の一神父は、家康・秀忠父子に面会するため江戸に上り、そのさい逸見のアダムスらをたずねた。神父は、新教がこの国にひろがることをさけるためにも、「もし希望するならば帰国に尽力しよう」とすすめたがことわられ、さらに改宗のため百方手を尽したが「彼らは依然迷妄を堅く守っていた」という。

四　天主堂と金銀島探険

フランシスコ会では、慶長十一年（一六〇六）陽暦七月、マニラからイスパニア船を出帆、通商関係を開こうという家康の希望にこたえようとしたが、これは肥前の深堀に漂着してしまい、慶長十三年（一六〇八）、次の船がやっと浦賀に入港した。七月、幕府は浦賀に掲示してルソン商船への狼藉を禁じたが、浦賀はイスパニア人によって繁栄させられ、この年、フランシスコ会の天主堂と修道院がたてられた。

太平洋沿岸の航路は危険が多く、任務を終えてメキシコに帰る途中の、前フィリッピン総督ビベロも、慶長十四年（一六〇九）、千葉県岩和田に漂着、翌年五月四日（陽暦七月四日）、秀忠からスペインとの通商許可の朱印状を与えられた。ビベロは、アダムスが造った日本船を贈られ、日本人商人田中勝介ら十数人を同乗させて、六月十三日（陽暦八月一日）、浦賀港を出帆、無事に帰国した。

慶長十六年六月十一日（一六一一年七月十三日）、スペイン船五隻が、ビベロがうけた好意への謝礼と、日本人商人を送りかえすために、浦賀に入港した。この船には大使と共にフランシスコ会のソテロ師も乗っていた。彼らは、家康・秀忠にあい、日本の諸港の測量、日本での船舶建造などを許され、浦賀ではラサなど持参した商品の売立ても行った。

彼らの真の目的は、金銀島探険にあったといわれ、諸港の測量や準備に時を費し、翌年夏、探険に出発したが、目的を達することができず、冬、再び浦賀に帰った。彼らが秀忠にオランダ人の追放を要求したことから、アダムスらは、逆に彼らの諸港測量が侵略の準備であると幕府に忠告、幕府はこれに動かされて、禁教をきびしくした。

元和六年（一六二〇年、パジェスは一六年とするが）八月、伊達政宗の遣欧使節として有名な支倉常長らの帰国したのも浦賀港であったという。一九世紀に入っては、モリソン号事件が知られているように、イギリス船が再三浦賀に立寄っており、このため、弘化二年（一八四五）には砲台も築かれたが、嘉永六年（一八五三）六月三日、ペリーのひきいるアメリカ東印度艦隊の四隻が浦賀に入港、太平の眠りをさました。かつて、イスパニアによって海外に開かれた港は、再び西欧文明の窓口とされたのである。

五　長崎・大坂・江戸への旅

家康による江戸の経営がはじまり、元和元年（一六一五）、豊臣氏がほろぶまでの約二十五年間というものは、江戸と大坂は日本の二つの首府であったから、九州・近畿を拠点とした宣教師たちは、しばしば、大坂・江戸へと主権者に「挨拶」のための旅行を行い、その機会に附近への布教も行われた。

慶長十二年（一六〇七）五月、イエズス会の管区長パエス師は、長崎を出発して、大坂・京都・伏見を歴訪、駿河の府中に家康を訪ね、さらに秀忠に会うため、伊豆をへて相模に入り、鎌倉に二日間滞在、古蹟を見物してから、江戸に入った。この時、江戸のキリシタンは、二里手前（大森附近か）まで、果物・食料品などをもって出むかえた。

江戸では、重臣であり、いずれも鉱山経営に経験のある、相模甘縄一万二千石の領主本多佐渡守正信、また小田原六万五千石の領主大久保治部少輔忠隣《ちか》の両名から、好意ある取りはからいをうけ、江戸に八日間滞在してキリシタンを歴訪、よい成績をおさめ、さらに小田原を訪問、前後五ヵ月にわたる旅程を終えて、長崎に帰った。

パエス師と同行したヨハネ・ロドリゲス師（ロドリゲス大文典の著者）は、パエス師の代理として伊豆にゆき、大久保忠隣の庇護のもとに、大久保長安が南蛮流の斬新な発掘法をつかって驚異的な産額を生みだし、家康を狂喜させたという、自慢の銀山を見た（おそらくは技術指導のためであろう）。

伊豆には、そのころ、広島の熱心なキリシタン、ルイス・チクジドノ（菊池殿か）とその子シモンが、将軍が江戸に造らせようという噴水の石を切出すため派遣されており、彼らはそこに礼拝堂をたて、キリシタンと共に祈祷した。

慶長十六年（一六一一）にも、伏見にいたイエズス会の一神父は、上野にいくため、美濃・尾張・伊勢・三河及び駿河・武蔵の各地を歴訪、成年者だけで二百七十人に洗礼をさずけた。

六　迫害にたえて

豊臣氏の滅亡以後、禁教はきびしくなり、元和元年（一六一五）末、日本についたフランシスコ会の司祭らは、江戸に上ったものの、家康・秀忠との面会はことわられ、宿舎は見張りがつけられた。同年夏、大坂夏の陣のとき、上方にいたフランシスコ会のフランシスコ師などは、いったん美濃に逃れ、そこから兵卒の姿となり、幕府軍の中にまぎれこんで、年末、混雑を利用して江戸に入り、翌年、検挙されるまで布教を続けた。

元和二年（一六一六）、関東のイエズス会の神父二人は、逆に備後・備前・美作・播磨・讃岐・安芸・周防・長門・伊予などを歴訪した。元和五年（一六一九）には、箱根に関所が設けられたなかで、京都のイエズス会の神父が江戸にきて、フランシスコ会の信者を慰問することも行われた。この年、フランシスコ会では、前年来日後、病気で丸一年休養した会長のフランシスコ会師が大坂にゆき、間もなく江戸にきた。師は長崎からクルス神父を招き、諸聖人祭の頃に、国内を旅行していた同会の修道者五人を集めて伝道の会議を開くなど、七カ月も江戸に滞在してから長崎に帰った。

元和六年（一六二〇）には、イエズス会のフェルナンデス神父が、京都から、近江・美濃・尾張・三河・遠江・駿河をまわって相模に入り、さらに三島地方まで訪ねて江戸にゆき、そこで五十日もの間、布教した。

元和九年（一六二三）七月、三代将軍家光の就任と共に、天領各地ではじめられた迫害のさい、江戸にいたフランシスコ会のガルベス神父は、鎌倉の信徒、ヒラリオ・孫左衛門（マンゴザエモン）のもとにかくれ、そこから船で脱出する前に、ヒラリオ夫妻らと共に捕えられた。

同年、イエズス会は二十三人の司祭と五人の修士を日本布教のために働かせていたが、司祭一人と伝道士二人が江戸にあり、司祭は隣接の諸州、三島・駿河・能登・加賀地方にまで、よく旅行した。翌寛永元年（一六二四）にも、なお、神父が伊豆地方を訪問するなど、元和の大迫害も、布教を停めることはできなかった。

七　小田原の「生ける阿弥陀」

もともとが後進地帯の南関東では、政治的な変化のはげしいなかで、鎌倉のように、家数も五百戸ぐらいにへり、大仏は田の中に野鳥の休み場となって鎮座する、というありさまではあったが、半面、検地のなかで生れつつあった本百姓中心の新しい共同体は、より現世的な信仰を求めていた。

慶長十二年（一六〇七）ごろ、小田原のある奥山に、「生ける阿弥陀」と評判の仏僧が住んでいた。民衆から、母が阿弥陀を夢にみて懐胎したものと信ぜられ、若い時から浮世をすてて木の根や草の実をたべて生命をつなぎ、ついには阿弥陀をまつり、もし救われたいという者があれば、その者にも阿弥陀をまつれと教えた。彼自身の体からは後光がさし、鉄のワラジをはいた時には、地下をくぐって富士まで行くことができ、山霊と交通するといっていた。彼を拝むために各地から人が集ってきた。彼はその礼拝をうけるために祭壇に上り、いつか自分が阿弥陀であると確信するようになっていた。

日本人の一修士は、その化の皮をはごうと、わずかばかりの果物を供物としてもってその庵を訪ねた。仏僧は出てきて修士の挨拶をうけると、得意気に自分の誕生の奇蹟、聖なる生涯、また神性について物語った。そこで修士は、「あなたは生きた阿弥陀であるから、阿弥陀経の中の難題を、我々に教えることができるでしょう」とたずねた。すると仏僧は「いや、自分がほんとうに阿弥陀であるかどうかは、自分ではわからない。とにかく、それは母から聞いたことで、私は、母の証言を信じている。阿弥陀経の章句は、そのままがその意味だ」と答えた。修士は、いろいろの証拠をあげ、そうした仏僧の言い分には、何の意味もないことを論じた。仏僧は閉口して「これまで学問をしたことがないので、何もしらない」といいわけをした。修士は「もし、あなたが学問をしないで、何もしらないとしたら、どうして人びとを救いの道に導こうとするのか。それはゴマカシではないか」と追いつめた。仏僧はもう答えることができず、弟子や信者の前で、自分の無智をさらけだしてしまった。

八　婦人の目ざめ

もっとも圧迫され、もっとも迷信的といわれる婦人のなかで、一夫一婦制を説くキリシタンの教が、信仰を呼びおこしていった。

慶長十年（一六〇五）ころ、関東のある武士の妻は、兄弟のすすめで、夫にわけもいわずに京都へゆき、教義をきいてキリシタンとなった。帰ってから改宗したことを夫に告げると、離婚するとおどかされたが、彼女は口もきかずに着物をきかえ、外出の用意をさせ、「未信者の夫と共にいるより、自由の方がよい」といった。夫はあわてて、説教をききにいくと約束し、妻をひきとめた。彼女は召使たちに教を伝えたという。

元和九年（一六二三）、江戸での大迫害を逃れたガルベス神父、看坊（修道院の堂守）ヨハネ、伝道士ペトロをかくまった鎌倉のヒラリオ・孫左衛門は、江戸から追いかけてきた捕吏につかまり、保管中の天主堂の品物はもとより、全財産を没収された。孫左衛門は、捕えられる前に、自分の貸した金は全部免除してしまい、妻が一番立派な着物をきたのを見て、「一番美しいものは残しておいて、天主に捧げたほうがよい」といった。ところが、妻は、「私の気持では、殉教できるという無上の喜びのしるしに、天主様に敬意を表しようというのです。なにしろ、イエズス・キリスト様の御ために捕えられて、死ぬ特権、これ以上尊い恩寵はありませんから」と答えた。

九　鎖国のなかで

迫害がかさなるとともに信仰は東北地方からエゾ地にまでひろがった。それは、反権力思想と結びついて、中世的な特権を奪われた土豪や、過大な年貢の負担にあえぐ貧農、奴隷労働に苦しむ抗夫、あるいは社会の最下層に追いやられたレプラ患者・エタ・非人のなかに根をおろしはじめた。

対立していた各修道会も、迫害とひろがった布教のために、協力せずにはいられなかった。

寛永七年（一六三〇）ころ、江戸ではドミニコ会のルカス神父、イエズス会のアダミとポルロの両神父が、仲よく結合して生活しており、ルカス神父は、しばしば外出して、艱難しているキリシタンたちをはげまし、九カ月もかかって、修道者たちの滞在していたところを全部まわった。

寛永十四年（一六三七）十月二十五日から翌年二月二十八日まで続いた島原の乱の後、幕府は鎖国体制をつくりあげ、寛永十七年（一六四〇）には、宗門改役をおき、踏絵や宗門人別改、五人組と、あらゆる方法でキリシタン根絶のために努力した。

承応元年（一六五二）一月二十三日から二十五日、および二十七日から二十九日（陽暦）にかけて、オランダ使節に随行、江戸参府のため県下を往復したウーロフ・エーリックソン・ヴィルマン（スウェーデン人）の日記には「新しい馬に乗り替えて箱根を登り、昼頃やはり箱根という頂上の町に着いて休んだ。ここに美しい湖がある。また湖岸には数百の石柱が塔のように立っていて、あるものは十字の形をしており、あるものには金文字が書いてあった。」「大磯に着き、それから川を舟で渡った。この舟に、明かに切支丹と思われる者が一人閉じ込められて乗っていた。この人は皇帝の取調べをうけるために江戸へ送られて行くのだとのこと」とある。

約二十年間、宗門改役であった井上筑後守は、明暦四

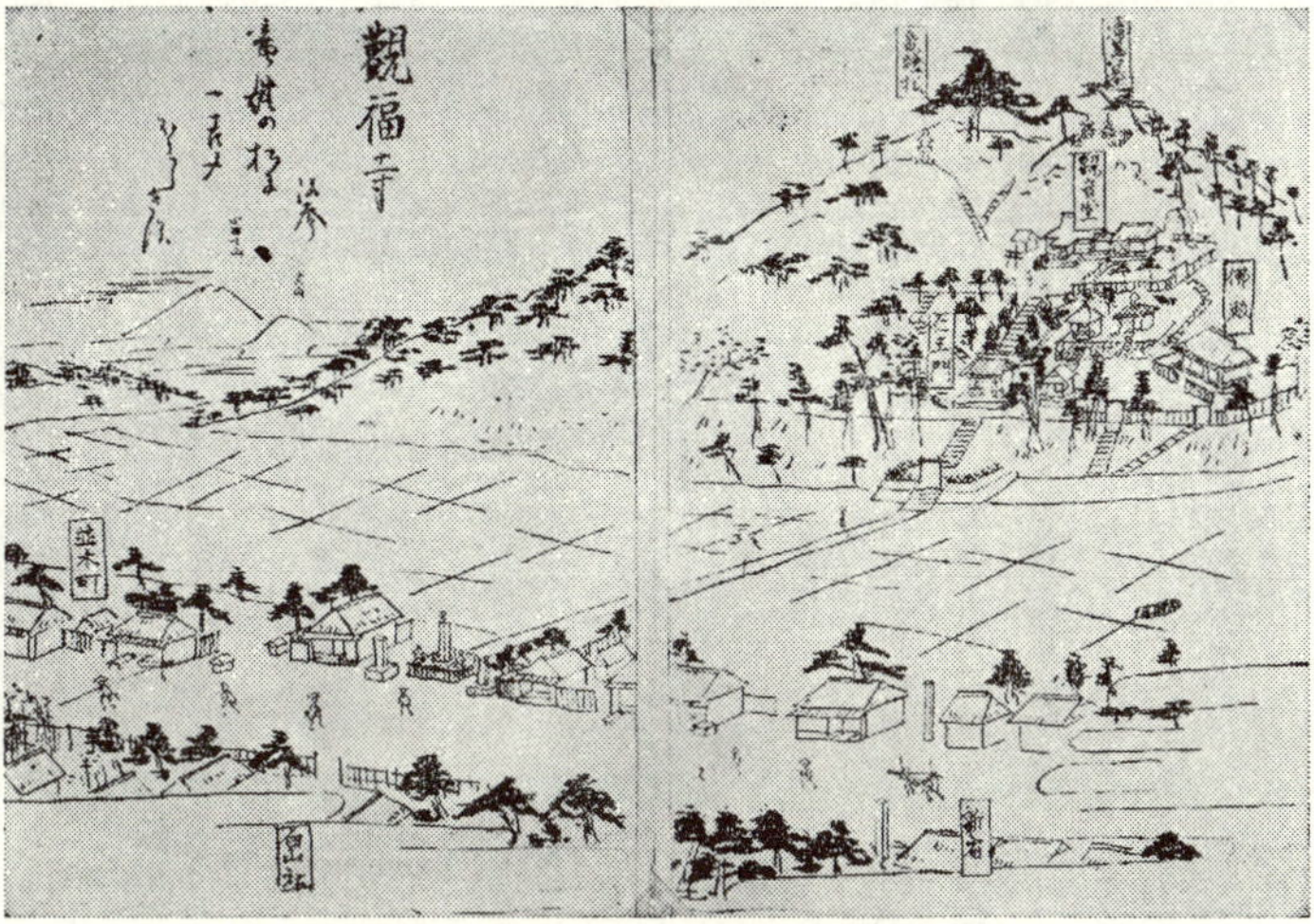

神奈川町の古景（「金川砂子」挿絵より）

年（一六五八）六月、「吉利支丹出で申す国所の覚」を書き残したが、神奈川県下には

　武蔵国。伊奈半左衛門御代官所、神奈川より、穢多に宗門二十人余り出で申し候。
　相模国。小田原より、宗門二三人も出で申し候。内、侍一人出で申し候。成瀬五左衛門御代官所、鎌倉より、穢多に宗門五六人も出で申し候。

という。

神奈川のエタは「金川砂子」の図中、白山社の附近ではないかと思われる（白山社は技術者の神）。文政十年（一八二七）ごろの「新篇武蔵風土記稿」には「家数十軒あり」とのこと。この附近は、中世、鍛冶のいたところでもある。エタ部落は、在来工業の重要な担い手として、一般に人口が低滞した江戸時代にも、幕末まで発展していたといわれるが、とすれば、十軒で二十人余りのキリシタンが生れたことは、集団的信仰（家族ぐるみ、組会）があったのではなかろうか。乞食・エタにキリシタンのあった例は同覚書では、武蔵・相模にかぎられ、

鎌倉東慶寺所蔵のオスチア（聖餅）入れ

特に神奈川・鎌倉のみに記されたエタの信徒は、徳川家康により完全に滅されたという後北条の軽足衆・玉縄衆の配置と関係のあるらしいことが注目される。

一〇　切支丹遺物など

県下の神奈川・浦賀・鎌倉・小田原などが、海陸交通の要地であり、天領（小田原は大久保領）として幕府直接の統制下にあったこと、また、かつてキリシタンがいたということ、これらの事情は、禁教をことさらきびしいものにしたと思われる。

一方、神奈川県は、丘陵にかこまれた谷戸村や山村が多く、交通も多摩川・鶴見川・片瀬川・相模川・酒匂川・早川など、河川によって寸断された、閉鎖的な共同体の散在した地域である。キリシタンの布教は、港・街道すじなど特定の地に限られたのであろう。

県下にキリシタン伝承・遺物・遺跡の発見されないのは、こうした理由からであろうか。現在、起原・伝来等がたしかめられず、中には学界で疑問視されているものもあるが、一応、切支丹遺物といわれるものに、次のようなものがある。

墓碑　箱根早雲寺に三基、三浦市三崎に一基。

灯籠　横須賀市荒崎荒井部落の旧家、鈴木氏宅に一基、同市長井、毘沙門等に数基。

マリア観音　小田原真楽寺蔵の懸仏、その他足柄地方に数体。
マリア像・油絵　国府津宝金削寺蔵。
オスチア（聖体箱）　螺鈿まき絵、重要美術品、鎌倉東慶寺蔵。
こんたす　東慶寺領十二所の墓地より出土。
その他、大磯の沢田美喜子氏の収集品は著名である。

二　日本殉教教会の復活

嘉永六年（一八五三）六月三日、ペリーの浦賀入港を第一歩に、安政五年（一八五八）六月十九日、「日米修好通商条約」が神奈川沖に停泊中の米艦ポーハタン号上で調印され、居留地内の外国人の礼拝の自由が認められ、踏絵の制度が廃止されたことは、日本殉教教会の復活への道がひらかれたことを意味していた。

着々と日本布教の準備をすすめていたカトリック教会では、安政六年（一八五九）八月十日、フランス総領事ベルクールが江戸に赴任したさい、前年、日本教区長に任命されたジラール師を、総領事館付司祭兼通訳として、開港後はじめて日本に送った。

ジラール師は、ベルクールと共に、万延元年（一八六〇）神奈川町慶運寺の仮公使館に移り、公務のかたわら、日本人教師について日本語を学び、また、在留外国人信徒のために聖堂を建設しようと、寄附金の募集に努力した。

年末には、清国からムニクウ神父も転任、聖堂の工事監督をひきうけ、文久元年（一八六一）夏頃から、フランス政府が永代借地権を得た横浜居留地八十番（現在の山下町、ニュー・グランド・ホテル裏、後、明治三十九年、山手町の現在地に移る）に、木造の聖堂および神父の住宅の建築にとりかかった。こうして、日本最初の聖堂が、ゴチックと寺院風を調和した高塔のいただきに、金色の十字架をかがやかして、陽暦十一月十一日に完成した。当時の聖堂は天井が低く、椅子なども粗末なもの

ジラール神父

であった。

文久元年十二月（陽暦一八六二年一月十二日）、フランス公使ベルクールや、フランス陸海軍将校なども列席して盛大な献堂式があげられ、聖心聖堂と名づけられた。また、同日付で、幕府から在留外国人への布教許可が正式に与えられた。

文久二年（一八六二）秋刊行の「横浜ばなし」には、

「これより先き（居留地）は残らず異人館なり、尤も中程に仏蘭西国にて天主堂と云ふ小判形の堂を建て屋根の上にしんちうの柱にて十文字の立柱あり是即ちはりつけ柱の形なり、御尊像仏は唐金にて磔に掛かりし仏のよし、猶種々なる噺あれども見ぬ事故しるさず、尤も天主生れたる所より終り迄の額掛けありとの事なり、住僧名をジラールと云ふ、世界に三人となき物知りと云ふ、其説法とくこと高声さわやかにして能くわかり日本の大人の如しとなり」とある。

堂内にかざられた基督像や聖画などは、日本人の好奇心をひくのに十分で、毎日、数百人にもおよぶ参観人が集まり、おとなしく宣教師の日本語の説教を聞き、また、カトリック教理への質問、あるいは説明を求めるものがあり、祈祷書などももらって持ち帰る者も、後にはでてくるようになった。

一二　横浜天主堂事件

献堂式直後の文久二年（一八六二）正月二十日、昼八

ツ（午後二時）頃、神奈川奉行（横浜市西区戸部に役宅があった）は、多勢の捕吏を天主堂に送り、約五十名の参会者中、三十三名を奉行所に拘禁した。この五十名は、カトリック信者とも、また、単なる見物人ともいわれているが、被検挙者名簿を見れば、大半が貿易関係者であることがわかる。

横浜天主堂の古景

福井藩足軽　辻兼三郎、山崎甚平（福井藩は当時の横浜警備を担当）。
横浜本町一丁目　甚右衛門倅元吉、同召仕音吉及び仁兵衛（屋号和泉屋、神奈川の人、元吉は店預り人、生糸売込商）。
同二丁目　大和屋甚右衛門召仕文次郎。
同町　久（文）吉店熊蔵（下田屋文吉の貸長屋あり）。
同三丁目　森屋源右衛門召仕義茂兵衛外四名（森屋は生糸売込商）。
港《みよ》崎町　勝屋（蔵）店磯五郎召仕兼吉。
同町　善左衛門店銀蔵同居銀次郎。
同町　吉左衛門店銀蔵。
太田町二丁目　坂江屋富（留）吉、栄（米）吉。
同町　海苔屋清五郎。
同三丁目　清（徳）兵衛店富五郎。
同七丁目　久兵衛店久（文）吉。
同八丁目　平三郎店浅次郎。
駒形町　玉子屋兵介召仕音次郎。
弁天通四丁目　丸岡屋幸次郎召仕新七（銀次郎）（丸

岡屋は旅館)。
久良岐郡北戸(方?)村 農半次郎。
同郡石川村 農金蔵、八十郎(蔵)。
同郡間門村 農網(総)吉外二名。
橘樹郡川崎村 農権次郎、三次郎。
江戸村松町 島屋半兵衛召仕定七。
三州設楽郡小川村 農勇吉。

神奈川奉行阿部正外《とう》は、さっそく幕府に報告、処置を尋ねた。外国奉行新見正興《わき》らは、神奈川奉行に事情を聞いた上で、「三十三名の者は説教とは しらず、余りにぎやかなので見物に入ったとのことであるから、将来をいましめて釈放したい」と老中に答えた。これは、外交問題となるのをさけたものとみられる。

ジラール師の報告をうけた公使ベルクールは、まず神奈川奉行に釈放を要求したが、幕府と交渉してほしいといわれ、一月二十六日(陽暦二月二十四日)、「このような処置は外国人の宗教の害となるばかりでなく、日本人の攘夷熱をあふることとなろう。外国人一同は彼らが〝新事好〟の結果捕えられたことをあわれに思っている。もし、横浜の囚人を許すならば、ジラール師が日本語で説教することはやめさせてもよい」と幕府に伝えた。

幕府では「彼らは全く無心で天主堂に立入ったものなので、以後心得違いのないよう申渡して釈放することを神奈川奉行に命じた。今後も立入る者は召捕られるであろうから、お互の宗教を尊重する上でも、日本人の立入を禁じてほしい」と、二月五日付で回答した。三十三人の囚人は、以後十四日までの間に釈放されたらしい。

ベルクールは、二月二十日(陽暦三月十五日)、さらに長文の手紙を幕府に おくり、「日本人の立入禁止を命ずることは、信教の自由を守り、鎖国に反対する外国公使のできることではない。自由な交誼を約束した、諸外国との通商条約にも違反する。このことについては、本国で決定したい」といい、四月九日、幕府から、同十日にベルクールから、同前の趣旨の手紙が往復されたが、その結末は明らかではない。

とにかく、囚人の釈放で、横浜天主堂事件は一応の解決をみたわけである。「横浜ばなし」が、「見ぬ事故しるさず」としたのも、官憲への遠慮からであろうが、一時は途絶えた見物人は、その後、前よりも多くなった。当時、横浜見物の客が多く、旅館は布団の不足に悲鳴をあげたというが、天保銭二枚の市中案内人がいて、必ず天主堂をまわり、鍵穴から内部をのぞかせ、見物人はステンド・グラスに胆をつぶしたものという。また、天保銭四枚を番人に出すと中まで入れたとかで、このため慶応年間には信者とまちがえられ、投獄されたものが数十人あったなど、明治初年まで、横浜名所の一つであった。

一三　攘夷から開国へ

文久二年八月、神奈川の生麦で外人殺傷事件がおきたように、攘夷論は日本国中をわかせていた。天主堂事件直後、ジラール師は、ナポレオン三世に願って、日本の切支丹禁制を廃止させるため、帰国した。師の不在中、神奈川奉行は、「外国人のための教会に、正面の『天主堂』の三字は不合理だから、削りとれ」とベルクールに要求、婉曲にことわられる、という事件もおきた。

同年九月には、フューレ、プチジャン両師が琉球から横浜に移り、ジラール師も翌文久三年（一八六三）七月十日、帰浜した。九月九日（陽暦十月十一日）、フランスから送られてきた大鐘の聖別式が、新任公使ロッシュの代父、フランス東洋艦隊司令官ジョレス夫人の代母で行われた。この鐘は、九月十二日（陽暦十月十四日）、井土ケ谷附近で九月二日に斬殺されたフランス砲兵士官カムウ中尉の葬儀の日に、はじめてつき鳴らされ、今日まで百年の長きにわたって、朝六時、正午、夕六時の一日三回、毎日休みなく鳴らされている。また、同じくフランスから五年後に送られてきた、聖母マリアの鋳像も、聖心聖堂の庭に今も安置されている。

文久三年七月の薩英戦争、元治元年（一八六四）八月の馬関（下関）戦争は、頑固な攘夷派・薩長を開国にふ

横浜天主堂の鐘（現在横浜山手教会存置）

横浜天主堂のマリヤ像（同右）

みきらせ、同時にイギリスと連合させる道を開いた。一方、ロッシュに代表されるフランス外交政策は、おくればせに発展した本国の産業革命にこたえて、幕府独裁の強化を通じて、日本市場の独占を求めていた。幕府内部にも「将軍の権威が完全に確立するまでは、外国軍隊の駐屯継続を希望する」親仏派が正面にあらわれ、横浜のフランス兵基地が、王政派の江戸進撃をくいとめる役割をはたすことになった。このことが、ひいては、薩長連合の新政権樹立とフランス外交の後退、浦上崩れの迫害へとつながっていくことは見逃せない事実である。

しかし、慶応の三年間、横浜天主堂は、フランス、幕府の固いきずなのうちに守られて、平和な毎日を送ることができた。慶応元年（一八六五）、日本布教区長として横浜にあったジラール師は、ムニクウ神父に命じて、中国四川省で用いられた「公教要理」に基き「聖教要理問答」を編集、横浜でひそかに出版させた。これこそ、文禄・慶長の耶蘇会版以来二百五十年間絶えていた、日本におけるカトリック出版の復活であった。だが、同書

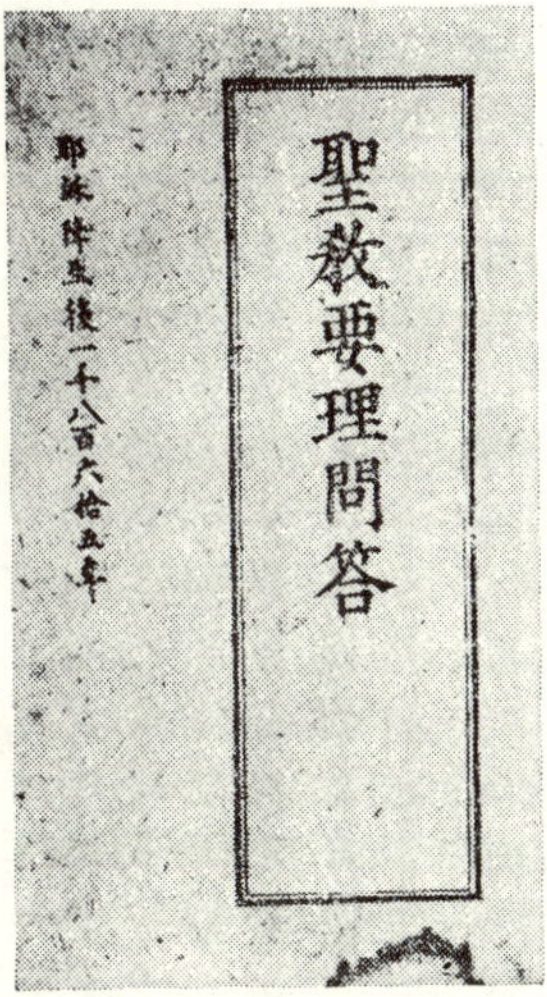

ムニクウ版「聖教要理問答」表紙

は漢文体で、一般信徒にはむずかしく、長崎のプチジャン師は受取ったまま配布せず、古い切支丹版を基に、独自な出版をすすめていった。

プチジャン師は、香港に行き、全日本の代牧（教皇代理）に祝聖され、慶応二年（一八六六）の末に横浜に帰った。師はロッシュ公使を通じて、切支丹禁制の廃止を強く幕府に要求した。このころから、横浜洲干町《しゅうかん》（現在の北仲通六丁目）に仏和学校をひらき、五十人ほどの生徒に、横浜駐在の各神父が教師となってフランス語を教えた。また、同年十一月、幕府は海岸通二丁目（現元浜町四丁目附近）に、フランス語伝習所を開き、メルメ神父を教師として招いた。これは、兵制をフランス式に統一するための必要に迫られてのものであった。

慶応三年（一八六七）九月九日、聖心聖堂の最初の牧者ジラール師が死去され、遺体は聖堂内に埋葬され、今も安置されている。後任には、マリン師があげられた。マリン師は前年五月に来浜、横須賀（当時フランス人の手で製鉄所＝後の海軍工廠がつくられていた）で働いていたが、ムニクウ師が長崎に応援に行ったため、フューレ師と代って横浜に帰り、ジラール師を助けていたものである。

長崎では、七月以来、第一次浦上崩れの迫害があり、プチジャン師は横浜に来て、ロッシュ公使にあっせんを願ったが、すでに大政奉還を決定していた政局は、事態の解決を困難にさせていた。やむなく、プチジャン師は、十月、帰国した上、翌年一月、ローマに行き、教皇とも協議の上、帰任の途についた。

一四　明治新政府の高札撤去

慶応四年＝明治元年（一八六八）六月六日、プチジャン師は長崎に帰った。同年三月十五日、明治新政府は、五箇条の御誓文を発した、その一方に、五榜の掲示を全国にかかげ、徒党強訴をはじめ切支丹の禁制など、対民衆政策では、旧幕府のままであることを示し、長崎では浦上信徒三千人を流刑にした。

切支丹邪教視は明治四年（一八七一）に至ってもあらためられず、異宗捜索諜者が太政官の中におかれ、彼らは互に諜者と知らされないまま、ある者は洗礼まで受けて教会内部の事情をいちいち報告した。

同年四月、プチジャン師は横浜に司教座を定め、六月十八日（陽暦五月一日）には、教皇ピオ九世の即位二十五周年祝賀祭を聖心聖堂で盛大にとりおこなった。同日、祝賀文が教皇におくられ、教皇からは八月十四日（陽暦九月二十八日）、「日本におけるカトリック教も遠からず勝利を得べき希望がある」との書翰が、プチジャン師に送られた。

明治五年（一八七二）六月、フランスのサン・モール会の修道女サン・マチルダ会長ほか五名が来日、横浜山下町八三番地に、復活後最初の修道院・孤児院をつくった。同会は、後に横浜の双葉（紅蘭）女学校をはじめ、各地に双葉学園を創設した。

明治六年（一八七三）三月二十四日、太政官布告第六十八号をもって、切支丹禁制の高札のみが「人民熟知」であるから、と撤去された。このころ、聖心聖堂の主任司祭はペチエ師で、師は毎日、元町浅間坂の高札場（前田橋のほとり）に、切支丹禁制の高札がまだ立っているかどうか、見にいっていた。三月末のある日、満面に喜びをうかべたペチエ師は、聖堂にかけ帰り、高札がついに撤去されたことを、プチジャン師やその他の宣教師たちに語った。六月、聖心聖堂で、「日本における信仰の自由」に対する感謝祭がひらかれた。

一五　横浜神学校と印刷所

明治四年（一八七一）、長崎から上海に留学していた邦人神学生十数名が帰国した。プチジャン師は、そのうちの数名に勉強を続けさせるため、横浜天主堂に附設の神学校（セミナリヨ）を開いた。明治六年（一八七三）二月には、浦上出身者を中心に、三十六名の生徒が、語学・歴史・教理などを学んでいた。横浜神学校は、復活後最初の神学校であったが、同年秋、東京により上級の神学校が開かれたため、漸次東京に吸収された。

横浜神学校には、プチジャン師の手で、明治五年（一八七二）ごろから、石版印刷所が附設された。明治六年二月ごろには、三台の石版印刷機があって、十人の求道者が「聖教理証」などを印刷していた。同年四月には、さらに長崎から三名の印刷工が来て、活版印刷機も備付けられたが、現在まで活字版の布教書は発見されていない。石版による「聖教初学要理」「くるすの道行」「後婆逼志与」などが、ここで印刷・発行されたものと見られている。

印刷所からの失火で、明治七年十二月三十日夜半、印刷所はもとより、布教文庫など、聖堂以外のすべてが焼失した。このため、プチジャン師が苦心して集められた切支丹文献、幕末・維新の布教記録、同印刷所での出版物などを失った。損害は実に当時の金額で十万フランといわれ、ペチエ師はいったん帰国、ヨーロッパで一年間にわたって献金を募られて、明治九年（一八七六）、再び聖心聖堂の主任司祭に帰任した。

一六　日本人教会の建設

明治九年（一八七六）三月二十二日、プチジャン師の熱心な願いにより、ローマの布教聖省は日本を南北両代牧区に二分、北日本の代牧にはオズーフ師を任命した。

師は翌十年七月初旬に横浜につき、七月八日、聖心聖堂で就任式を行った。

このころから、テストヴィド師など、聖心教会の宣教師たちは、日本政府から内地旅行免状をうけて、八王子・横須賀・伊豆・駿河などの布教に従った。明治十二年(一八七九)の終りには、横浜およびその附近の信者数は七一八名に達し、同年には受洗者一八六人を得たが、その中には、サン・モール修道女会のおかげで受洗したものが随分あったという。

明治十五年(一八八二)には、神奈川の浅間下に家をかり、説教所とし、テストヴィド師が時々説教に出かけるなど、日本人の中での布教に力がいれられた。

明治十七年(一八八四)、当時の聖心聖堂主任司祭ミドン師(ペチェ師は、再びヨーロッパに献金を募りに出張していた)は、「横浜教会は日に月に進歩し、聖教をよく守って、ますます強くなっている」と報告している。明治十八年(一八八五)の終りまでに、横浜及びその附近で新たに成人二三五名に洗礼をさずけ、信徒総数一、七四五人になったと、テストヴィド・ゲナン両師は報告した。

明治二十年(一八八七)、サン・モール会は、特に、日本人のために野毛二丁目に学校を開き、七十五人の児童に教え、一般のためにも公教要理を教え、その隣りには施療所と婦人のための公教要理研究所もつくった(神奈川の説教所は廃止された)。

翌年一月、不幸、火災にあったが、布教は続けられ、明治二十四年(一八九一)ごろには、日本人信徒は六十人ぐらいになった。サン・モール会の寄附で、若葉町に二階建の洋館がつくられ、階上を礼拝所、階下を小学校(明道小学校)とすることができた。そのさい、定住宣教師が来たとき独立教会とすることがきめられたが、明治二十七年(一八九四)、ムガブル師が常住して布教にあたることとなったため、宿願の独立ができ、聖ミカエル教会と名づけられた。これまで居留地の外人教会で、外人信徒と一緒にいた日本人信徒は、はじめて、日本人のための教会をもつにいたった。こうして、神奈川県における、新しい、カトリックの歴史がはじまった。

参考文献

レオン・パジェス「日本切支丹宗門史」（吉田小五郎訳、岩波文庫、三冊）
「幕末維新外交史料集成」第二巻宗教門
横浜市「横浜市史稿」教会篇
同　「横浜市史」第一、第二
横須賀市「横須賀市史」
小田原市「小田原市史」
鎌倉市「鎌倉市史」概説篇
ルモア神父「横浜聖心教会の沿革」
助野健太郎・片子沢千代松「横浜キリスト教史」（基督教史学会）

江戸の切支丹

内山善一

一　江戸最初のキリシタン教会

キリシタンが近畿に布教された頃、殊に松永等の圧迫により宣教師が都から堺に避難した永禄四年（一五六一）の頃には、信者も東に難をさけて関東にも次第に移るようになったかと思われるが、教会がこの地方を重視するようになったのは天正十八年（一五九〇）徳川家康江戸入府の頃からである。慶長三年（一五九八）豊臣秀吉の歿後、家康の勢力が増大すると所謂フラテ門派（フランシスコ会）の伴天連《パテレ》は早くもこれに接近を計った。家康もかねて知合いであったので、同会のゼロニモ・デ・ゼズス神父を慶長三年十一月十日（陽暦十二月八日）に伏見に引見した。国内住居を容認し、関東に外国商船の招致、銀鉱採掘法の指導等の希望を述べ、且つ沿岸測量の許可をも与え、水先案内派遣方請求の使をマニラに出すことを約した。更に翌年には、同神父を江戸に招き会堂設立を許している。

そこでゼロニモ師は江戸に始めてロザリオの聖母堂を建立し、同年聖霊降臨の祝日に献堂式をあげた。場所は現在の八丁堀あるいは日本橋石町辺と云われている。

家康がマニラにつかわした使者は答礼使と共に帰路についたが、途中難船したのでゼロニモ師自身催促に出むいた。マニラの長官からの方物を携えての帰路、これも難航のあげく慶長七年（一六〇二）ようやく平戸に着いた。長崎でゼスス会の司教セルケイラに会い、京都で家康に復命したが不幸病に倒れ、ついに他界して、日比通商協定は挫折するに至った。彼の後はブルジョリスが継いだが、結局時勢の力に抗し得なかった。

一体秀吉の伴天連追放令以後も一般貿易のことは禁じられておらず、秀吉歿後は布教も黙許の形になり、むしろ倍旧の勢となった。それだけにまた仏教側等の反切支丹運動も高まるばかりでいずれは大断圧を招くべき情況にあった。家康は自家富強策の上から貿易促進を計画したが、同時に国内の一般人心をつなぐためにはキリシタン制禁を得策と考えた。慶長十年（一六〇五）家康は将軍職を辞し秀忠が宣下を受けると先ず秀忠の名で迫害が行われた。江戸で信者の捜索、駿府で御家人中の信者に棄教を命じた。ただし伝道はそれに屈せず、ひそかに進展し一部士分の間に潜行すると共に、元身分ある信者で迫害のため地位財産を奪われた者が乞食非人の群にかくれてまで信仰をつづけたので、自然と、乞食や癩病人の間にもひろまった。

時にフランシスコ会のルイス・ソテロ神父が慶長八年（一六〇三）以来関東に来、家康・秀忠に面接した。彼は都・府内・大坂等につぎ、関東の浦川（浦賀）に聖堂と修院を建てた。更に慶長十二年（一六〇七）頃にはコンパニヤ（ゼズス会）でも江戸に着目し、布教長フランシスコ・パエスが同様家康・秀忠に面謁しているから同会系の宿舎も江戸にあったと思われる。それは牛込辺あるいは千駄ケ谷辺ではなかったかと云われている。慶長十五年（一六一〇）伊達政宗が江戸に在ってその侍女が病に患み、ソテロ神父の評判をきいてその治療を受けたところ、直ちに平治したので、ソテロは政宗の信用を博し、翌十六年にはその領内に招かれて自由に布教し得るに至った。

ところがソテロの不在中、江戸では容易ならぬ事態が持ち上っていた。それは当時新興勢力として東洋貿易市場に進出してきた蘭人・英人たちが反スペイン反カトリックの旗印の下に幕府に接近して来たことである。ことにウィリヤム・アダムス（三浦按針）はすでに慶長五年（一六〇〇）には江戸に来ており、かつてはソテロ等の占めていた外交上の地位に入れかわる情勢を示した。これを知ったソテロは急ぎ江戸に帰り、メキシコ及びイスパニアで商議を促進するため渡航計画を申し出でた。幸いこれは将軍の容るるところとなって一隻の船を用立てられ、慶長十七年（一六一二）浦川から出帆できたが、その翌日台風に会い再起不能の損害を受けるに至ったので、同門派の人々は全く将軍の信頼を失うに至った。

時に同年駿府と江戸でキリシタン召捕のことがあり、

駿府では殿中に止ったが家康の近侍中にあった原主水は逃亡して難をさけた（あるいは捕えられて改易の上、追放になったともいう）。駿府大奥の女中にも信者が三〜四人も出て太田ジュリア等もその中にあり大島に流された。翌慶長十八年ソテロは江戸で破却された会堂のかわりに当時の郊外浅草鳥越に一屋を得て、癩病者収容に当て礼拝所も設けた。しかしついにその夏取りこわされ、二十六人の者が捕えられて死を宣告された。ソテロもその中にあった。ところが伊達政宗は、同年春、将軍の同意を得て遣欧使節の準備計画中だったので、これを聞いて大いに驚き、ソテロはその必要人物であるとて飛脚をもってその釈放を乞い、将軍の了解を得てついに彼を出獄させた。ソテロと同囚の内、浅草鳥越で七月一日（陽暦八月十六日）に八人、江戸の牢より十七人が連れ出されて、共に打首にされた。翌日には十四人が浅草の牢舎より引出されて処刑された。また七月五日（陽暦八月二十日）にはアポリナリオという信者が獄中で餓死し、更に七月二十三日（陽暦九月七日）には五人が刑せられた。またジュアン民部も殉教した。同囚者を後にして出牢するソテロの心中も察するに余りある次第である。政宗は、前年浦川（浦賀）出帆の時も乗船していた支倉六右衛門を正使とし、ソテロを顧問役として、随行者百八十人、慶長十八年九月十五日（一六一三年陽暦十月二十八日）月浦出帆、東廻りでメキシコに向い訪欧の途につかせた。

ところが皮肉にも同年十二月には例の僧崇伝起草の長長しい文句をつらねた禁教大追放令が発布され、翌十九年には激しい迫害の暴風が吹きつのったのであった。

支倉六右衛門等が、目的地ローマに到着した元和元年（一六一五）には日本では大坂の陣で物情騒然たる時であった。が、大坂陣終了後、フランシスコ会のパデレディエゴ・デ・サンフランシスコという者が関東へ引上げる兵士に変装し、彼等にまぎれて東海道を下り、遂に江戸に入り再び浅草の癩病者収容所にあって布教を開始し、熱心な信者と共に活動した。この癩病院の患者五十人は皆キリシタンであり、エロニモという教名の患者が院長格で管理していた。附属聖堂はソテロが「廿六殉教者聖堂」とつけた名称を継承した（ソテロ建立のものは先年破却されたはずである）。なおディエゴは当時加藤左馬介嘉明の邸内（カトリック俳人倉沢暁亭氏は明治三十年九月風俗画報臨時増刊所載の「武州豊島郡江戸庄図」中加藤式部少輔邸の位置により現在の内幸町電車通及び南胃腸病院の辺と推定されている）のシモン佐兵衛宅に出張して、士分の者や婦人たちに説教し共にディシピリナ（鞭打）苦業を行っていたが、元和元年四月復活祭前の聖火曜日に捕えられ伝馬町の牢舎に入れられた。牢での惨状はディエゴ自身の筆をもって詳細に記されている。（「キリシタン研究」第四輯、浦川司教訳述の「ディエゴ・デ・サンフランシスコの報告書」参照）

ところが当時新たにイスパニア国王フィリップ三世の使者として、フランシスコ会のディエゴ・デ・サンタカタリナが二人の同会士と共に来朝し国王親書を家康に寄せた。前に家康が慶長十年（一六〇五）ムニョスを使者として西国に派遣したのに対する答礼をするため元和元年（一六一五）江戸で家康に謁を乞うたが許されず、露骨に情勢悪化を見せつけられた。それでも使節は向井将監忠勝の連絡によって、メキシコ副王に取引斡旋を依頼され牢中のディエゴを連行する許可を得たので、ディエゴ師は思いがけない出牢となった。その後同囚の日本信者ルイス、トマス、ビセンテ、ロレンゾ等は、殉教の死を遂げた。ルイスはかつて師の巡教旅行の伴侶で、その死罪宣告に当りある武士の新刀の切味を試すためにと、その武士の宅に連行され斬首の後五体を寸断された。元和三年（一六一七年陽暦二月四日）のことである。トマスは優れた説教者でやはりディエゴ師の随行者であったが、同様に試切りにされた（同年陽暦三月八日）。ビセンテは師の入牢中食物を差入れた咎で逮捕された者で、牢内でも師に仕えたが刑を申渡された後、獄吏に絞首されて殉教した（陽暦三月二十日）。ロレンゾは将軍の典医スクワン（茅野）という中華人と日本婦人、江戸娘との間の子で両親は異教者であるが、少年時から孤独を好む性で、ソテロ神父の教理説明を、外人の語る日本語調に興味を引かれてきき入るうちに信仰を得、熱心に洗礼を望むに至った。父は将軍の寵を失うことをおそれ、未信者の美しい娘と強いて結婚させたが、ロレンゾはその嫁さえも入信させた。のち彼は修院附病院につとめ妻はフランシスコ会べあた第三会員となり、共に奉仕の生活を送った。父は、切支丹逮捕が始まると、将軍にこびるため、また彼等を恐迫し改宗させるつもりで我が子を訴え出たが、二人の信仰は却って強化していった。ついに在牢のまま元和三年(一六一七陽暦十二月十日)世話した患者の癩病に感染して病死した。なおディエゴ師入牢の数日後に召捕えられたフランシスコ及びレオは、二カ年間他の牢につながれ、非常な残酷な扱いを受けて牢死したという。

先のソテロといい、このディエゴの場合といい、心を後に残しながら出牢したわけであるが、一日にして、死の牢から為政者と国交を商議する晴れの座に招ぜられるという童話の世界にでもありそうなことが実現した次第である。しかし当時は西葡両国が今まで占めていた幕府に対する外交上の優位は、はや蘭・英の人々によって交替される運命にあった。布教上の形勢についてもソテロがローマ教皇庁に請うて大体了解を得た、日本布教のため仙台に新たに司教を置くということなどは、マドリッドでは反対意見にさえぎられ実現を見ずに終った。且つ、同行の支倉使節は元和六年(一六二〇)に帰国したが、(支倉は帰国後も政宗の厚意でその釆地に家の子等に囲まれて元和八年永眠と伝えられる。最近更に承応三年〈一六五四〉まで生き、その真の墓は早川郡大郷村東成日の東光寺にあるとの説がある)、ソテロはその際も同行し得ず、マニラに残り、ようやく元和八年日本に着いたが、船長の中華人が届け出たので直ちに大村の牢に収容された。のち寛永元年七月十二日(一六二四年八月二十五日)彼自身の霊名の祝日に死を宣せられ、殉教(福者)するに至った。

ディエゴも、メキシコのワンデラスに上陸した時は優遇され、メキシコ副王に、向井将監の意向を伝えはしたが、その交渉はそれなりになった。かくて一年後、再び日本にもどり、元和四年(一六一八)に長崎に安着し、早速ソテロより托された書簡を再潜入のフランシスコ・ガルヴェスに渡して仙台に派し、政宗のもとで三、四人のパデレと共に布教させた。ディエゴは長崎から再び東国に向い江戸入りに成功し、フランシスコ・シズケという者の家にかくれた。彼の不在中信者は紐の組を作り、男十二組女四組に分け、パデレのいた時と同じように修行をつづけていたことを知り、更に七ヵ月滞在して信者の告白をきき、秘蹟を授けなどした。長崎よりディエゴ・デ・ラ・クルズ師を呼びよせ、一年間に七百人以上の信徒を得るに至ったという。ディエゴ・デ・サンフランシスコ師は当時江戸で、或る未亡人がその愛子を殺されて仇を恨んでいるのに、教を説いてついに改宗させたが、その後また長崎へ行き、かの元和八年（一六二二）の大殉教や、ソテロ神父の殉教等の貴重な記録をのこしているが、ついにその終るところを知らず、消息を断っている。

かくして江戸の教会ははや殉教の初花を咲かせ同時に東北への布教の中継の要所となった。元和六年（一六二〇）ゼズス会の神父、ヘルナンデス師も新たに江戸に来、翌年元和七年にはマルチノ式見市左ェ門が江戸・北国、及びその附近に伝道したと伝えられている。ついで元和九年フランシスコ・ガルヴェスやゼズス会のゼロニモ・デ・アンゼリス、原主水等の所謂札の辻元和大殉教がみられることになるのである。

二　江戸の町名とキリシタン

江戸の町名中切支丹にゆかりのものとして第一にあげられるのは、現在は変ったが、もと丸ノ内にあった道三町であろう。

道三の屋敷跡の辺に道三橋があり、明治四年（一八七一）頃の東京絵図をみると大手町から呉服橋の間の堀にかけられ、和田倉門龍ノ口と銭瓶橋（桜ばし）の間にあった。その附近が道三町と呼ばれ、大正十五年刊昭和二年訂正十五版の市内郊外東京電車案内の町名早見を見ると、道三町の名が大手町電車停留場の東南半丁として出ている。現在の丸ノ内一丁目乃至三丁目が当時の永楽町一、二丁目から銭瓶町・道三町あとに当るものと思われる。

初代道三（永正四年〈一五〇七〉—文祿四年〈一六九五〉）は我国南蛮医学の権威で、霊名メルキオル本名正盛、父は堀部左門親真。道三は幼より父母を亡い、十歳の時京都相国寺の蔵集軒に入り喝食となって書を学び、後自ら家号を曲直瀬《まなせ》と改めた。享禄元年（一五二八）関東に下って足利学校に学び、同四年に支山入導道の門に入って医術を学んだ。門人のために全九集七巻を著し、天文十五年（一五四六）には将軍義輝に謁した。永禄九年（一五六六）元就を治療し、「雲陣夜話」の著がある。天正二年（一五七四）「啓迪集」を撰した。翌年十月十四日、信長は道三の邸にのぞみ蘭奢待の伽羅を賜うた。しばしば徳川家康にも謁し、天正十一年十一月（一五八三）勅により道三の名を養嗣子に譲って致仕した。享徳院と号し豊臣秀吉も彼を敬重し時々書を贈った。道三は数百人の門人に囲まれて文禄四年（一五九五）に世を去ったのは正月四日で、享年八十九という高齢であった。墓は京都十念寺に在る。また道三は茶道を千利休に学び茶人としても知られている。キリシタンへの改宗は天正十二年（一五八四）伴天連フィゲレイドより受洗、その弟子八百人も同じ信仰に入ったといわれる。朝廷より道三の改宗を惜しみ、思いとどまるようとの御諚があったが、棄教は肯じなかったという。

道三の信仰に関して感ずべきことの一は、彼が皇家からの勧告にも従い奉らずして信仰を完うし、かたわら当時の宣教師たちが異教の神々を難ずるに当り、日本の神仏を指して悪魔・サタンに属する者といって攻撃するに会して、日本の神々や仏陀は共にもと人間であり、勿論多神教的礼拝の対象とすることは迷信であるが、祖先あるいは偉人としての尊敬は攻撃さるべきでない。これを悪魔とののしることは不当であると進言して容れられたということである。一面我国の神観念に対して、「神は人なり」との主張をした最初のヒューマニストといい得ると思う。後世「基督教自体は決して謀国の策略でない」と喝破した新井白石が、その著中に、紀記の神々は現実の人間として認められねばならぬこと、国家はいずれも人間の歴史において始まったはずであることを主張したのと相呼応する感がある。

道三は終りまで信仰を保った。しかも殉教所刑者でなく天寿を完うした。信仰人としてまた文化人として重視さるべき存在である。

キリシタンの歴史が迫害流血の面の強調に終始し、とかくその文化面への影響が見逃され勝ちになることは嘆くべきことである。道三の南蛮医学の如き、後世多くの随従者を出し、唐瘡の日本記録「道三師弟問答」の如きは、永禄六、七年（一五六三、四）の源介入道の梅毒病状（梅毒は実に当時海外人により入り来たった新病といわれる）を記録し、医学界貴重文書として現存している。

かの元禄十四年（一七〇一）、江戸城松廊下で吉良上野が浅野工匠守から受けた傷を応急手当して血を止めた栗原道有は、当時南蛮派の医術の秘法によったもので、その手記を残している。

道三町に近く丸ノ内の有楽町については織田有楽斎《うらくさい》（一五五二〜一六二一）の名とともに、彼の屋敷趾として知られている。彼は霊名をジョアンといい、名は長益、字は源吾。源侍従と称し入道して有楽斎如庵また其軒融覚と号した織田信秀十一男信長の弟で、天正十六年（一五八八）に受洗し、信長死後秀吉に従い大和芝村に三万石を領した。淀君の叔父、秀頼の大叔父であるが、大坂の役の際（慶長十九年＝一六一四）大坂方におされ謀主となった。一旦和議成立後は封を二子にゆずり、自らは京都に隠棲して茶事に親しんだ。かつて千利休に茶を学び有楽派を成し、道三や高山右近（南坊）や蒲生氏郷等と共に切支丹茶人としても注意さるべき人物である。元和七年（一六二一）七十歳をもって東山に卒した。子孫世襲し明治に至り子爵を授けられた。

また、港区の芝伊皿子という町名は、イサラグという南蛮人の名から出たという俗説がある。同町に在る等覚寺は、正保二年（一六四五）の開基で、ちょうど細川忠

江戸切支丹遺鐘（伊皿子等覚寺蔵）

興が八十二歳で卒した年に当る。寺の隣が細川家の家臣の墓所であったと伝えられている。寺に切支丹燈籠が一基あり、また西欧型と思われる小鐘が伝えられている。燈籠は竿石十字型であり、その下部の凹部に人像があったのが取去られており、鐘の側面にも何か鋳型のあったと思われる削り跡が見られる。三田元鍾氏はその著「切支丹伝承」で江戸南蛮寺の遺鐘であろうと推定した。またあるいは細川家との関連からガラシア夫人の遺品との説をなす者もあるほどであるが、ともかく江戸切支丹遺鐘と名づけ得るものといえよう。

ところで目黒の碑文谷は古時碑文石が多く出たためにその名が起ったとされているが、また一方にはその附近の鉄飛坂等の名と共に、ヒモンヤス、及びテッビヤウスという南蛮人がいて、大久保石見守が金山の採掘を改善しようとして、この二人を用いたことから出たとの説があり、「慶長切支丹怪秘記」に記されているといわれる。俗説のことで真偽はいえぬが、禁教きびしい当時かような説が伝えられ来たったこと、殊に南蛮人名に擬するという考え方に当時人心の好奇的傾向も察せられて面白い。最後に堀部安兵衛で有名な高田の馬場の高田村（現在高田町は一部豊島区新宿区文京区にまたがっている）について、この地に越後高田の城主で高田殿と呼ばれた徳川忠輝（家康第六子）の生母と忠輝夫人の館があったということである。もっとも高田という地名は高い土地にある田という意味で、以前からつけられていたといわれているから偶然の一致であろうが、その忠輝夫人は伊達政宗の娘でキリシタンに入信していたと伝えられているのである（元早大図書館長岡村千曳氏談話、故勝俣銓吉郎氏より聞かれし由）。

三　元和大殉教、神父等の召捕

不思議な廻り合せで江戸牢から出され、メキシコに渡って再び日本にもどってきたディエゴ・デ・サンフランシスコが長崎に着いた時、同じ会のフランシスコ・ガルヴェスが再潜入してくるのに会い、これにソテロより托せられた書簡を渡して東北に行かせたことはすでに述べたが、このガルヴェスという人はスペイン、ワレンシヤ州の名都ワレンスの生れである。文学・芸術・神学共に長足の進歩を示した鋭才で、フランシスコ会のワレンシヤのサン・ホアン跣足会の聖ホアン・デ・リベラ修院に入り、日本への布教の使命を感じフィリッピン管区の修道士と同行し、最初に日本への渡来を遂行したのは慶長八年（一六〇三）であった。しかし慶長十九年（一六一四）の大追放でマニラにもどされ、再渡来を企て苦心の末、黒人水夫に変装してマカオから日本へ渡ることを得たのであった。ディエゴは彼を天使を迎えるほどに喜んで、彼に仙台行きのことを依頼した、彼はそこに、後任のディエゴ・デ・ハロマレスと代るまで留ったが、その後は江戸に呼ばれた。江戸には当時フランシスコ会系の教会が三つあり、彼等は江戸の教会も信者も、その布教事業も、すべて我が会によって創められたことをほこりとし、時々近郊の村邑を訪問していた。原主水はすでに慶長十七年（一六一二）以来姿を隠していたが、元和元年（一六一五）再度捕えられ、手足の指と筋を切られて追放され、以後江戸に入り浅草の教会にひそんでいたという。ところが、元、主水の召仕で神父や信者の間の秘密の連絡に当っていた偽信者が奉行の米津勘兵衛に密告したので、主水をはじめ神父等の召捕となった。当時江戸にはフランシスコ会の神父のほかにゼズス会の神父エロニモ・デ・アンゼリス（天使のエロニモ）師がいた。

エロニモ師はイタリア国シシリー島の人、エンナの生れである。十八歳の時ゼズス会に入会し、神学生の頃から東洋行きを希望していた。印度に派遣の上ゴアのコレジョで司祭に陞せられることになり、一五九五年カルロ・スピノラ神父（長崎で元和八年の大殉教中の一人）と一緒にゼノアを出帆したが、途中暴風や食糧の欠乏や伝染病等の重なる苦難の末、一旦帰航の途中英国の海賊船に会い神父もイスパニア人と間違われて禁錮される等のことがあった。ようやく一五九九年春三月、デ・アンゼリスとスピノラ師は再び印度に向い、一六〇〇年マラッカに渡って日本語を学び修業をつんで、一六〇二年（慶長七年）あこがれの日本に到着した。一六〇三年京都の伏見のレジデンシヤ（住院＝布教駐在所）に赴任し、ここで八年間を過し日本中央部の教養ある人々や高位の人々に接した。のち新らしく駿府に設けられたレジデンシヤにきたのは慶長十年（一六〇五）の頃で、将軍職を退いた家康の居住地として枢要の地に注目したことによるが、すでにフランシスコ会士たちは慶長四年（一五九九）以来江戸と共にこの地にも往来していた。デ・アンゼリス師が慶長十六年（一六一一）駿府訪問のときは二百人の信者の告白をきき、二百七十人の成人に洗礼を授けたという。さらに江戸にも出て布教根拠地を購入する契約ができた時、迫害が突発したので中止のやむなきに至った（さきに慶長十二年パエス管区長が江戸訪問の時の宿舎がその教会の候補地だったのであろう）。同師は長崎に呼びもどされた後、東北からの求めで青森（津軽・弘前）に行き、四年間の滞在中二回北海道（松前）に渡り、はじめて同島の地図を描いた。元和七年（一六二一）長崎から、ローマ聖ペトロ大聖堂完成の祝祭の教皇大赦勅書が着いた知らせを受け、日本信者の奉答書作成に当り多数信者の署名入の返書を五通作成して羅馬に送った。それは現存している。同年江戸に入り一屋を買い、二カ月間信者のために働き甲斐・長野・伊豆へも信者を訪問していたという。奉行所で信者たちが師の住所を白状せよと拷問されたときいて、シモン遠甫と共に名乗り出た。

フランスコ・ガルヴェス師は、鎌倉のセラリオ孫右衛門宅での偽例信者の密告から捕方が来ることを知り、ホアン看房と、ペトロという同宿の二人で、案内者をともない小舟に乗って逃れ出たが、案内者が途中おそれをなし師等を残し路銀をもって逃亡したので途方にくれたところを、江戸からの捕方におさえられた。師等の宿主孫右衛門夫妻も捕えられたが、彼の妻は、美服に着替えて捕方を出迎えたので夫がその故を問うと、「天国《パライソ》の御使者を迎えるよろこびのために」と、従容として答えたという。牢中で、デ・アンゼリス師とガルヴェス師はその会合を喜びあい、共に殉教の恵みを神《デウス》に謝し互いに罪の告白をし合った。神父等と共に捕えられた信者はその召使や第三会（在俗修道会）の会長等で、計四十九人に及んだが、神父たちは一同を励ました。拷問の末、神父のことを白状したという一信者は、自分の過ちとして痛く悔み、頬についた涙の跡は遂にとれなかったという。

シモン遠甫は天正八年（一五八〇）生れ、肥後、野津の人。幼時仏寺に仏法を習ったがその師が切支丹に改宗したので遠甫も入信した。二年後十八歳でセミナリオの生徒となり、以後全生涯を布教に捧げるに至った、慶長十九年の追放の時は他の教師と共にフィリピンに流されたが、翌年再び帰航潜入し、以後二十年間布教につとめた。デ・アンゼリス師と共にかどうか明かでないが、元和三年（一六一七）以後東北にあり、捕えられる前六年間は奥州と関東の地ですごしたと記録されている。死の少し前デ・アンゼリスによってゼズス会入会を許され修士《イルマン》となった。

殉教者中平信者の大立物原主水助胤信は、その遠祖は桓武天皇までさかのぼる家柄をもち、原の姓はその所領、現在千葉県匝瑳郡原村の村名から由来するという。更に甲斐の原家、九州原家が分れたが、原主水は千葉の分家で代々千葉家の重臣をつとめ、千葉常胤七代の孫で下総生実《オユミ》（小弓にも作る）城主宗胤が原姓を名乗って以来その血統をついだ。主水の父は刑部小輔臼井城主で、家康と秀吉の連合軍が小田原城攻撃の際八千人を率い、加担して敗れたので捕えられ江戸で切腹のやむなきに至った。家康は自ら亡した敵方の遺族はこれを郷里に放置せず引取って懐柔する策をとったので、原主水も千五百石で小姓として召寄せられ、その伏見城巡視の際に従侍した折の幼時の逸話が岩淵夜話（徳川実記十六）に見えている。慶長八年（一六〇三）には走り衆の頭を仰付けられ、部下三十人を預った（泰平年表）。身の丈高く豪勇なことは抜群であったという。欧人の伝聞を録したものによれば、彼は将軍の側室ぼこち様（？）といわれた人の従兄弟であったともいう。キリシタン入信は慶長五年大坂でゼズス会のパデレからである（マニラで列聖調査時自身の証言）。霊名はヨハネ（ジュアン）で二十歳の時フランシスコ会第三会員として帯の組に入会したが、禁制きびしい駿府では公然と修道服をつけ得なかったという。

慶長十七年（一六一二）の迫害は徳川実紀に「天主教は倫理を害し風俗を破る事を知らしめし厳に禁制せしめんとて御家人十人づつ一隊とし隊毎に査検を命ぜらる。原主水某、年頃邪宗に惑溺するゆゑ此制を恐れて亡命す、榊原嘉兵衛某小笠原権之丞某は其宗へ帰依すると雖も既に改宗しければ死罪一等を減じ放逐せらる」（徳川実記慶長十七年三月十一日）とあるに相当する。

当時駿府城中に信者がいたことは明かで、側近の小姓や奥女中の関心も及んでおり、また城下にも信者がいて新しい布教の中心を成していたことが想像される。中でも小笠原権之丞は、サンタマリアの組の者であったという（他の伝えによれば、慶長十七年の時主水は逃亡したのでなく、一度捕えられたが信仰をすてず、為に改易されて追放になった。同時に大奥の女中たちの間にも取調べがあって、そのうち三人《太田ジュリアを含む？》は特に手酷い取扱いをうけたとある＝パジェ一六一二年度年報及び大日本史料）。

ところで原主水について一つの青春を語る挿話が伝えられている。それは彼が野尻彦太郎という者の妹で同じく御殿つとめの女中と秘かに交際をつづけていたとのことで、ルイス・ソテロもその報告中にしるして「御殿に勤めている女の一人を誑《たぶら》かした」といって非難しているところである。また「当代記」にはその後も関係をつづけており、ついに元和元年に事は公けとなって八月に両人並びに野尻彦太郎も共に捕えられ、主水は九月二十五日（陽暦十一月十四日）に手足の腱を切断され額に十字の烙印を押されて追放されたとある。もっとも「駿府記」にはこの濡事については何事も記されず、ただ九月十三日にキリシタンの信仰故に奉行彦坂九兵衛光正によって同様の方法で処罰されたとなっているという。慶長十七年から元和元年迄の三年間主水は剃髪して武蔵国岩槻に隠退していたといい、あるいは岡越前守のもとに隠棲していたともいわれる。元和元年に捕縛の動機は単にキリシタン信仰のためのみでなく情事にたいしての処罰をも含んでいたかも知れないが、手足と鼻とを切断され額に十字の烙印を押されたのは彼一人でなく、キリシタン五人共に同じに課せられ、うち三人はその為に死し、二人は主水と共に山中に隠れ、癩病人の間で窮乏の生活を送ったことは確かである。

なおその後、元和九年（一六一五）に旧召仕の密告によって最後に召捕になるまでの間は、全く浅草の病院にあって信者としての模範的な行をもって長年の苦難に耐え、罪の罰をことごとく償い得て殉教の栄冠を獲得するまでに浄化されたことは疑いないことである。

四　新将軍のもとに殉教

元和九年七月二十七日（一六二三年八月二十三日）秀忠は将軍職を退き、八月六日に嫡子家光が将軍の宣下をうけた。

三代将軍家光は実に生れながら将軍の子であった最初の人で、祖父家康や父秀忠はいわば他の大名たちと元は同等の仲間であったが、家光は完全に初めから主的地位について諸侯に号令し得る条件をととのえていた。しかもキリシタン禁制の厳守という大方針は初め寛大を装うていた祖父等と異り、遠慮なく実施し得ると同時に諸侯にその実施を命ずることは、いっそう幕府の基礎を強化する手段として最も有力なことを知った。その将軍登位の年に江戸で、二人のバテレンの潜伏発覚の報は彼を烈火の如くいからしめた。「長崎で二十人の教師が発見されてもおどろかぬが江戸で二人も教師を発見するとは捨ておけぬ怪事である。以後探索を厳重にして一人残らず召捕り処刑せよ」と叫んだという。しかもその一味の大立物として、大御所家康近侍の原主水の名があげられるに至って、驚きはいっそう大きかったであろう。

ところで、当時の江戸の牢は、郊外の浅草と鳥越辺と街中では小伝馬町にあったと思われる、牢奉行は最初石出氏が任ぜられていたという。後年、入牢者の身分により区別ができ、五百石以下、御目見以上の旗本の未決囚のための揚座敷《あがりざしき》、御目見以下陪臣・僧侶・医師等の未決囚を入れた揚屋《あかりや》、戸籍ある庶民の罪人のための大牢、無宿者の罪人の無宿牢、百姓のための百姓牢、女子を入れる女牢の六種となったが、初期にはおそらく二種程の別があっただけであろうという。

レオ竹屋は下位の侍に属しており町奉行と知合いであったので、デ・アンゼリスと二人だけ他と別に、番人のいる建物に入れられたという。おそらく揚り屋のような場所であろうと思われるが、比較的自由でしばしば外からの訪問を受けることもでき、また同牢内の人々を入信させるにも便宜であったが、ついに番人がうるさがり、竹屋は奥の牢に移されるに至った。アンゼリスはひとり番人にも教えの話をした。一般牢のシモン遠甫は囚人四十人を説き、キリシタンの信仰に入らしめたという。

いよいよ十月十三日（陽暦十二月四日）の当日奉行が来て囚人たちを刑場に引き立てた。一同は三組に分たれて後手に縛られ、小伝馬町から引き立てられて刑場の高輪札ノ辻に向って街路を行進した。第一の組は、駄馬の上に罪状と名を書いた小旗を背にしたエロニモ・デ・アンゼリス師を先頭に、修士シモン遠甫、レオ竹屋翁その他計十六人が徒歩でつづき、第二組は同じく馬上のフランシスコ・ガルヴェス神父と徒歩の十六人、最後に原主人は、特に目立つ黒くたくましい馬に乗せられて最後の十六人の群の先頭に立っていた。そして先ぶれの者が群集に向って「将軍様はキリシタンが大御嫌いじゃ、この通り御身内の者にも御容赦ない」とくりかえし呼ばせた（御身内とパジェスは記しているのであるが、御家中または御近親の意か、あるいは主水が家康側室ポコチ様？と従兄弟との説を意味するかと思われる）。

刑場についてクラッセの「日本西教史」には「刑場は都城を距る遠からざる広大の場なり、この人々は城外の諸街を経過せしに道路これをみるもの堵の如し云々」と記し、パジェスの「日本切支丹宗門史」には「相当に広い場所も近くの山も見物人で一杯で、その中には当時丁度江戸に集っていたこの国の貴族や諸侯たちも大勢いた」とあり、当時参覲交代で諸大名が江戸にある時を機として、しかも江戸の入口である品川、東海道の出発点を舞台にしたということは、所謂効果百パーセントの演出であったというべきである。

智福寺記念碑（裏面）

この地が現在の札ノ辻の附近智福寺の境内に相当するとの説は、原主水の子孫に当る原胤昭氏著「隠れたる江戸の吉利支丹遺跡」（昭和四年刊）に、初めて説かれて以来注目されてきたが、昭和五年刊の姉崎博士著「切支丹伝道の興廃」「切支丹迫害史中の人物事蹟」は共に同説を採用している。さらに上智大学キューエンブルグ教授等によって更に研究され、昭和三十一年十二月四日東京イエズス会のロス司教の提唱で殉教三百三十三年祭に当り智福寺内に記念碑が建設された。最近の著書ではチースリック教授の「江戸の大殉教」（「キリシタン研究」第四輯）に詳論されている。また昭和三十三年十一月東京都教育庁社会教育部文化課調査委員豊島寛影氏の調査報告に基づき都の「旧跡」として、「札ノ辻元和切支丹遺跡」の名称のもとに指定されるに至った。智福寺の開山一空上人略伝記（智福寺蔵）によれば、当地が古く刑罰の地であって、同寺が寛永二年（一六二五）創立された桜田元町より移転の際その地を撰んだ理由の一つが同地で所刑された者を弔う意味にあったことが判明する。ただし智福寺がはじめて地図の上に見られるのは、明和八年（一七七一）の分間江戸大絵図（東洋文庫蔵）以後ということである。一空上人は承応三年（一六五四）に他界しているので、生前または死後ほどたたぬ頃の移転か、明和頃の移転かは判明せぬが、ともかく同所がかつての刑場であったため永らく空地であったことは想像される。

いよいよ刑場に行列が到着すると、現場にはすでに五十本の柱が立てられ、そのうち町寄りの三本はわざと他から離れており、また各々の柱は互いに一間ずつの間隔を置き、薪がつまれている。殉教者たちが大道を練ってくる途すがら二人の神父は、群集に説教をつづけた。原主水は刑場に着くと口を切って馬上から見物人を見渡して叫んだ。

「拙者はかつては大御所様の旗下にその人ありと知られた原主水で御座る。かねて異教の迷信を慨し長年前から追放の苦しみを受けつつもキリシタンの道に入り、今日の火あぶりを待ち受け申した。これただ独り救霊に導き下さるこの教の真のあかしを立てるが為にすぎ申さず、拙者の指と足の筋は切られ申したがこの手足こそ拙者の行先を指す何よりの目印で御座れば、我が罪の償い主に在す救世主ゼズス・キリシトのために命を捧げまする所存で御座る。キリシトは誠に永遠の救に在しますぞ」と。

役人たちは二人の神父と主水とを残して他の四十七人を柱に縛りつけた。先に棄教して一行と共に刑場までともなわれた一人は約束通り釈放された。その時群集の中から一人フランシスコと名乗る者が大音を発しておどり出た。「わしも信者の一人であるが不幸殉教《マルチリ》の数にもれて残念に堪えなんだ、貴公は折角パライゾの入口にまで来ながら、何故この幸福を捨てようとなさるか」といって背教者をなじり、ぜひ自分を代りに召捕ってくれと嘆願再三に及んだ。しかし役人は名簿に無いからとて、聞き入れるわけにいかず、そうこうしている間にはや薪木に点火されると、その男はいきなり身をひるがえして火中に飛び込もうとする。獄卒はあわてて止めて、これを捕え牢送りとした。

シモン遠甫も柱の上から群集に胸の迫る訓誡をした。そのとき突然大名の一人とも思われるほどの卑しからぬ身なりの貴人が多勢の家来を引きつれてその場に駆けつけると、つかつかと役人に迫った。役人たちは将軍の上使かと思って途をあけたところ、その人は「この人々がかかる残虐な刑をうけるは何の為か」と訊し、「キリシタンたる為」ときくと、「然らば拙者もまた、同信の者で御座る。故、同罪に仰付けられたい」と開き直った。奉行たちは狼狽して急ぎ老中に伺を立て、将軍から「大名とても容赦せず囚人達と一緒にせよ」との上意を受けたので、その貴人とその家臣中の五人の者も召捕の中に入れられた。これを見た三百人もの人々が役人の面前に跪いて同信仰を宣して所刑を求め、竹矢来の内に押入ろうとしてひしめいたので、役人たちはこれ以上騒動の起るのをおそれて処刑を急がせた。

殉教者たちは燃えさかる焰の中で周囲の人々の救霊のために祈りながら、固い信仰のうちに敵への恨みも動揺もなく、見る人に驚異の教訓を与えながら沈黙のうちに命を了えた。二神父と主水とはこの四十七人の殉教を眺め、心にデウスの御助けを祈り、彼等の潔よい殉教ぶりを主に謝し、獄卒にともなわれて馬を下り、自分の柱の下に伏して敬礼した。町方の一番が原主水の柱で、つぎがデ・アンゼリス師、三番目がガルヴェス師の順であった。

デ・アンゼリス師は目を町方に向けて彼らのために祈りを捧げ、焰が風になびく方に向き、群集に慈愛あふる訓話を与えつつ息絶えた。ヨハネ原主水も間もなく息を引取ったが、あこがれのパライゾに自分を導く焰を抱くように、指の無い腕をのばして地面にうつむいて倒れた。ガルヴェス師は最後まで柱にもたれたままで息が絶えた。彼等の遺骸は三日間放置されたが、信者たちが集って多くの遺物をもち去った。

将軍はなお、キリシタンは目に入り次第全部火炙りにせよと命じ、約三百の人が召捕られた。同年内に幕府直轄領だけで四〜五百の殉教者が出たと伝えられている。

以上五十名中氏名の明かなものは三十七名で、残り十三名は不明である。三十七名の氏名も、パジェスの「日本切支丹宗門史」及びビリオン師の「日本聖人鮮血遺書」、グラセの「日本西教史」の太政官訳本等により、それぞれローマ字や漢字の当て方が違っている。「キリシタン研究」第四輯に記されたフーベルト・チスリック師によるものを標準にしてよいと思われる。

五十名男子殉教の次に、その妻子等を含む三十七人の殉教が同年十一月八日(陽暦十二月二十九日)に行われた。同じ場所と思われる。そのうち十八名の子供があり、信者は十六人で、二人は教外者で信徒の宿主等の子であったという。いずれもがんぜない姿で玩具などを手にして嬉々とし入場し、見物の人々の涙をさそった。

先ず子供たちに手がかけられ、あるいは首を落され、あるいは体を二つに割られ、また足を捉えられ倒さに吊されて胴体をずたずたに切りさかれた。次に十一人の成人男子が殊更に婦人たちを恐れさせるためにその眼前で虐殺され、死骸を磔柱にさらされた。その中の二人は信者でペトロ円左衛門、マチヤス文右衛門といったが、他は未信者で信者をかくまった者である。火炙りになる者は六人で最後まで残され、そのうち二人は教外者で信者と別にされていたが、これらの人々は原主人を匿したために召上げられた者たちである。フランシスコ・カベという信者は熱心に説教しつづけたが、この人はさきの五十人男子殉教の後、四人の婦人たちと共に役人の前に出頭して信仰を名乗り出たという。

婦人たちのうちにはエロニモ師の宿主であったレオ竹屋権七の母マリア竹屋が名を知られているが、他は不明である。マリアは馬上にくくられ他の先頭に立たされて他を励した。レオ竹屋の若妻ルシーナもこの日殉教と伝えられたが、近来奇しくも助命された事実が立証されるに至った(発見資料は塚本憲令氏等によって報ぜられている)。

やがて火が点ぜられ、壮烈の犠牲者たちは生命を主に捧げた。家を信者に貸した咎で信者と共に殺された教外者中には、将軍寵愛の小姓たちもいたということである。

五　元和殉教異聞

札ノ辻での殉教五十名中竹屋権七は当時二十一歳の若者で、十八歳の若妻をもっていた。彼女はキリシタン名をルシーナと伝えられている。夫と共に入牢し、しうとめのマリアと共に殉教したように伝えられていたが、実は彼女の実家の父で武蔵国北足立郡芝村の領主で安房の代官であった熊沢三郎衛門忠勝が、その帰依する足利学校の十代校長龍派禅珠寒松和尚を通じその尽力を乞い、「なにぶん若年で切支丹のことも十分知らずに信者の竹屋と一緒になったものである」との申立てで、特に和尚自ら牢に出向いて直接役人と接衝の上、助命救出に成功したことを立証する文書即ち同和尚筆の「寒松日記」のことが知られるに至った。かつて三田元鍾氏著「切支丹伝承」（昭和十六年刊）中江戸殉教綺譚によれば、レオン竹屋は帰化鮮人弥左衛門の息でレオン（理安）を霊名とし、また竹甫と号し、父は文人系の人、寒松和尚を住職とする芝村長徳寺の檀徒で、和尚と文際あり、一家中母マリア、妻ルシーナは早く信仰に入っていたという。救出の理由は信仰のことも知らず、竹屋の信者であることも知らずに結婚した如くいってあるが、ルシーナという霊名が伝わって本名が知られぬほどであり、勿論助命のためにこしらえた口実と思われる。且つ寒松和尚の日記によれば、竹屋所刑後その冥福を祈って読経しており、深い同情が認められる。ルシーナとしては殉教をとげず里方に連れもどされたことは、本意ないことであったろうが、寡居十年の後、良縁を得て再婚したとの報に和尚が心祝の詩を賦したことも、和尚の日記（「寒松日記」、川口市の長徳寺に現蔵）によって疑い得ぬ。最近川口市内の文化財調査に当って、長徳寺の墓守堂である芝塚越の如意輪観音堂の内部にある厨子中に、阿弥陀如来とその体内仏子守観音及び鉋金らしい十字架像（首かけ用と思われる）が発見され、埼玉県教育課によって文化財に指定されている（川口市本町二ノ四五カトリック教会に発見記念資料がある）が、この辺に隠れ切支丹がいたと考えられるのは当然で、更に、右の如意輪堂内の仏像はもと万蔵寺に安置されてあったもので、万蔵寺焼失の際取り出されて現在の堂内に移されたとのことである。万蔵寺はルシーナの父熊沢氏によって建立されたものと伝えられ、現に、この如意輪堂がルシーナ救出に尽力した龍派禅珠が住職であった長徳寺の墓守堂である等の点から、あるいはルシーナの遺品であろうとの推測もなされ、更に百尺竿頭一歩を進めればルシーナ再婚の点についてあるいは当地の隠れ切支丹と一緒になったのではないか等の想像すら否定しきれないと思われる。寒松和尚は天海僧正とも交り、ルシーナ出獄の出願には老中酒井雅楽頭忠世や土井大炊頭利勝、町奉行島田治兵衛、米津勘兵衛由政、納戸頭酒井備後守忠利、伊丹喜之助等に、あるいは文書によりあるいは直接面談しており、その言動の有力であった様子が推察される。一切が和尚の胸中に収められた上での救出劇であり、再婚であったのではあるまいか。想像ではあるが、かくて隠れ切支丹の信仰がつたえられ表面仏徒を装いながら遺物も残され得たのではあるまいかと思われる。ちなみに、如来像の着衣は甚だ一般のものと異なり、胸を開いて肌をあらわす型でなく頸の辺で丸襟型になり、また光背の図様も蓮華でなく麦の花を意味するような形を示している。また台座は上向きの蓮華の下にぶどうの文様を示すのも奇異に感じられる。子守観音と思われる子抱き小像は桧作りの丸彫りで、胎内仏として作られたもののようであるが、像の後頭部頭布様の一部がけずったようにはげており、光背が付けられてあった跡で、如来像内に収めるため光背を除いたのではないかともいわれている。十字架と共に発見されている点は特に重視すべきもので、厨子はあけると眼がつぶれるとの禁忌をともなって、近時まで手をつけられずにあったという。

六　寛永正保年間の江戸の切支丹

キリシタンの迫害が激しくなればなるほど、信徒の殉教熱は却ってつのるばかりで、公の残忍酷烈な所刑はいっそう信仰を誘う結果となった。寛永元年（一六二四）以後の召捕殉教の主なものを記す。寛永元年江戸で神父一人、宿主の一家その他二十七、八人の召捕。同年四月二十七日（陽暦六月十二日）男五人女七人火刑。同二〜三年頃ゼズス会同宿アレショが城外癩病院で働き他にも百数十人に授洗した。またディオゴ結城なる日本人神父も京都・摂津・但馬・丹後・若狭・近江・美濃から江戸に入って活躍した。奥州で寛永六年捕えられたゼズス会士ヨハネ山が江戸送りとなり、十二月一日（陽暦一六三〇年一月二十四日）には、身分ある信者夫婦とその子供たち合せて十三人が水責めにされた。一報にはベントラ佐伝次（？）なる者他九人の信徒が氷の張った池中で杭に朝から夕まで縛せられて遂に致命したとある。また将軍の家臣で六年間信仰を棄てていた中川某は帰信し、胸まで埋められ、三日間竹鋸引にされて殉教した。寛永七年頃にはドミニコ会及びゼズス会の教師で各一人ずつ留って、江戸から奥北への連絡を行った。翌年には長崎奉行竹中妥女が寛永四年（一六二七）以来所刑された殉教者の未亡人や娘たちを召捕り、江戸に送り、同年十一月二十二日（陽暦一六三二年一月十三日）夫婦子供合せて七人が火刑。また道川という武士がその中におり、また当歳の孤児が父母の面前で殺された〔あるいは翌年の寛永九年、江戸で六人の信者が漫火で焼かれ、一人の子供が斬首というのと同一事件かと思われる。人名はそれによるとパウロ、妻はマリア、息子二人イグナチオ（十歳）ザベリオ（九歳）息女二人マグダレナ（六歳）ウルスラ（四歳）とある〕。更に九州地方で神出鬼没を謳われてセンセーションを起した例の金鍔次兵衛（アゴスチノのトメ）が江戸に現れて感化した旗下の士数名が寛永九年（一六三二）打首、寛永十年日本人神父ヨハネ山が江戸で穴吊しで殉教。刑場に臨んで筆を請い「日本は盲目の人民のために破滅に向って突進している」という警告を上書したという。彼は六十三歳で政庁の諸侯をはじめ、多くの人人を改宗させ、修道生活四十七年の闘士であった。また寛永十一年（一六三四）江戸でゼズス会のビイエラ神父、フラシスコ会のルイス・ゴメス神父、また両修道会士六人が殉教の時も将軍に信仰の弁明書を呈上したという。寛永十三年（一六三六）には将軍家光自ら城門修築工事を検し、城外で信徒九十三人の乞食跛者の群を発見して密室にぶち込み餓死させたという。寛永十四、五年には例の島原の乱が起り、江戸に注進が達したのは十四年十一月九日（陽暦十二月二十五日）、第一の上使に板倉重昌がつかわされ更に第二の上使松平信綱は十二月三日江戸を発した。乱の平定は寛永十五年二月。現在上野寛永寺内本覚院境内に島原旧領主有馬直純の墓及びその家臣の碑と伝える、切支丹燈籠の竿石と思われるものが二基ある（直純は大坂で寛永十八年歿）。

寛永十五年（一六三八）江戸芝口で信徒二十三人が海中に吊され、信徒をかくまった者六人が磔刑、妻子十四人が斬首になった。

島原の乱に刺激された幕府はいっそう多くの信徒を召捕り十二月一日附（一六三九年一月十五日）で諸侯に布告して、いっそう捜索を厳しくするように命じた。

寛永十六年（一六三九）日本人神父の最後の殉教者ペトロ・カスイ（葛西？　またキベとしても伝えられている）が江戸で逆吊の刑で殉教した。彼は印度からペルシアを経て聖地ペレスチナを最初に訪れた邦人で、またローマ留学生としても優秀な記録を残し、帰路にはマカオからシャム（タイ）に渡って船頭の技まで学び、他の一人の日本人神父と共に帰国した。長崎上陸後は単身京都から東北方面にまで布教につとめ、仙台で捕えられて江戸に送られ、将軍家光の直接の訊問をうけて後井上筑後守に預けられ、背教者フェレイラとも対決して彼を赤面せしめ、毅然として殉教した。

寛永十六年いよいよ完全に鎖国令が実施され、日本は全く東海の孤立国となった。

ある記録には寛永十七年（一六四〇）に七十人の切支丹が江戸鈴ケ森で海中にさかさに吊され、上潮の時には水が口中に浸入し、顔は血の逆行と塩水の苦味のために甚だしく歪められ、八日目に死亡したと伝えられる。

七　最後の潜入集団の江戸送りと御前吟味

残酷な所刑のくりかえしが見せしめとならず、またころび伴天連が出ることがいっそう海外に待機中の宣教団への雪辱《じょく》潜入を誘う動機となった。慶長十九年大追放以来実に、十二回もの潜入殉教を見るに至った。第十三回目は第十二回目のアントニヨ・ルピノ神父の計画に従う第二隊で、ペトロ・マルクェズを団長とする十人程の一隊であり、寛永二十年（一六四三）筑前大島に上陸した。

ルピノ神父一行が壮烈な殉教をとげた後、この第二隊を迎えた井上筑後守は初代の切支丹奉行（宗門改め役）として前例にかんがみ、公然たる所刑や惨忍行為が見せしめとならぬことを思い、その方針を一変して、むしろ一般世上に切支丹関係のことを秘し、つとめて忘れさせる方針をとるにしかずとした。そこで彼等をまず長崎で取調べることを止め、直ちに江戸に送り来らせ、自分の屋敷を提供して新しい牢とした。きびしい拷問の下に転宗させると、これをその牢屋敷に住居させ、全く世間と消息を断ち、一切を秘密のうちに処理する案をたてた。

この切支丹屋敷は、小石川小日向の下屋敷を改造したもので、出来たのは正保三年（一六四六）である。それまでは小伝馬町牢や筑後守本宅で調べた。将軍家光は島原乱以後切支丹に対する敵意が更につのり、異状なまでに神経的になった。寛永二十年（一六四三）から正保三年までの間に浅草堀田加賀守下屋敷や牛込の酒井讃岐守下屋敷に立寄っては、伴天連や信徒等の取調べに立合い、また自らも訊問している。即ち寛永二十年中に少くとも十回、正保元年（一六四四）中に六回、時には一カ月内に三回にも及ぶという熱心さであった。

寛永二十年潜入のペトロ・マルクェズ一行中のフランシスコ・カソラとアロンゾ・アロヨの二人の伴天連は、正保元年までに死亡したと思われる。カソラは拷問で弱り果てた身体を女蔵に入れられ、女囚の介抱で誘惑に負けて転宗し公然と結婚したが、出牢後井上邸内におかれ

（一説に城中に召され天文を講じたという）たが、間もなく死亡した。アロンゾ・アロヨは一度は拷問にまけて棄教したが、後に取消し立上りを申出て同じく女蔵に入れられたが、自ら食を絶って死亡したといわれている。

将軍の伴天連訊問は正保二年（一六四五）中には四回、正保三年四月にも一回あり、同年井上筑後守の小石川下屋敷の改造が出来てそちらに収容幽居させるようになるまでつづいた。正保元年中に小哥八兵衛なる日本名をもった中国人林友官の日本刀密輸事件があり、死刑のがれのため広東から渡来の中国船に信者が乗船したことを密告したのが始まりで、つぎつぎに密告によって捕えられた中国船乗組の中国人信者が長崎より江戸に送られ、投獄された九人の信者中二人は牢死、七人は穴吊で殺された。三人の転宗者はその後四十年間も中国人に対する目明しを勤めたという。また正保二年京都から伴天連が江戸に送られて来たといい、また水戸黄門の封地からも天主教の徒を搦めとって江戸に送ったとの記録もある。

八　小石川切支丹屋敷

井上筑後守がその小石川下屋敷を改造して牢長屋とし、これに主としてころび信徒を収容、全く世間から遠ざけて幽閉し、世人をして以後切支丹召捕・拷問・処刑等のことを忘れさせようとした試みは、江戸切支丹処置の一特徴として注意すべきことである。同時に切支丹屋敷内で生活したころび伴天連の存在が鎖国日本内において、かの長崎出島の和蘭陀屋敷の蘭人と相対して江戸市内で異国文化残留の場となり得たという、西洋の近代文化摂取の上に一つの準備的役割が見られることは見逃がし得ぬことである。特に、最後の潜入伴天連ジョバンニ・バプチスタ・シドッチ神父が、宝永六年（一七〇九）ここに収容された時は、転教も強いられず、伴天連の身分のまま一面ローマの使節とさえ見られて、将軍より特命を受けて取調べに当った新井白石によって、その学識人格が

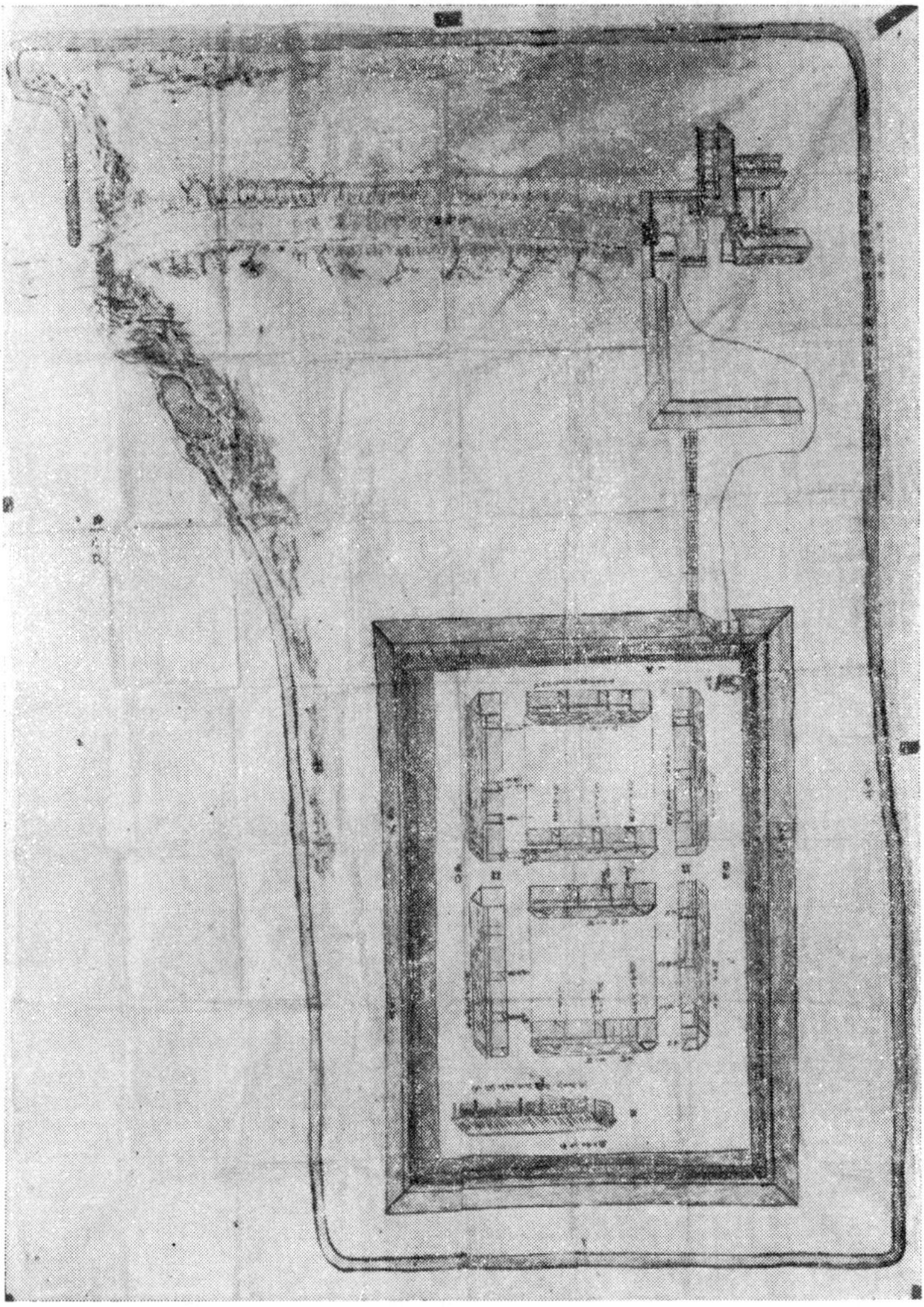

切切支丹屋敷絵図

認められ、その伝えた世界情勢・地理歴史上の知識は、その筆によって記録され後世識者を啓蒙するところが多かった。のみならず現在に至っても白石の教理批判の如きは、西欧の神学哲学的思想に対する日本人的考え方の再批判に当って重要な参考を供するものとして重視され得る程であり、江戸切支丹史の上のみならず、日本切支丹迫害の総結論として、取り上げられるべき特徴を示すものといえるのである。ただ幕府の秘密主義のため切支丹屋敷がなにか無気味な場所として伝えられる以外、一般に詳しい内容が知られず、その位置拡域さえ永らく正しく認められずにいたことは止むないことであった。近年次第に関係資料が明らかにされ、その位置・構造の如きもほぼ復元描写が可能となるに至った。

切支丹屋敷はまた山屋敷とも呼ばれ、その場所は現在文京区茗荷谷町七十五、七十四、七十三、七十二、及びそれと道路を距てて相対する八十五、八十六、八十七、八十八、八十九、九十、九十一、九十二、九十三番地にわたる地域に創設されたと考えられる。当初からの収容者が死絶えた後、元禄十四年（一七〇一）北辺が分地されて縮少され、更に元禄十六年十一月伝馬町牢の焼失後屋敷内に一時一般囚を移すため以前の牢獄及び長屋の家作を用いて仮牢を造った。宝永六年（一七〇九）最後の囚人シドッチ神父が江戸に送られて収容させられたのはこれであると思われる。後享保十年（一七二五）に当時全く無人となった山屋敷が全焼して以来、当時伴天連の遺物や書類等を収容した倉庫を残すだけとなった。その後再建のことなくついに寛政四年（一七九二）宗門奉行廃止と共に廃獄となり、残地は士人に分与されて跡方もなくなり、後世知り難くなってしまった。ところが現在、品川区戸越公園の文部省史料館（旧三井文庫）に保管されている、三井高遂氏蔵絵図面「切支丹屋敷図」によると創設当時の地域の広さ、牢屋及び長屋の結構が詳細に見られ得る。またその位置は真山青果氏著「切支丹屋敷研究」（真山青果随筆選集）に紹介された如く「御府内往還沿革図書」の数葉の地図により、創設当時から廃獄当時にいたる位置と拡狭変革の様子が判明するに至った。

切支丹屋敷の八兵衛石

三井高遂氏蔵絵図によれば、周囲に三百三十間の空堀をめぐらし、約七千坪余の拡さと思われる。東方に表門がありその手前に所謂獄門橋（庚申橋）がある。表門は現在ヴェルウィルゲン神父建立のシドッチ神父碑及び八兵衛石の在るあたりと考えられる。西方に向う上り坂があって井上右馬允の役宅に通じている。その北方に、東西三十二間南北四十六間という土手の上に家根をもった塀をめぐらし、内側は石崖になっている。囲をめぐらした中の北方に、長さ十六間巾三間の牢屋（その一部は上屋《あかりや》）があり、更に長さ十五間巾三間の長屋が各四辺形に八棟建てられ、東西の端と北方に井戸が設けられている。各長屋の内にはそれぞれ井上家来・足軽あるいは収容された転宗者の名が記されている。収容者はペトロ・マルクエズ一行中の者のほか更に当時内地で捕えられた分も加えられたらしく十四名程になっている。切支丹屋敷のことを記した北条安房守等の手になると思われる「契利斯督記」（寛政九年大田方写本に伝えられている）及び「査妖余録」等に見えぬ名前があり、従ってそれらの著書に記事のない寛文十二年以前に、それらの人々は絶命したと考えるほかない。一方ペトロ・マルクェズの如き人の名が絵図面に見えないのは、絵図面作成以前に死んだためか、あるいは絵図面に記された日本名のどれかに相当するのかは不明である。いま従来の著述で知られている人名と絵図面にのみ見られる人名とを共に加えて収容人名を記すならば、ペトロ・マルクェズ〔団長格伴天連、明暦三年（一六五七）歿〕、卜意〔延宝元年（一六七四）歿、日本人、細工物の巧者、弟子もある〕、南甫〔教名アンドレ・ヴィエラ、長崎茂木の人、延宝六年（一六七八）歿〕、キャラ岡本三右衛門〔貞享二年（一六八五）歿、天文書を所持し、フェレイラ沢野忠庵がこれを訳したと伝えられ、また幕府の命で宗門書三冊を記し残したというのは有名なことである。三右衛門の墓は元無量院にあったのが、雑司ケ谷墓地に移されたのを戦後、更に東京都調布市石原二五四九サレジオ短期大学校庭に塚上に据えられてある〕、広東の寿庵〔元祿四年（一六九一）棄教を取消して抗弁したので遂に詰牢に移され、元祿十年に歿と伝えられる〕、更にロレンゾ・ピント・ジュリオ（四郎衛門）、カセンド（五右衛門）は共に歿年不明。もっとも最後にドナト二宮が元禄十三年（一七〇〇）に死亡しているから、それ以前にいずれも死んだことは疑いない。絵図面には右の内三右衛門、南甫、ジュアン、二宮、四郎衛門、卜意のほかに元交、舟泊、了味、道巴、長兵衛、いうしん、甚太郎、寿慶、九郎兵衛、の名が見える。且つ長屋の各部屋の間口の間数を異にし、あるいは五間、四間、三間と区別があるのは何故か興味があることに思われる。

三右衛門や寿庵が奉行から命ぜられて天地の図の補修をしたり不明の点について説明をしたりしたといい、また長崎から疑問の洋刀についての鑑定を依頼されたということを考えると、彼等の存在は所謂目明しと同時に文化的人間的交流の上にも大きな意味をもったと見得るであろう。

ところで、古来切支丹屋敷の物語の人気物として八兵衛なる名が伝えられ、且つ八兵衛石というものがあり諸書に喧伝されている。東北で捕えられた大盗賊ともいわれ、十九歳の青年で勇敢なキリシタンともいわれ、試切りにされて埋められた上にその石が建てられたという。石が泣く又は歩くとか不思議な物語が語りつがれている。またもう一人の人気者は遊女朝妻で、一目花盛りをみてからお仕置になりたいと願って容れられたという朝妻桜の伝説があり、現に中野区大和町蓮華寺山荘之碑に、そのいわれが刻まれている（八兵衛所刑は延宝七年＝一六七九、朝妻伝説の虚実は不詳である）。

最後に、時代を隔てて宝永五年（一七〇八）単身屋久島に上陸して翌六年江戸に送致されたイタリア人、シシリ島生れの伴天連、ヨハン・バッチスタ・シドッチ神父は、十一月一日品川に着くと即日、江戸小日向の切支丹屋敷に迎えられ、十一月二十二日から白石の吟味をうけた。

最後の潜入教師としてシドッチ神父の特徴をかんたんにいえば、①単独司祭であって従来渡来のゼスス会やフラテ門派等に属せず、西葡両国の背景がない。②使節を称し、幕府も拷問転宗を強いず、単に布教を禁じて監置した。③鎖国日本のための文化使節とも見られる啓蒙的影響を残した。屋久島上陸以来島津藩から長崎奉行所に報じた注進や、長崎での取調べの報告書は新井白石自ら筆写した「長崎注進邏媽人事」全二冊が白石後裔新井清氏のもとに現存する事が判明して詳細に知り得ることとなった。同時に、シドッチ神父の渡日航海日誌（アウガスチノ・デ・マドリッド著、一七一七年マドリッド刊、翌年ローマで伊訳本刊行）に記されている神父が上陸以来携えた「悲しみの聖母画」の見取図も白石自筆の描写によって、ルネッサンス後期カルロ・ドルチ（一六一六―一六八六）作親指聖母の構図であることが実証された。明治七年（一八七四）に東京国立博物館に移管された長崎宗門庫旧蔵「親指聖母画」が古調書の示すところと同寸同構図であり、シドッチ神父唯一の現存遺物とみなし得るのではないかとの拙考がいっそう強化されるに至った。白石が奉行所保管のヨハン・ブラーの和蘭版世界全図を示して、自分のコンパスを貸して神父に来航の順路

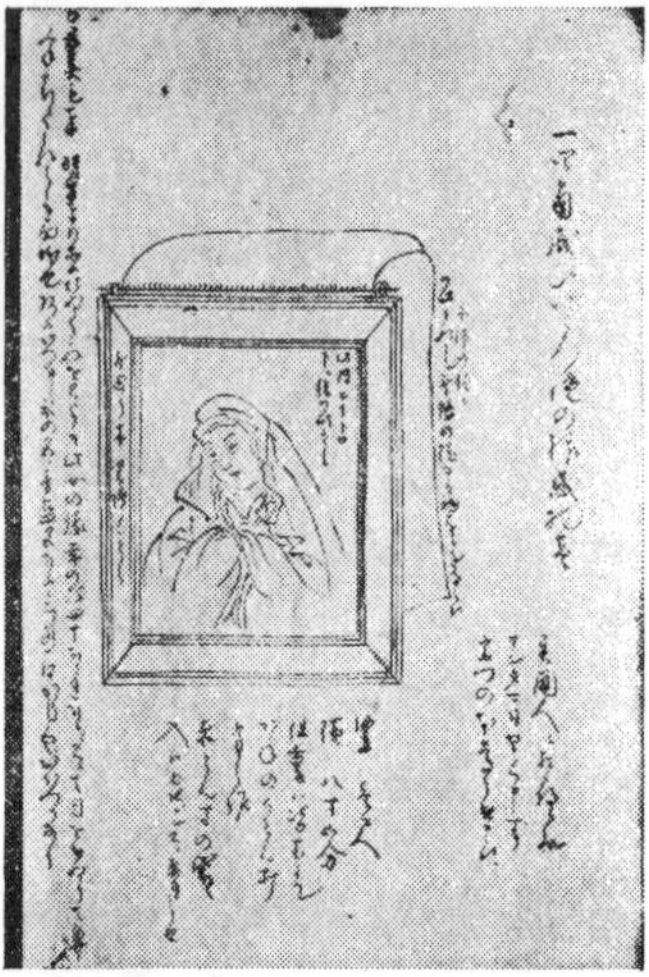

新井白石のサンタ・マリヤ図

親指聖母

や、ローマと江戸の位置を指摘させたというものも、「そここ破れたり大切に保存されよ」とシドッチ神父がいい残した通り現に博物館に大切に保管されている。また切支丹屋敷地内には旧牢に使用したと思われる古井戸や、長助お春の墓跡というのがある。シドッチ神父の墓に植えたという所謂ヨハン榎の位置も大体想定できるが、更に第六天町の大森氏宅にはかつて屋敷東辺の低地の池中（今は地下鉄工事で埋没された）から発見されたという十字石が保管されている。それは、自然石の上部に十字の凹刻がありシドッチ神父の墓石と伝えられている。神父最期の場所は屋敷の南辺、現在某家の庭地の地下に発見された地下壕内（タシナリ神父「殉教者シドッティ」参照）といわれる。即ち長助お春に教を授けた件で改めて重罪を宣せられ、正徳四年（一七一四）結牢に移され、その冬期十月二十一日に死亡したからである。

白石は岡本三右衛門の遺著を参考にして神父を訊問し、キリシタンが国土侵略の宗教でないことを了解するとともにこれを確言した。白石は切支丹制禁を必要として、これが儒教の倫理に反し封建的秩序を破壊する思想を含む点をあげているが、妖教魔術の類とする見解を排し、世界的宗教としての現勢について神父の所説をそのまま紹介し（采覧異言巻三）、後世の学者中キリシタン邪宗観をすて、世界の思想文化に対して公正な見方をとろうとする人人のさきがけとなった。

九　切支丹屋敷廃止後の江戸切支丹

シドッチ神父歿後享保十年（一七二五）に切支丹屋敷は全焼し、翌年にはその南境あさり坂の北側の地が分割され、屋敷跡は倉庫を残すだけでもはや再建されなかった。寛政四年（一七九二）には江戸宗門改め役も廃止され全域分地になってしまった。これで、一応江戸切支丹の歴史は閉じると見られるのであるが、その後も宗門改めは厳重に実施されたことは、各町村に残る「宗門人別改め帖」等の記録で明らかである。

しかもわれわれは寛政年間のものと思われる江戸切支丹遺物として興味ある資料を、前早稲田大学図書館長岡村千曳教授所蔵の狩野典信描くところの「龍の図」の如

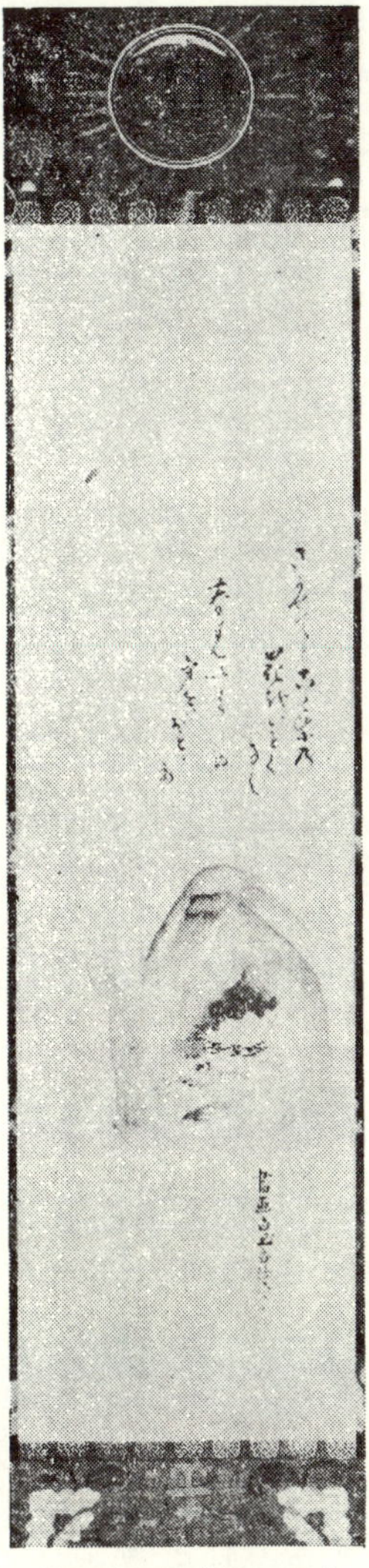

狩野典信筆「龍の図」

きにみることができる。

典信《つねのよ》〔寛政二年（一七九〇）歿〕は、栄川院と号しまた白玉斎と称した。図は龍が窟中から顔を出し、かたわらに「さかせてと言葉の花を急ぐなよ春のいたらぬ身をば思はで」と讃があり、画讃共に同一人の筆として白玉斎法印の署名と法印典信の款印がある。更に注意すべき特徴として表具に用いられてある布中に、ＩＨＳの文字を囲む円形（オスチヤの表象）の周囲に放射光を表わす聖名紋（ゼスス会章として用いられるとき、上に十字架下に三本の釘が添えられる）をめぐる法相花紋がすべて日本風の美しい刺繍《ししゅう》で作られていることで、一見してこの布はミサ祭服地と考えられるものであるが、故意か偶然か逆さに用いられて耶蘇《ゼスス》聖名の文字が逆にＳＨＩと読まれるようになっている。讃の歌意といい描画の風刺といい、典信自身が隠れ切支丹か、あるいは少なくともその積極的な同情者と考えなければ、解し得られない。当時将軍の寵も浅からぬ御用画家中に隠れ切支丹もしくはその同情者が潜んでいたという事情を考えると、禁制宗門の魅力が如何に強かったか察し得られる。当時、前記シドッチ神父調書の神父所持品見取図等も種々に転写して珍重されたのであった。

岡村家の墓

一〇　江戸の十字紋碑と切支丹燈籠

京都にキリシタンが伝来した頃の永禄四年（一五六一）武蔵国豊島郡雑司ケ谷の地に、一体の尊像が出土し当時法明寺の塔頭《たちう》大行院の日性大徳のもとにもたらされ、後に雑司ヶ谷の鬼子母神として秘仏のまゝ加賀前田家の尊崇をうけ、以来有名な信心の対象として現在まで伝えられている。同寺の境内に十字紋を刻する墓碑が見られることは興味あることである。中にも七墓ある岡村家の墓はいずれも上部に切たけクルス（即ち聖マルタ・クルスの変型）紋があり、その中の一基には表面に七人の戒名と歿年命日を刻んである。その一人に岡村院殿直秀深入日覚という天明四年（一七八四）歿の者がおり、石碑右側に「辞世」として、「人の身のゆくとは何をいふやらむ、ただ夫までの人の命を」「岡村鈍魯《ドンロ》斎《サイ》葛原直秀行年七十二歳」と読まれる文字が見える（カトリック俳人倉沢暁亭氏判読）。殊に鈍《ドン》云々の名はポルトガル系の切支丹名の風を思わせる。その他、元禄十年（一六九七）以来現在に至る難波田氏や竹川氏等の丸十の紋、江政挙氏の花クルス紋（文政十年、天保十二年、明治年代等五基）。また「得陽院智秀日教、童子」と刻まれた寛政元年（一七八九）のものには美しいナデシコ花瓣の花十字紋を示したものなどもある。日教の名は、法明寺と同宗の法華宗に属する一派日蓮宗不受不施派の創唱者の一人智雄日教を連想させる。不受不施派は旧時幕府から切支丹と同一視されて、遠島刑等をもって迫害されたことは人の知るところである。

なお例の切支丹燈籠も、東京都内に発見されたものは実に二十基にも及んでいる。勿論他から明治以後に茶庭の装飾として移管されたものもあると思われるが、同種燈籠が広く全国的に分布している一斑として考えるべきものであろう。

切支丹燈籠とは織部燈籠の一種（古田織部は元和元年、大坂陣に大坂方に通じたとして家康から死を賜わったが、切支丹であったとの説がある）で、竿石が上部にふくらみ、十字型を呈し、交叉の中心に不明の合字のような印をもつものがあり、下部凹部に異様の人像が刻まれてあり、更にあるものには左右両側表面に「錦上鋪花又一重」「岩松无心風来吟」という詩調のような文句があることもあるものをいう。笠や火袋や中台を欠くものが多く、火袋は前後は角窓、左右は日月の窓になっている。織部燈籠の創案があるいはキリシタン乃至南蛮好みの上から南蛮人立姿に似せたもの（織部焼の南蛮人燭台が連想される）ではないかと思えるが、竿石左右の膨《ふくら》みを十字型にし且つ下部に異様な背高の（時にはずんぐり）像を刻む型は、好事的という以上に信仰的意味を暗示するものと考えないではいられない。ただその意味は当の切支丹同志にして始めて通ずるのであって、教外の茶人はそれと気付かず、好奇心からこれをまねて流行させたということもあり得るであろうから、現存の同型燈籠のすべてが皆切支丹信者の遺物とは断じかねると思う。しかしそれはそれとして形の上からみて、この燈籠を一応切支丹燈籠と名付けることはできるし、たとえ単なる模造にせよそれだけ同宗門の影響下に生じたことは否まれぬ故に、この型の燈籠が全国的に散在し発見されつつある事実は、軽視できぬと思うのである。竿石の人像はキリスト像との説が有力であるが、あるいは単に象徴化された信者故霊（殉教者たち）を意味するものかもしれない。西欧古代ギリシアはじめユーゴー等の中世基督教時代にも墓石に故人像を浮刻し、あるいは描く風習はあった。勿論切支丹燈籠は墓石ではないが、信徒かくれ家の導標または信仰暗示目標として道辺に立てられ、また後には墓地にも見られる例もある。なお不明の合字風のものはＦＩＬＩ（聖子よ）の隠字とか、ＩＨＳの合字とか諸説あり、人像を基督と見て呼びかけの語と解する西村貞氏説が有力とされている。

　東京附近切支丹燈籠の知られているものをあげるならば、左表のようになる（表の中でＡは竿石十字型を成す、Ｂは人像あり、Ｃは上部合字風記号あり、Ｄは詩句様文字あるを表わすものとする）。

所在場所	数	特徴	伝承
目黒区下目黒大聖院	三	AB　ABC　ABD	元島原城主邸にあり
同　大島神社	一	AB	
同（裕天寺隣接）浄桂院	一	AB	

港区、青山南丁四 梅窓院	一	A B C	十二時のお化という。墓地にあり。明治二己巳年十一月十九日寿覚院故従五位下清誉大居士を後刻
同芝伊皿子 等覚寺	一	A B	但し人像除去
品川区 海晏寺	一	A	
大田区道塚町 真言金剛院	一	A	近作らしという
新宿区新宿二丁目 大宗寺	一	A B	
同牛込若松町月桂寺	一	A B	他に庚申像あり
文京区小石川久堅町 宗慶寺（極楽水）	一	A B	伊藤云々の字あり
同茗荷谷町 深光寺	一	A B C D	
同 壇野邸	一	A B	但し形状不正確 切支丹屋敷跡
台東区永住町五四 誓教寺	一	A B C	
同上野桜木町七 本覚院	二	A B	有馬直純家臣の碑という
台東区浅草三筋町一丁目 浄念寺	一	A	
城東区亀井戸駅附近 羅漢寺	一	A B	
板橋区下石神井 禅定院	一	A B	寛文十三癸トラ天云々の文字あり
同志村町 延命寺	一	A B C D	
北区西ヶ原町一丁目 古川邸	一	A B C	
杉並区堀之内妙法寺	一		
調布市深大寺町字宿 深大寺	一	A B	但竿石上部穴あり

参考書（切支丹燈籠）

原　氏「隠れたる江戸の吉利支丹遺跡」

三田氏「切支丹伝承」

西村氏「切支丹と茶道」

三吉明十氏稿「茗荷谷の切支丹灯籠」（窪田氏編月刊「郷土史東京」第三巻・第八号所収）

参考書類

〔江戸初期―元和殉教〕
姉崎博士著「切支丹伝道の興廃」
同　「切支丹迫害史中の人物事蹟」
原　胤昭著「隠れたる江戸の吉利支丹遺跡」
チースリック教授「江戸の大殉教」（キリシタン文化研究会刊「キリシタン研究」第四輯）
三田元鍾著「切支丹伝承」
パゼ　ス「日本切支丹宗門史」（吉田小五郎訳）
カトリック大辞典第一巻「キリシタン」の部
〔切支丹屋敷〕
山本秀煌著「江戸切支丹屋敷の史蹟」
川村恒喜著「史蹟切支丹屋敷研究」
真山青果著「切支丹屋敷研究」（真山青果選集所収）
〔新井白石〕
山路弥吉著「新井白石」（東京民友社刊拾弐文豪第八巻）
図書刊行会「新井白石全集」
岡田章雄著「新井白石」
宮崎道生著「新井白石」
〃　「新井白石の研究」
〔シドッチ神父〕
ルモニエ師「若望榎」（ビリオン神父「日本聖人鮮血遺書」第六版所収）
タシナリ師「殉教者シドッティ」附録
内山善一著「江戸のサンタマリア聖堂」パンフレット
昭和二十九年刊

伊豆諸島の切支丹

―ジュリヤおたあの遺跡

満江 巖

筆島を前にしたおたい浜の絶景

一　おたいね明神

大島の有名な波浮港の丘を上って、約一里近く行けば、太平洋を一望の中に見渡す筆島の海岸に着く。ここに小さな鳥居のあるそまつな祠がある。ここは、大島の人たちがよくお詣りするところのようである。これをおたいね明神とよんでいる。何事でも願いをかなえて下さるという単純な信仰で、村の人たちがここへ出かけるのであろう。ある人は歯の痛みにはよくきくと信じている。小さな祠であるから、中には別に神体らしいものもない。ここにお詣りする人たちも、別に誰を祀ってあるのか、どんな神様であるのか、気にとめようともしない。それが長い間信ぜられて、信仰の対象となっている。このようなものを民俗信仰というのである。ところが種々調査の結果、これは、大島に流されたキリシタン女性を記念

おたいね明神

おたいね明神の祠（現在鳥居の横木はない）

してたてられたものであることが明かになった。このような貧しい祠であるから、大して世人は注目しなかったのであるが、キリシタン女性の信仰のまごころが、このような形になって残され、たといそれが偶像的なものであるにもせよ、とにかく人びとを力づけ慰め、一種の信仰に似たものとして保たれてきたことは興味深いことである。それが何時ごろ建てられたかは、もちろん、はっきりした資料はない。

戦争中は大分荒れはてていたが、最近石造りとなり、また大島のカトリック信者たちの尽力で昭和三十三年のクリスマスに、すばらしい十字架像（高さ六米余）が、太平洋に面して建てられた。村人たちの素朴な信仰とは別に、かつてのキリシタン女性の永遠の像が、ここに今もたてられているような気がする。この世の嵐にも毅然として生き抜く女性の姿を象徴しているようにも思われる。

またその一角にこの地の由来を語る歌碑も建てられている。まさにこの眺望絶佳な浜辺こそ、大島の有する重

太平洋に面して建てられた十字架
（昭和33年）

要な史蹟というべきであろう。この海岸を「おたい浜」とよんでいる。波浮港ができる前は、この海岸が、船の発着地であったようである。筆島という筆の形をした岩のような小さな島が間近にひかえて、一幅の絵画のようである。今では海水浴場になっていて、夏は、多くの人たちがおしかけるところでもある。

さてそのキリシタン女性とは、どんな人であったのだろうか、詳細はわからぬが、記録によってその面影を偲んでみよう。

二　ジュリヤおたあ

この女性は、朝鮮の貴族生れで、日本の朝鮮遠征の時、小西行長が人質としてつれてきたのである。その頃まだ娘であったが、小西家ではこの素性のよき少女を養育し、やがてキリシタンとして洗礼を授けるに至った。

この女性について、レオン・パジェスの「日本切支丹宗門史」に次のごとく記してある。

「公方《くぼう》様の側《そば》近く仕えている婦人の中に、元ドン・アウグスチノの夫人の侍女をしていた朝鮮の婦人が一人いた。この人は、異常に熱心であった。彼女は、昼は大奥で仕事があり、何時も異教徒がいる為に暇をとることができないので、多く夜、聖教書を読み祈祷をした。未だ改宗していない朋輩を改宗させて、教理の真実な事を知らせたいと言うのが、彼女の第一の願いであった。

然し更に一段と驚くべき事は、美人で、天性秀れて円満で、その上年頃なのに、彼女はあたかも棘《いばら》の中にある薔薇の如く、浮薄な大奥の中に在って、よく己を守っていた事であった。というのは、要するに、彼女からはキリシタンとしての徳の香気が発散していたからであった。」

多くの人質女性の中で、彼女はキリシタン大名に従ったので、その生涯をきよく保つことができたわけである。外からみれば、あるいは不幸なように思われるが、信仰に貫くひとすじの道をたどり、心に平安と歓喜とが満ちあふれていたことを思えば、幸福者であったといえよう。

三　誘惑に勝って

ここに記してある「公方様」とは、徳川家康のことである。時代の習慣として、将軍や大名の侍女となることは、名誉であると考えられていた。むしろ女性としては、その機会を待っていたといえよう。もちろん侍女となることは、身をまかせることであった。ところが、キリシタンだけは、侍女となっても、これに応じようとはしなかった。それが、キリシタン迫害の一つの原因ともなった。徳川家康は、多くの侍女の中で、特にジュリヤだけには強く心ひかれていた。何とかして、自分の意のままにしようとしたが、これにはどうしても従おうとしなかった。

慶長十七年（一六一二）三月、家康は、京都所司代板倉勝重に命じて、キリシタンを迫害せしめ、かつその教会堂を焼き払わせた。これによって多くの有力な武士が殺されたが、彼の意のままにならぬ侍たちも次々に処刑された。しかしジュリヤだけは、どうしても殺そうとせず、いろいろの手段でその改宗を迫り、かつ同時に、自分の意を迎えるようにとさとした。男の気持は、愛情を抱いている女性に拒まれるとますます燃え上るものであるらしい。将軍職を退いても、天下にその権力並ぶもののない家康には、この女の心をつかむことのできないことが、何よりもいらだたしさを覚えさせたのであるが、ついにどうすることもできなかった。

生命を奪うことは、容易であっても、そのことは彼の勝利であるよりも敗北である。そのことを彼は自らよく知っていた。

そのころ、ジュリヤは、駿府の家康の邸にいた。実によくつかえ、心のこもった仕事をつづけた。しかし己が操を守ることには、生命がけであった。どこにも隙をあたえなかった。共に生活している侍女たちも、ただ驚くばかりであった。これが、前の記録にもあった、「彼女からはキリシタンとしての徳の香気が発散していた」ということであろう。

筆者の友人で（すでにこの世にいないが）クリスチャン詩人であった斎藤潔氏は、拙著の序として一篇の詩を認めてくれたが、その中に次のようなことばがある。

「一人のか弱い女性の信仰の節操が
天下の将軍の権能を無力にした
狂瀾をさへ毫末の恐怖なからしめた
刀剣をさへ退かしめた
豪華な地の誘惑さへ粉砕した
孤島の死をさへも喜び楽しましめた
それらの条々がこの秘義の中に
一つしらべのやうに
祭のやうに
夕星《ずつ》のやうに
美しくしてゐる」

いよいよジュリヤが大島に流されることになったが、そのために彼女は少しも動揺しなかった。今から三百五十年前の大島は、まだ人口の少い淋しい島で、時おり流罪人が送られたのである。そこに赴くことは、孤独の死を意味した。しかし、ジュリヤは、いよいよ祈りに励み、主のみこころのままに生きることを願った。

駿府から網代の港まで、役人は肩輿で運ぶことになっていたが、ジュリヤは、

「主は十字架の苦しみを受けて救いのわざを全うされたのですから、私がこの位の苦しみをうけるのはむしろ光

栄です」

といって、履物をぬぎ、はだしで、この石の道を歩きつづけた。足の甲から血が流れ、見る眼も気の毒でいたいたしかった。しかし、少しも意に介せず、黙々としてただ歩きつづけた。途中で幾度も、

「こんな苦しみに遭われますより、いっそ思い切って、上様の意に従われましたらいかがですか」

と、すすめる者があったが、彼女は、それに応じようともせず、

「御厚意ありがとうございますが、その儀だけは」

といって、この苦難に耐え忍んだ。しかし、はだしで歩くことだけは、どうしても無理であったので、途中で乗物にのることになったようである。

網代の港には、信者たちが、わずかながら見送ってくれた。二度とみることのない兄弟姉妹たちの顔、なつかしい祖国の土、さすがにジュリヤの心も哀愁にとざされたが、心を励まして、別れのあいさつをした。

そして信者の一人に手紙をわたし、これを師父様におとどけして下さいと頼んだ。

その手紙の内容は、次のようなものであった。

「我が師父尊位に呈します。

妾は前に公方の殿中にありまして、苦責に遭いましたが、泰然として之に服せず、遂に上帝の厚恩を蒙り、殿中を退けられ、大島へ追放せられることとなりました。

妾は従来上帝の為に尽すところが猶足らないと思っていますのに、このように愛恵を蒙り、追放の刑に処せられるのは、上帝正裁のなされるところでありまして、実に謝恩のことばがなく、感激にたえない次第でございます。

凡そ天下の財宝を集め、娯楽を得ても、決してこの恩恵にまさることはないと存じます。

妾は又たといどんな大艱難に遭いましても、ただに之に砕けないのみならず、却って欣然として之を受けたい考えでございます。

師父様、何とぞ妾の衰えることに心を痛め給うことなく、ねんごろに上帝に祈り、妾が神の身となることができますように、おとりなしをお願い致します。又書面を

たびたび賜わり、妾を慰めて下さいますようお願い申しあげます。

いささか信仰をいいあらわして、永久に師父様の従順の侍女でありますことを証し致します。かしこ

三月二十六日」

（「日本西教史」所載のものを現代文に書き改めた、日付は慶長十七年（一六一二））

四　大島から新島へ

島に流されてから、ジュリヤがどんな生活を送ったか詳しいことはわからない。おそらく一カ月位しかここに滞在していないが、実に深い影響を島の人たちに与えたようである。美しく気品のあるこの女性が、どんなに島の人たちに歓迎されたか、想像できないくらいであった。キリシタンの教えを説き、天主に祈ることがすべてであると思っているジュリヤは、ここにいても日夜島民にその模範を示したのであろう。

家康からの追求は、ここでもくりかえされたが、彼女は、頑としてこれに応じなかった。「決して殺してはならぬ」との厳命であったから、危害を加えることはしなかったが、やがて命によって、更に南方の新島に流されることになった。

このとき船出したのが、先にも述べた筆島のある「おたい浜」であった。そして、ここに「おたいね明神」が建てられたのである。この地方では、婦人を呼ぶ愛称として「あね」ということばがあるので、「おたあ」と「あね」とがいっしょになって「おたあね」となり、更に「おたい」となったのである。大島には信者も生れ、おたあを神からつかわされた人として尊敬していたのであるが、またも離別の悲しみを味わねばならなくなってしまった。

小さい漁師の船に乗せられ、二人の護兵に守られ、荒波をけって、再び南へと船出した。新島は、大島よりはるかに淋しい、岩石の多い島である。果して人間が住んでいるのだろうかと不安な気持を抱いて、この島に上陸

した。

しかし、そこには二人のキリシタン女性がすでに流されていた。その会見の様子を、筆者が物語風に記したものが、「孤島の聖女ジュリー物語」にあるので、それを引用してみよう。もちろんこれは、筆者の創作である。

「一体どこへ住んだらよいであろうか」ひとり考えながら歩き出した。漁夫たちは、もの珍らしそうにこの新来の女性をみつめていた。

すると、突然ジュリヤの前に走り寄った二人の女性がいた。

「ジュリヤ様ではございませぬか。」

「ほんにそうじゃ。ジュリヤ様じゃ。」

しげしげ見つめる二人の女性の顔。

自分の名前を呼ばれてはっと驚いたジュリヤは、その女たちの顔を、じっとみかえすのであった。陽にやけて目ばかり光る顔、そして黒髪を耳の上の方に巻きつけ、島の女のように短い着物を着ているその姿は、どう見ても島の女であった。

しかしよく見れば、目鼻立ちのととのったところ、どことなくきゃしゃな感じは、都の女の感じでもあった。

「ジュリヤ様、お忘れになられましたか。駿府で一緒に上様にお仕え致して居りました信者ルーシーとクレールでございます。」

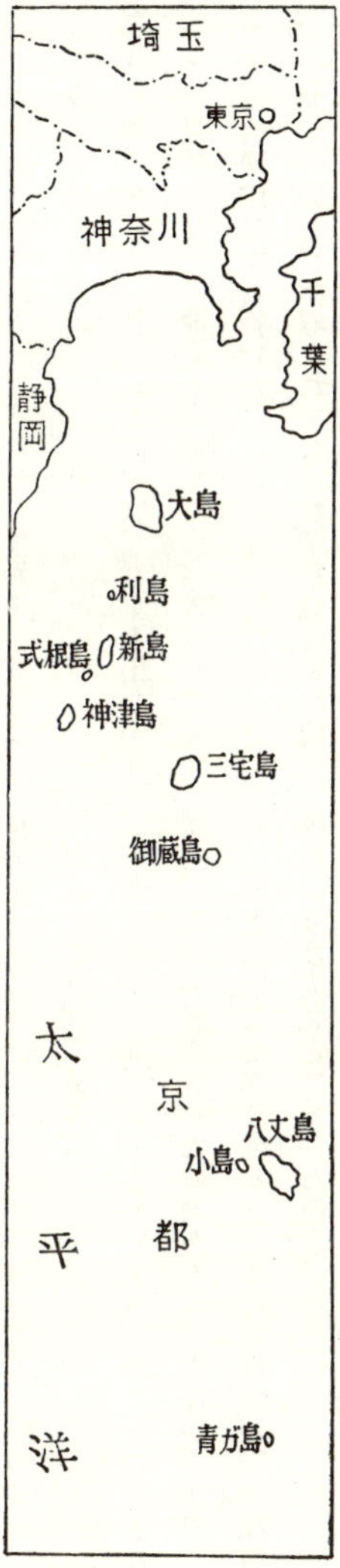

伊豆七島

「えっ、あのルーシー様とクレール様ですか？　まあこのようなところに！」

あまりの思いがけぬことにジュリヤは、言葉も出なかった。よく見れば、その面影もだんだんはっきりしてくる。三人は唯夢中でかき抱いた。

涙！　涙！　あっけに取られてこの様子を見ていた漁夫たちは、三人の涙にくれた姿に驚いたように立ちすくんでいたが、それぞれの用事を思い出し、何時の間にか散っていった。

「ジュリヤ様が、このような所へ流されるとは思いがけぬことでございます。あなた様は、特に上様に愛せられておりましたのに。必ずお赦しが出ることと存じ、それのみをお祈り致しておりました。」

「でも、ジュリヤはひとりぼっちを覚悟して参りましたのに、皆様にお会いできてこのようなうれしいことはございませぬ。これもみなデウス様の深い御恩恵でございます。」

ジュリヤは、海岸にひざまづいて、二人の侍女と共に祈った。

以上が引用文である。

筆者の拙文では、とてもいいあらわすことのできない激的シーンが展開されたのであろう。南島の一角で、同信の友と会うことができるということは、百万の味方を得たような力強さであったろう。

薪を拾い、魚を捕え、山に実るものをいただく日々の生活はどんなに喜びに満されていたであろうか。

五　神津島へ

しかし、この喜びもつかの間、わずか十五日して、再び前の護兵が迎えにきて、ジュリヤを連れ去ってしまった。キリシタンのものをいっしょにおいては、また伝道に励み、上様の命などには、どうしてもきかないことを恐れたからであろう。彼女は、家康の無言の責苦が、この南の島にも伸びていることをしみじみと感じた。

出発に際して、志をひるがえして再び殿のもとへかえるかどうかたしかめられたことはいうまでもないが、ジュリヤの心は前と少しもかわらなかった。更に南方の神津島は、新島よりもっと荒れた不毛の島である。ジュリヤは、もはやひとりになるよりほかに仕方がないと心に決めて、天主に祈りをささげた。

船が新島を離れても、クレールとルーシーの泣きつづけている浜辺の姿が、いつまでもいつまでも消えなかった。今は、祈りの世界で心が通ずるよりほかにどうすることもできない。この海は、どこへでも通じていると思えば、ほのぼのとしたよろこびが湧いてくるようでもあった。

神津島へ着いた時は、誰一人迎えにきてくれる者もなかった。人間の住むような家もあまり見当らなかった。ただ自然を友とする以外には、島では何の喜びもないような生活であった。

しかし、彼女の信仰はますます深まってきた。天主との交わりを、いよいよ深められ、別れてきたあの人この人のためにも、日夜祈りつづけた。年月を重ねる毎に、聖女の姿となってきた。

家康からの使いは、この島へもたびたびきては、上様のもとへかえるようにとうながしたが、そのたびごとに、ジュリヤは、きっぱりと拒絶した。天主の掟を破って地獄におちることに比べたら、この島における肉体の苦痛などは、どれほどのこともないと考えた。

やがて家康も死んだので、悪魔の誘いがこの島まで及ぶことは、なくなったわけであるが、ジュリヤをよびもどそうとする計画は遂になされなかった。そしてそのままの姿で、この意志強く愛深きキリシタン女性は、天父のみもとへかえった。

それは慶安四年（一六五一）のことであり、彼女は六十歳余であったと記録には残っている。神津島へきたのが、二十歳余であったとすれば、四十年余の間この孤島で、風雪と戦い、人間の罪と闘い、静かな中にも、はげしい生活をつづけたわけである。

現在、新島・神津島に、ジュリヤの遺蹟が残っていることをあまりきかないが、数十年の間生活していたとすれば、相当に感化が及んでいたことであろう。あるいは、今後神津島を探査して、彼女の足跡を発見するようになるかも知れない。何かありそうな気がする。

六　孤島の聖女

聖人《せいじん》ということばは、日本人にはあまり親しみがなく、むしろカトリックの方でこれを用いるようになってから、一般にも親しまれてきたようである。仏教では、「上人《しょうにん》」ということばをよく用いるようである。従って「聖女」といっても、いかなる女性をいうのか、日本人の女性観からはなかなか明かでないようである。

ジュリヤのような女性を、聖女というのであろう。自ら書き記したものもなく、その生涯のことも断片的にしかわからないが、南海の孤島に、少数の人たちを相手として生きながら、ただ信仰ひとすじの道に徹し、若き日に教えられた教理をそのままに守り通していったこのような女性について、われわれは、もっと注目すべきであると思う。

神津島に行ってからは、殆んど他との交渉もなく、ただ一度だけ駿府の神父との連絡ができて、「聖人伝」「殉教者伝」「聖童貞達の伝」などを送ってもらうよう頼んだことがあるようである。果して、無事にとどいたかどうかも明かでない。殆んど指導者を失ったひとりの信仰生活であったが、最後までよく成長したことは、驚くべきことである。神津島は、このような崇高な女性を育成しただけでも、世界のキリスト教史上に記録さるべきであると思う。

最後に、拙著の中から、俊寛と比較した次のような文章を引用して結びとしたい。

「遠島に流人の生活をした悲劇的人物を日本歴史に求むるならば、誰しも、まず、平家討伐の犠牲になった僧俊寛を想起するであろう。

彼が南海の孤島鬼界ヶ島においていかに苦しみ、いかに悶えたか。実に悲惨の極みではないか。仏道の達人にして、年齢もまた分別盛りの壮年であった俊寛にしてかくのごとき状態である。

普通の凡人が、かかる境遇におちいった時、いかに苦悶するかは、容易に推察できるところである。

僧俊寛とキリシタン女性ジュリヤ。

この二人の人物を比較して、いかなる感懐がわいてくるであろうか。

孤独の中に生くる者の姿。

戦うべき相手すら見失った全く孤立の姿、その姿に閃くものが、一は悲哀であり、他は歓喜である。一は敗北であり、他は勝利である。一は苦悶であり、他は平安である。

この日本歴史上の有名な仏僧と、信仰女性とを比較することによって、人間の魂をゆり動かす根本的なものが何であるかを、知ることができよう。

鬼界ケ島と神津島。

この南海の孤島に生きた二人の人物の故に、日本人は離島というものをいつまでもいつまでも忘れることができないのである。

「ジュリアおたあ」に関する文献

A　史料

「日本切支丹宗門史」上巻　レオン・パジェス著・吉田小五郎訳（岩波文庫）

「観光日本」――貞女流徒の項　一八七一年極西耶蘇会士（上海慈母堂蔵版）

「一六一九年度日本管区耶蘇会年報」　一六二〇年十月十日　ガスパル・ルドウィクス記

「日本西教史」　クラッセ著・太政官訳（太陽堂発行）

「金銀島探検報告書」　一六一一年七月六日スペイン人ピスカイノ記

「日本殉教者名鑑」第三巻　プロフィレ著

「日本史」第四巻　シァルウォア著

B　物語として記した書

「西教史談」第五、徳川家の大奥と切支丹　六、流罪せられし太田ジュリーの運命　山田秀煌著（新生堂発行）

「信仰に輝く婦人達」―ジュリアおたあ　片岡弥吉著（長崎切支丹研究所発行）

「切支丹伝承」一九　伊豆大島のおたい明神　三田元鍾著（厚生閣発行）

「東海美女伝」　村松梢風著（中央公論社発行）

「孤島の聖女ジュリー物語」　満江巖著（聖望社発行）

北関東の切支丹

海老沢有道

一

サヴィエルが一五四九年（天文一八）八月鹿児島上陸後、二ヵ月を経た日本第一信に、高野・根来・叡山・多武峯のいわゆる大学に言及したのち、

非常に遠い所に坂東 Bandó という他の大学がある。それは日本において、より有名で、より大きなもので、学生の数も他に及ぶものがないという。坂東は最大の領地で、そこには六人の大名がおり、そのうちの一人が最も有力で、他はみなこれに従い、またこの主な大名は都の大王なる日本の国王に従っている。

と坂東の大学、すなわち足利学校のことを報じ、さらに語を続けて、

一五五一年中には、より詳しく都や諸大学においてゼズ・キリシトが知られ給う有様を報じ得るものと期待している。すでに今年、坂東と都の大学で学んだ二人の坊主が、多くの日本人とともにインドに渡り、我々の信仰の事どもを学ぼうとしている。

と報じている。その後の書簡にも坂東及び元僧侶の名が出てくるが、これがまず関東地方に関するパアデレの最初の記録で、坂東の大学で学んだという元仏僧の語った知識によったものであろう。そしてサヴィエルは、インドに帰ったのちも、日本に派遣される宣教師は、いずれ坂東の寒冷に堪え、大学の教授と宗論の雌雄を決するであろうことを期待したのであった。しかしその後宣教師の補充は思うように運ばず、ようやく永禄二年（一五五九）ヴィレラ Gaspar Vilela が入洛した時、その伴侶日本人イルマン・ロレンソが

当地を去ること二百里のところに多数の坊主らが学問のために集まる坂東まで、我々の都に来たことが伝わった

と報じ、さらに上州（群馬県）の剣術のことを伝えている。上州神蔭流を伝えたものらしい。翌々年にヴィレラ

は坂東地方の伝道を企てたが、京都地方を放置することもできず、中止したことが報ぜられている。こうして実に三十年を経たのであった。

一五九〇年（天正一八）春、小田原征討に際し、前田氏預けとなっていたキリシタン大名高山右近は、前田軍に参加し、上野《こうずけ》松井田城（碓氷郡）を攻略、南下して小田原城を囲み、功をたてた。また同年家康の江戸移封にともない、キリシタン信徒の家臣や町人で移住する者も多くなったし、キリシタン大名蒲生氏郷の会津移封のこともあり、さらに関ヶ原役ののち家康政権が確立するにともない、キリシタンと関東地方との交渉は、ようやく頻繁になってくる。しかし、北関東にパアデレの直接布教がなされたのは、一六〇七年（慶長一二）日本イエズス会準管区長パシヨ Francisco Pasio が駿府（静岡）に家康を、江戸に秀忠を訪ねたあと、同行したパアデレらが、そのまましばらくとどまって江戸近傍の布教に出かけたのを始めとする。その一行のうち

一パアデレは一イルマンを伴なって江戸から北へ、三日路の、まだだれも訪ねたことのない上野《こうずけ》の国のキリシタンたちをはるばる訪れた。

そして信濃《しなの》（長野県）・美濃（岐阜県）を経て、京都に帰ったことが報ぜられている。

これによって少くとも数名の信者が、パアデレの赴く前に上州の何処か、江戸から三日路というから恐らく厩《まや》橋《ばし》（前橋市）に住んでいたことが察せられる。厩橋には一六〇一年（慶長六）武州川越から移った酒井重忠がおり、その次男忠季の室は、有馬直純の女《むすめ》とされている——それはむしろ直純の妹ではないかと思われるが——その父晴信は有名なキリシタン大名であった。そうした関係から、信者らが、輿《こし》入れにともなって厩橋に移ったことが察せられよう。一六一一年（慶長一六）、一パアデレが伏見から東海道筋・江戸を経て有馬殿の娘を訪ねるため、上野に至ったことが報ぜられている。この旅行で二百数十名に授洗したというから、上州でも若干は新たに入信したことであったろう。しかし有馬氏の娘との縁は、翌年晴信が岡本大八事件に連坐、甲斐配流そして賜死とな

ったことから、一頓座を来たしたようである。そこに慶長十八年十二月（一六一四・二）伴天連追放令、全国的キリシタン禁制が発令されたのであった。

しかし、これよりさき、家康が幕府創業に当ってルソン貿易と採鉱技術の輸入をはかり、それをフランシスコ会士らが斡旋した関係から、同会士は江戸を拠点として、関東・東北地方の布教に活躍を開始していた。同会の伝えるところによると、一六〇四年（慶長九）かその翌年に水戸の佐竹氏から宍戸《ししど》（茨城県、水戸線）に地を与えられ、同会の日本布教長ムーニョス Alonso Muñoz は一六〇七年そこに小さな教会と修道院を建てたという。が、佐竹義宣は関ヶ原戦に西軍に応じ、辛うじて改易をまぬがれ、慶長七年にはすでに出羽に移封しており、フランシスコ会の伝える年度が正しいとすると、この時の領主は秋田実季でなければならない。しかし秋田氏とキリシタンとの接触については、まだ明らかにできない。そのころ関東の布教は、著名なソテロ Luis Sotelo の担当するところであり、伊達政宗との交渉もあって、東北地方にも着々と布教の手が伸ばされ、支倉常長の遣欧使節行に見るように、むしろ布教中心は仙台に移行した。しかもソテロの渡欧中、幕府の伴天連追放令が出て、フランシスコ会の布教もまたここに頓座してしまった。

二

このように北関東のキリシタン布教は、ようやくその緒についたばかりで、たちまち受難・潜伏の時代を迎えねばならなかった。そしてその布教もまた、組織的なものでなかっただけに、教勢は微弱であった。しかし、迫害の激化により、西日本の信者らが、東北に追放されたり、また足尾・佐渡や東北の諸鉱山の鉱夫として、文字通りに地下に潜伏するようになって、パアデレらの東北への連絡活動が盛んになり、その経過地として、また足溜りとして、北関東のキリシタンの動きは、迫害時代に入ってむしろ活況を呈してくる。とは云え、厳重な警戒網をくぐっての活動であり、通信の機会も少なく、報告記録類も乏しく、残念ながらそれらについて詳しく知ることができない。しかし周辺地方に関する布教報告から推考すれば、江戸と奥羽を結ぶ奥州街道、会津・米沢・越後を結ぶ会津街道、江戸と越後・佐渡を結ぶ中仙道・三国街道などの沿線各地、そしてそれらの交通の要地としての沼田、さらに会津・足尾・沼田というルートなどが浮び上ってくるであろう。実際乏しいながらも外国側史料に現われる上州の地名は、そのころのものとしては沼田に限られる。すなわち元和六年（一六二〇）イエズス会士フェルナンデス Bento Fernandez が江戸から上《こう》野《ずけ》に

　天使のように入り込み、首都沼田に十三日間滞留した。信者たちは彼らの賓客が永く留まるように雨降りを祈った。そして事実彼の滞在は長びいたのであった。彼は山賊のために非常に危険な信濃を通り、より危険な道中を越後に出かけた。

とある。このフェルナンデスの沼田滞在予定が始めは短期であったらしいことからも、越後への途中立寄った程度、しかも「天使の如く」とあるから、予め連絡もなく全く突然のことであったことが察せられ、上州の組織的布教・司牧のためであったとは思われない。また蝦夷地への旅行者として著名なアンジェリス Gironimo de Angelis が一六二一年に東北から江戸に居を移し、その翌年にアダミ Giorani Matteo Adami とともに、二度も越後・佐渡に布教したことが報ぜられているから、当然上州、とくに沼田を経過したことが察せられる。それはまた、翌一六二三年（元和九）の記録に、

　江戸の町には我らの一パアデレが二人の同宿とともに居住しており、キリシタンを指導し、ゼンチョ（異教徒）にはお談義を与えている。屢々江戸の近くの国々、すなわち沼田、三島、また内府《だいふ》様の都城であった駿河の国及び関東の他の諸国に出かける。

とある。一パアデレはアンジェリス、二人の同宿のうちの一人はシモン遠甫であったことは推定に難くない。が、彼らは同年末には江戸で殉教の死を遂げている。

これに対しフランシスコ会の主たる活動は、仙台地方との関係から奥州街道沿線と下野国であったようである。下野

寛永年間に水戸藩が没収したキリシタン教書類が、下野国のどこのものであるかを詳かにしないが、徳州圀順家蔵（「吉利支丹叢書」に複製されている）のそれらを見ると、少くとも二種の日繰（暦）と、「諸聖人御作業書抄及宗門諸抄」と題される写本、実際は「サント・アレイショの御作業」と「サンフランシスコのコルドンの組に五代目のパッパ・シスト授けたもふブウラ（教書）並びにインヅルゼンシヤス（贖宥）の条々」と題すべき書は、フランシスコ会系のものであることが明らかであり、後者巻末には明瞭に

元和四年拾月五日　　フライ不乱シスコガル〔ベス〕

下野国コルトンのコンフラリヤ（講）の衆中　参る

と書かれている。元和四年は一六一八年、ガルベス Francisco Galvez はその前年再度日本に潜入。ソテロの書簡を携えて長崎から江戸を経て仙台に伊達政宗を訪ね、一六二〇年まで仙台を中心に、二〇―二三年は出羽に、そして二三年には江戸に出ている。下野に布教し、信者の中に「コルドン（帯）の組」を組織して、パアデレのいない時、しかも迫害下に彼らが信仰を守っていくよう指導したのは、仙台から北関東に足を伸ばした結果であったらしい。ガルベスが江戸に戻ったのは、江戸のディエゴ・デ・ラ・クルス Diego de la Cruz が病弱のためであったが、たちまち捕われて、イエズス会のアンジェリスらと江戸で殉教した。一六二四、五年ごろ一パアデレが武蔵及び上野に布教したともいうが詳細は知れない。この場合の上野は、のちに示す「契判斯督記」などに見える上州の南部、鬼石・三波川など、武蔵の布教ルートに属する地区ではなかったかと思われる。

三

寛永年間、幕府の迫害が組織的になってきて、キリシタンたちは苦難の潜伏生活をつづけた。明暦四年（一六

五八）六月宗門奉行所の覚書「契利斯督記」のうち「吉利支丹出申国所之覚」（米国議会図書館蔵写本による）に北関東関係として左の如き記録が見出される。

上野国真田伊賀守領分　沼田より宗門多出申候。東庵と申イルマン同前の宗門御座候。

安藤対馬守領分　高崎より宗門弐三人も出申候。

酒井雅楽頭領分　厩橋より宗門四五人出申候。内侍壱人出申候。

三浦志摩守領分　壬生より宗門壱人出申候。

伊奈半左衛門御代官所　三波川村、渡瀬村、鬼石村、中ツカ原村、此四ヶ村より明暦二申年五月迄、宗門十四五人も出申候。渡瀬村ニ対庵と申能宗門御座候。

常陸国　水戸より宗門七八人も出申候。

新庄越前守領分　麻生より侍に能宗門壱人出申候。

朽木民部少輔領分　土浦より宗門壱人出申候。

下野国　奥平美作守領分　宇都宮より宗門四五人も出申候。

とある。これら各地の、十七世紀中期におけるキリシタンの状況について、各地に伝存する類族帳の出現を待望したのであったが、山田氏が紹介された川場村門前組区有文書中の「元禄十六年未五月、古切支丹類族死失存命帳」は、非常に興味深い且つ重要な文書なので、特に採り上げて置きたいと思う。それは「吉利支丹出申国所之覚」の沼田の項に見える「イルマン同前」すなわちキリシタン同宿の東庵の類族調書で、それによると東庵は、芦尾（足尾）の金掘として、早くから潜入していたらしく、元和四年（一六一八）、沼田の北方、三峯山麓の師《もろ》村と戸神村の金山に入り込み、沼田の東北、武尊《ほたか》山麓の川場村に来たり住み、寛永七年（一六三〇）出奔、行方不明となっている。正保元年（一六四四）江戸より宗門者として申越しがあったが、すでに出奔後のため沼田領では手の下しようもなかったようである。宗門奉行の覚書は、このことを記録にとどめたものであろう。これによって足尾・沼田を結ぶキリシタンの布教ルート、それも鉱夫としての地下活動が実証されたわけである。その上、フェルナンデスが沼田に十三日間滞在した一六二〇年は東庵がすでに川場に潜入していた時であり、パアデレとの連絡が当然なされたであろうこと、パアデレが滞在した信者の家は、おそらく沼田というより、川場など、城下を避けた場所であったらしいことなどが考えられる。なお江戸からの指令により正保元年類族が取調べられたが、芦尾で東庵養女となったひさは江戸で入牢、川場の百姓に嫁した二女おま、戸鹿野の百姓に嫁した三女満里はともに沼田で捕われ、二十九年間入牢ののち赦免されている。東庵の信仰から見て、当然婚家先きも信者であったと思われるが、巧みに偽装し、あるいは東庵出奔後に棄教してしまったものでもあろう。なおまた沼田原町に高橋甚五左衛門という転切支丹があり、その類族孫市の子太郎助が宝暦七年（一七五七）勢多郡糸井村で死んだことに関する文書も発見されている。また沼田を中心に若干のマリア観音が発見されたことも、キリシタンの潜伏がつづけられていたことを語るものである。

参考文献

海老沢有道「上州と切支丹」（「歴史地理」七〇ノ四、一九三七年、「切支丹史の研究」所収）

山田　武麿「上毛のキリシタン」（「群馬文化」六、一九五七年）

同　「沼田のキリシタン」（「群馬文化」二六、一九五九年）

松田　鎖「三波川切支丹に関する古文書」（「上毛及上毛人」一七七）

内田　英雄「切支丹墓誌其他に就て」（「上毛及上毛人」一五二）

沼田町役場「沼田町史」（一九五二）

福島の切支丹

(I) 山口弥一郎
(II) 梅宮　茂

〔I〕

一　東北伝道の関門としての会津

東北地方の切支丹は、九州島原のような反旗こそふりかざさなかったが、根強い伝道が、地下に潜入して、その流れを固持してきた点では、日本文化の西南、東北の両端の特異性をよく表現している。切支丹文化は中世末に日本を強く刺激して、いちはやく弾圧を受けて消えたかにみえたが、やはり日本文化伝承の一般様式を踏んでいて、中央文化地帯より四周に流れていき、最後には九州・東北の両端に根強く踏みとどまっていた。日本切支丹文化史の研究は、この日本両端に潜入し、幾多の伝承、遺跡を残しているのを拾い集め、この遠方の対比をするところより始めなければならないと思う。この点から東北の切支丹は改めて丹念に見直してみる必要がある。

切支丹の弾圧は惨酷を極め、徹底して行われ、かつ永く明治維新の黎明にまで潜伏してつづいたのであったから、確実な資料を時代的に、かつ地域的に整然と並べたてることは容易でない。その点では東北の資料も会津の資料も同じ困難さがある。会津地方に、何時、どんな形で切支丹が伝道されてきたかは、相当資料の集積されてきた今日でも明確ではない。仙台の伊達政宗が会津に攻め入ったのは天正十七年（一五八九）で、後に支倉常長を欧州に遣したほど（元和四年＝一六一八―元和六年）の熱意があったのであるから、切支丹の信者か、せめて洗礼志願者くらいではあって、相当切支丹を擁護、普及したであろうとみる人もあった。しかし伊達政宗が磐梯山南麓摺上原で会津勢を破って入城した翌天正十八年（一五九〇）には会津領は蒲生氏郷に授けられているし、

「常山紀談」には岡野という切支丹信者が南蛮人贈りの角栄螺《つのさざえ》という冑をつけて政宗と戦い、すでに一身あやういところまで追いつめられ、後に岡野の武勇を賞して召しかかえようとしたことが記してあるが、これはていよく断られたから、政宗の会津に対する切支丹伝道力は確証がにぎれない。間もなく、まぎれもない切支丹信者であるレオ蒲生氏郷が会津に入城し、すでに秀吉の切支丹弾圧が始まっていたとはいえ、この頃より、一方弾圧が加わり、他方領主の庇護があって、奇妙な伝道力の根強さと早さで、東北はこの関門会津地方辺から普及していったもののようにみえる。

二　レオ蒲生氏郷の布教力

蒲生氏郷は江州日野の城主賢秀の子であるが、信長亡き後秀吉に属し、伊勢松坂の城主を経て天正十八年（一五九〇）伊達政宗の侵略地会津に封じられてきた。文禄四年（一五九五）二月七日四十歳で京都紫野大徳寺で逝去するまで、在任はわずか五年に過ぎず、しかも来封の天正十八年には葛西・大崎の乱を平げ、翌十九年には九戸《くのへ》政実《まさざね》を攻め滅し、文禄元年（一五九二）の朝鮮の役に肥前の陣屋に赴くなど、席温まるいとまもなかったのに、よく会津の治を行い、先に至徳元年（一三八四）芦名七代直盛が築いた黒川城を改築して文禄二年若松城と改め、城下町の町割をするなど、会津藩の名君として今もなおしたわれている。

この少壮大政治家の蔭の背景になっていたのが切支丹の堅い信仰ではなかったかと思われるふしがある。この事蹟は先頃発刊された浦川和三郎氏の「東北キリシタン史」に詳しい。切支丹信者の先駆者であるジュスト右近と早くから交友があり、天正十五年（一五八七）六月十九日、秀吉が突然九州博多の陣営で切支丹禁教、同宣教師追放令を出す前、すでに切支丹に堅い信仰をもち、洗礼も受けていたと思われる。天正十八年（一五九〇）会津に封じられてからも右近と親交し、教会に二回ほどパアデレを訪ね、天正十九年（一五九一）ヴァリニアーノ巡察師の再び渡来した時は、氏郷はこれを大坂に迎え、情勢が好転したら布教にもつとめると約束したと、前記浦川氏の書には見えている。

氏郷は自分が堅い信念を奉じていただけでなく、秀吉の配下として禁教後は、表面に出た布教宣伝は慎しんでいたらしいが、みちのくの一隅にあって、主君の信教を知る周囲の人々に、実に大きな力となって浸透していったろうことは否めない。パウロ、モーアンの事蹟は明確でない点もあるが、蒲生の一族でもあるらしく、氏郷の歿後は嗣子秀行の後見人ともなって、慶長六年（一六〇一）会津再封の際、切支丹信者としての蔭の布教に努めていたであろうと思われる。米沢十四万石の蒲生四郎兵衛郷安がその人で、「ゴーアン」を「モーアン」と聞きあやまって伝えたともいわれている。

蒲生秀行の在世中、猪苗代の城代であった岡十兵衛が慶長十四年（一六〇九）故あってここを去ってから岡越後という城代が職につくが、この人が蒲生の臣として、実に積極的な切支丹信者であり、その後永く、猪苗代が会津切支丹の中核のようにみられる主因をなしていると も伝えている。実は「常山紀談」などにみえる政宗と戦った岡野が岡越後と同一人だろうといい、本名は岡左内といったという説も流布されている。ジュアンの名もあるというが、蒲生三代に仕えて、猪苗代城内に見弥山宣教所を設けて布教に当った人がこの人であるようにも思われるが、法号として「尺端宗範禅定門」が会津若松市興徳寺に残っているのみで、墓も不明、逝去の年も元和九年（一六二三）から寛永元年（一六二四）と想像されるだけで、あるいは元和九年家光が三代将軍を嗣ぐや行った大殉教の中に含まれているのかとも思われるふしがある。この点から東北地方への切支丹の布教、その先鞭となった会津が、すでに禁教・弾圧・殉教と共に普及伝道されてきた切支丹ということにもなる。

三　中央切支丹弾圧の余波

蒲生氏郷は朝鮮の役に加わって肥前の名護屋に行き翌文禄二年（一五九三）不快となり会津に帰り、三年正月上洛、文禄四年（一五九五）「かぎりあれば、吹かねど花は散るものを、心みじかき春の山風」という辞世を残して、四十歳の若さで逝去している。しかも切支丹の洗礼を受けた信者として瞑目しているわけであるが、天正十五年（一五八七）の秀吉の禁教以来、いろいろな形で弾圧が加えられ、告白も聖体も終油も授からないまま、信者の高山右近が枕辺で見とったと、ラウレス教授著の「高山右近の生涯」というのに述べてある。氏郷の死去自体にもいたずらな憶測をされたことがあったようである。

翌慶長元年（一五九六）秀吉の禁教弾圧は十二月の二十六人の長崎処刑となってあらわれた。氏郷は直接には殉教には追いこまれないで済んだということにもなる。

伊達政宗は東北の辺境の地を利して、禁教後も、いかにも切支丹を擁護するような態度をみせ、慶長十五年（一六一〇）京都で切支丹教師に接見している。これはフィリッピンやイスパニアなどとの交易の野望があってのことで、支倉常長が元和六年（一六二〇）帰国して、その見通しがつかなくなると、ただちに棄教弾圧を加えているのでもわかる。

会津藩では慶長五年（一六〇〇）の関ヶ原の戦で上杉景勝が石田方に味方したため米沢に左遷され、翌六年蒲生秀行が宇都宮から再封になってきた。しかし秀行は慶長十七年（一六一二）逝去、若い忠郷が継いだ。この間慶長九年（一六二三）三代家光が将軍職を嗣ぐと弾圧は一段と強化され、寛永元年（一六二四）会津藩でも切支丹追放、投獄のことがあった。しかし藩の政策としては、藩祖氏郷の信仰の余韻があって、必ずしもさほどきびしかったとも思われないが、岡越後が猪苗代城代を去ってから、寛永二年（一六二五）その甥に当ると伝える岡左衛門佐が城代を嗣ぐに及んで、猪苗代の厳圧は酷を極めたようである。これは左衛門佐がもとは叔父に従って切支丹の信徒であったが、転宗後、信徒の組織網に明るいため、むしろ容赦なく、徹底していもずる式に信者があばき出され、その顕著なものとしてコスモ林主計が寛永三年（一六二六）一月二十五日会津の城下町若松で斬首されている。忠郷は翌四年（一六二七）幼にして逝去、嗣がなく蒲生家は絶え、蒲生忠知が伊予の松山の加藤嘉明と入れかわって来封することになった。同四年十月若松に大規模な迫害があったが、加藤嘉明の過去の偉勲のにらみがきいてか、中央の禁教弾圧も、いくらか会津へは手心があったのではないかとさえ思われる

この弾圧下、切支丹の普及は飛躍的に伸びて、慶長元年（一五九六）秀吉迫害の年、全国で信者数は三十万人に達し、前後最高の信徒数であったとさえいわれている。会津藩での正確な数は摑めないが、寛永二年弾圧の鬼岡左衛門佐が猪苗代城代になる前年の会津藩での追放、投獄のあった時の受洗者が三百六十人であったと伝えている。

寛永六年（一六二九）ジュアン山等十五人が会津で召捕えられ、四年後に殉教したとあるが、加藤嘉明来封の際、いくらか切支丹信者をつれてきたではないかといわれるほど、藩主の中央に対する威光と共に、いくらか切支丹庇護の手心があったではないかとさえ思われるふしがみえる。

嘉明が寛永八年（一六三一）九月逝去し、子明成が嗣ぐに及んで、中央家光の、会津を恐れぬ強い弾圧が加えられ、会津の切支丹にも、目にあまる殉教をくりひろげることになった。

四　寛永八年の殉教

元和九年（一六二三）七月家光が三代の将軍に就任するや、切支丹の弾圧は一段と厳しくなり、十月すでに多数の焙刑者を出している。しかし会津藩ではコスモ林主計のように、猪苗代岡佐衛門佐の命で寛永三年（一六二六）斬首されたような例があるから、殉教者皆無とはいい得ないが、蒲生氏郷以来の厚い信教の伝統があり、加藤嘉明また、禁教を表に掲げながらも、いくらか将軍の

命による申訳的のものに過ぎなかったようである。寛永四年（一六二七）十月、ある部落の住民が切支丹に改宗して寺院の僧侶が殿の嘉明へ訴え、殿も若松城下に小規模な迫害を加えたことがあったが、全く申訳的のものであったらしい。切支丹の会津の温床ともいうべき猪苗代へ、転切支丹の岡左衛門佐が城代として赴任し、時代の波に乗り、藩公の意図よりもむしろ中央政府へ、へつらうがように、下部組織の事情に明るいのを利用して、報償、出世を目当ての切支丹狩りを、やや感情的に血走って始めていたこと、さらに嘉明逝去という、中央政府にとっても、重みのある地方の雄が消えたので、切支丹の日本の温床の一つとも目されてきた会津に、寛永八年（一六三一）暮諸種の事情が重なりあい、突如として会津地方における大殉教の網がたぐりよせられた。浦川氏の「東北キリシタン史」によれば、異教徒の裏切り者の乞食が若松にきて、莫大な償金ほしさに、洗礼を受けるとみせかけて、たくさんの信者のリストをつくって、しかもポロ神父を逃さないため江戸へ上って訴え出たためと記してある。このジュダが猪苗代の城代岡左衛門佐であるかどうかは明らかにしていない。

新旧の暦の使いわけで、これが寛永九年（一六三二）になったりする年末、年頭の冬の事件である。寛永九年一月三十一日（旧暦では寛永八年十二月十日に当る）当時丹羽長重が城主であった白河で六名が火刑、七名が斬罪になったのをはじめ、寛永九年二月八日（旧で寛永八年十二月十八日）若松で二十七名が火刑・斬首が十四名計四十一名（記録には四十二名とあるが氏名の明らかなものの記録から拾うと一名見当らない）、この中にはパウロ柴居長左衛門夫婦、ジュンア大森喜左衛門、その妻アンナなどの有名人の名も見えている。同じく二月八日二本松で火刑・斬首十四名、当時二本松は会津の支藩として同じ布達区域にあった。二月十二日（旧寛永八年十二月二十二日）若松で再び五名火刑、四名斬首（記録には十名処刑とあるが一名の氏名が見えない）。この所刑者の数は種々の記録があって必ずしも一致しない。比較的正確と思う記録から吟味して拾った。

つづいて寛永十年（一六三三）九月二十九日ジュアン冬、江戸で若松の信者十五名と共に捕えられ、十一月二十五日穴吊りなどの処刑をうけたとあるが詳細なことはわからない。これは寛永十二年であったという記録もみえるが、この全部が若松で捕えられた信徒であったかどうかもわからない。寛永十二年田島で横山丹後が外人宣教師をかくまって逆さはりつけになったという伝承があるが、塚原嘉平治氏の「会津切支丹遺跡の考察」の中の寛永十二年の火刑・倒懸の氏名中には「見当らない」とある。

この寛永八年の大殉教があってからは、少なくとも表面上の会津の信者は影を薄くしたようにみえる。

五　宗門改より転切支丹族改へ

必ずしも気嫌《きげん》いしていなかった筈の秀吉が、どうして天正十五年（一五八七）六月十九日、一夜にして切支丹の禁教に踏み切ったか、歴史はいろいろと当時の事情を伝えているが、後世これほどの禁教弾圧に展開しようとは思っていなかったではなかろうかと思われる。

家康は政治的には秀吉の政策を引継いだとはいい得ないのに、切支丹禁教政策は、疑わないで踏襲した。そして三代家光に至って、実に世に比類ないほどの酷烈な断罪政策を真向からふりかざして一路弾圧の鬼と化していった。ちょうど封建社会の特異な日本の政治形体を育成するために、強権の育成に切支丹弾圧を利用したかにさえ見える。

これはそのまま会津の禁教政策にも当てはまり、むしろそれよりも幅のある容教、黙認の政策さえ、初期の藩公がとってきたのに、どうして、当時の中央政策の遵法時代とはいえ、このような火刑・倒吊り、系類の斬首までの酷刑で弾圧をしなければならなかったか。特に蒲生氏は全国稀れにみる切支丹藩主であり、その再封地でもあった。加藤嘉明また切支丹を、中央政府を押えてまで黙殺政策をとっていた観があったのに、その死去により、たちまち寛永八年の大殉教となって平和なみちのくの一隅を嵐で吹きまくった観があった。

　この後始末がまた実に容易でなかったらしい。寛永十六年（一六三九）宗門改の制度ができてから中央ではその大目付役に井上筑後守政重がはじめて任命されている。寛永二十年（一六四三）保科正之最上より会津へ来封、その後の藩制記録は「家世実紀」なる筆録本で詳細にたどってみることができる。正之は家光の異母弟の明君であるから、切支丹の禁教政策を遵法したのは当然である。正保二年（一六四五）切支丹奉行を一人増し、諸せんさくに奉行と町人、百姓と町人の関係を密にしている。つづいて正保四年（一六四七）切支丹奉行の公事対決の際大御横目一人宛をその場へ列席させるよう仰出されたとある。

　しかし禁教の政策は勿論きびしく遂行されたようではあるが、家世実紀の内容を詳しく読んでゆくと、随分と温情ある政策が含まれて、藩公正之の徳の至すところとはいえ、ある程度の切支丹信仰に対する黙殺があったのではないかとさえ思われてならないものがある。

　承応二年（一六五三）御預入岡田淡路守が、家来の早川九郎兵衛に不届があり、さらに同人の親が切支丹宗旨であるから、と公儀に差出しているが、取調べの結果差置くとある。万治元年（一六五八）などは十月二十六日切支丹宗門の取調べの結果四百四十八人が吟味されているが、内二百四十人は他領之者で、会津者は二百八人あったが、内八十四人は牢内で相果で、残った男八十一人、女四十三人に対してさらに詳しく取調べた結果「吉利支丹之心得相残候躰少も無之儀」と、訴人したものも公儀より御構えなくと、百二十四人全部出牢御赦免となっている。

　勿論禁教の政策は一貫しており、寛文四年（一六六四）改めて切利支丹禁制の札を大町札の辻に立て、翌寛文五年切支丹宗門の牢舎にある未落着者二十六人の中五人死亡し、男五人、女十六人計二十一人を召出して再吟味、その類門百二十四人、内三十六人は病死、残る八十七人をそこここへ預置いて渡世をさせている。その温情政策の反面は同年切支丹宗門を改める役人を定め、一統に寺証文を差出させたなどの記録がみえる。

家世実紀にみえる「切支丹宗門改之証文、当年より類類連制に調差出」とみえるのは延宝元年（一六七三）二月十八日の項で、改めは再々行われていたが、中央で正式に宗門改役が制定されてから三十五年も過ぎている。

しかし貞享四年（一六八七）十月二十七日には、すでに全部転宗者にはなっているわけであるが、その子孫類族に致るまでの改め制度ができ、これを類族改帳の帳面の形にして差出すようになっている。これには「牢死之者等有之候ニ付、縁者親類之方より証文取、一類之者、云々」とある。

この類族改めは宗門改めと同じく、後々まで行われていたようであるが、また古い類族で疑のない者は逐次解放もしていたようである。家世実紀巻の七十二、元禄二年（一六八九）閏正月十五日の項には「切支丹宗門類族之者従公儀御赦免」とあり、慶長・寛永以後の切支丹類族としてたえず吟味を受けていた「武川源助并女子二人云々」と計二十六人の類族開放の行われた記録がみえる。

今度百四巻まで目を通して十七項目ばかりの切支丹関係の記述を拾ってみたが、以上のような保科が三代正容の時代に松平と姓を改めるが、連綿として明治維新まで松平藩公はつづき、切支丹宗門改から、さらに切支丹信者をもった子孫の、所謂転切支丹の類族改めも相当きびしく行われてはきたようであるが、酷に過ぎることもなく、列挙するような殉教も見当らない。

六　会津切支丹分布の歴史的考察

まだ会津の旧家には宗門改帳と切支丹類族改帳は相当残っているものと思うが、この全部に目を通すことは容易でない。宗門改帳の方は、一般の村人が切支丹宗門では御座無くという毎年証明のための書上帳で、今回も会津若松市五十嵐竹雄氏蔵の天保七年（一八三六）会津郡藤生村宗旨改人別家別帳その他を借用して検討してみた

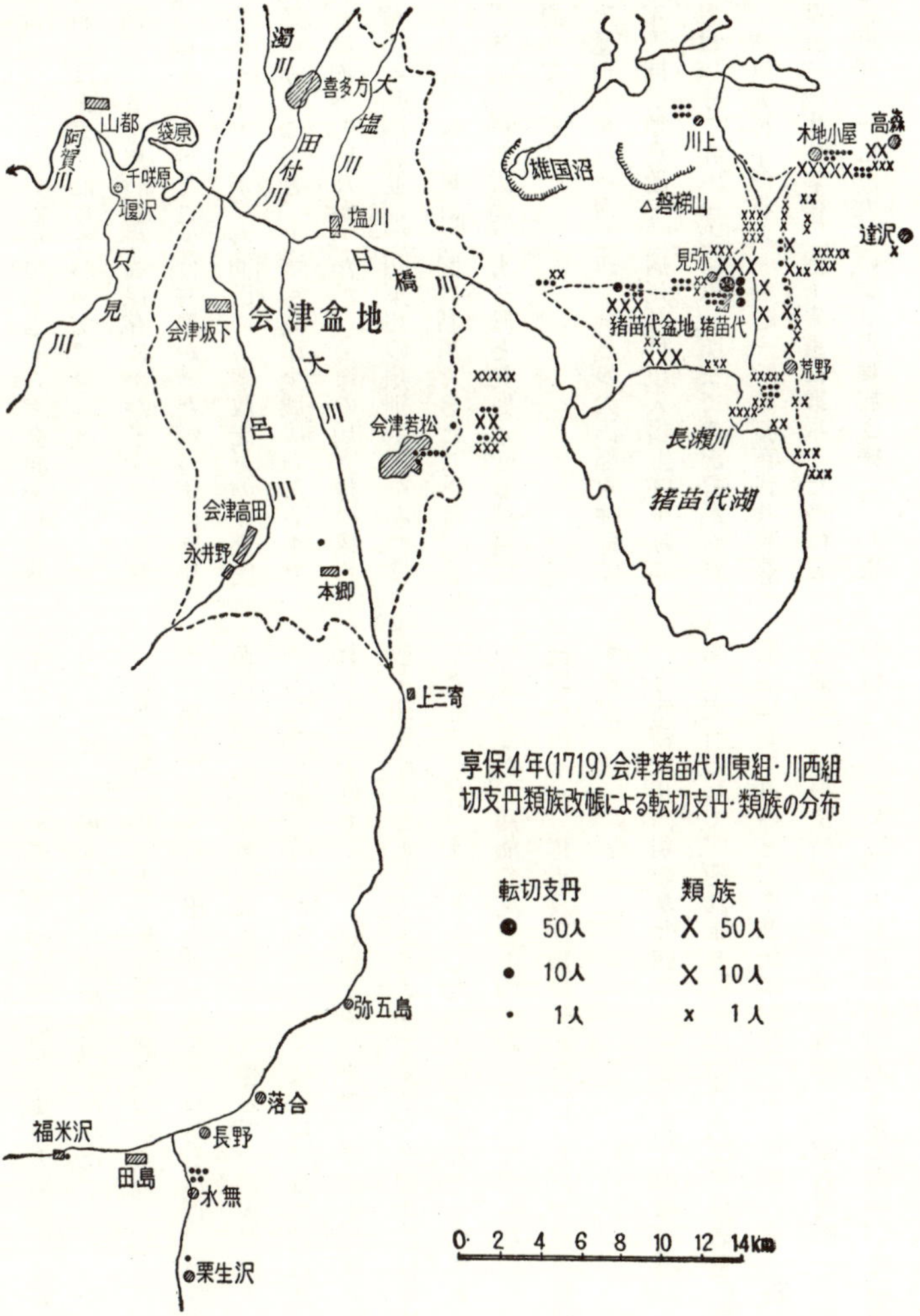

享保4年(1719)会津猪苗代川東組・川西組
切支丹類族改帳による転切支丹・類族の分布
転切支丹
50人
10人
1人
類族
50人
10人
1人
0 2 4 6 8 10 12 14km
会津盆地
喜多方
山都
袋原
千咲原
堰沢
阿賀川
只見川
濁川
田付川
大塩川
塩川
日橋川
会津坂下
大川
邑川
会津若松
会津高田
永井野
本郷
上三寄
弥五島
落合
長野
福米沢
田島
水無
栗生沢
雄国沼
磐梯山
川上
木地小屋
高森
達沢
見弥
猪苗代盆地
猪苗代
荒野
長瀬川
猪苗代湖

が、むしろ戸籍簿、人口調査などに利用されることが多く、本旨は切支丹でない証明であるから、会津の切支丹記録の資料にはあまりならなかった。

しかし同じく五十嵐竹雄氏の保存にかかる大部の類族改帳を見る機会のあったことは有難かった。若干の断片的資料は心がけていたが、今回改めて藩政記録の家世実紀を年代順にみたことと、とても会津全域にわたるまでには古記録は揃っていなかったが、会津の切支丹の核心地域、猪苗代の川西組並びに川東組の類別改帳をみつけて、自分なりにこれで統計作図に利用できたことは、会津の切支丹知識を係数方面でも一段と発展させる結果になったと思っている。

古いので元禄七年（一六九四）からの大沼郡永井野の転切支丹本人同前類別改と、病死縁付掛人書上帳がみつかり、これは宝永二年（一七〇五）頃までの記録が含まれている。次は元禄十四年（一七〇一）の猪苗代川東組の切支丹類族之内出生者帳。最も貴重に取扱ったのはどちらも享保四年（一七一九）の切支丹類族改帳で、川東組・川西組が揃っていたものであった。その他享保十六年（一七三一）切支丹類族死亡届の綴、大沼郡永井野村の分など、届出文書の扣綴が数冊みられた。

これをみてゆくと、転切支丹誰某の類族誰々というように書いてあって、出生地・人数もわかるから、当時猪苗代川西組・川東組に類族として住んでいる人が何人、その祖先の転切支丹が何人というように、地方的に限られたものではあるが、おおよそのその先の切支丹信者の数を想定することができることである。この中には牢死した人の子孫、まだ転向しない人の子孫なども含まれていることが、届綴の文書の中にみえてきて、さながら、当時の生々しい信者及び類族分布をまのあたり見る観がある。

今猪苗代川西組の享保四年（一七一九）の類族帳から、転切支丹として、それより数十年前の切支丹信者を統計数字にしてみると、猪苗代本町五、新町十四、壺下村二、金曲村二、根次新田村一、西真行村二、南会津郡一、見弥村一、半坂町三、五拾軒新田村六、越前町一、金掘村

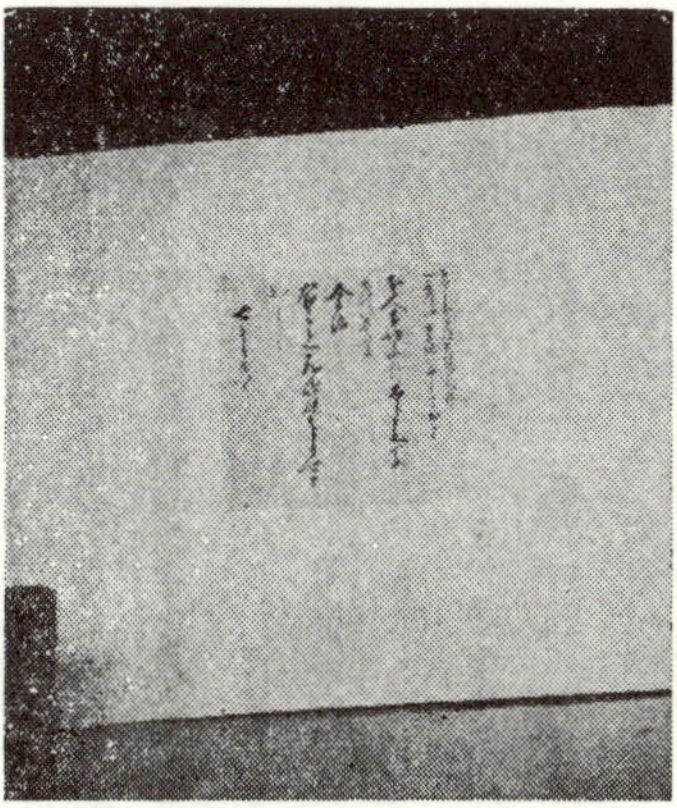

「本人切支丹の類族なる確証」を示す（享保四年猪苗代川東組文書）

享保四年（1731）切支丹類族改帳（猪苗代川東組）
（会津若松市五十嵐竹雄氏蔵）

一、以原村一、下川原村二、滝沢町一、南町一、行人町二、石ガ森村一の計四十七、その類族分布は川西組の書上帳であるからそれに含まれてはいるが、二、三拾ってみると新町五十三、本町四十二、三城潟三十二、内野村九、本寺村九、布藤村十、その他数ヵ村で計百七十八の人数が算えられる（類族数は正確であるが、転切支丹者には一部に系類の重複があり、若干これより低いかも知れない）。

同年の猪苗代川東組に含まれる類族から転切支丹の祖先の行方分布を拾いあげてみると、猪苗代新町三十二、本町二十一、行人町二、越前町五、坂町三、東六日町一、谷地村六、酸川野村六、見弥村五、五十軒新田村八、川上村六、壺下村七、石ガ森村二、西真行村二、若松四、金曲村四、会津郡水無村五、その他根次新田村、金掘村、大原新田村、本郷村、荒井新田村、会津郡栗生沢夫々一で計百二十五、川西組と併せると百七十二人は少なくとも確実に信者数のあったことが追求できる。勿論、猪苗代には伝道所もあり、新町・本町に特に多いのが目立つが、若松城下に四、特に会津郡の現在の田島町西北の水無村に五、栗生沢に一などと拾い得るのは、他にも裏付けする資料があって大変貴重な数字と思う。これに対して類族の分布は、川東組の書出帳で、その地域に限られるが猪苗代新町四十八、大町四、見弥村六、渋谷村十四、長坂新田村七、酸川野村二十二、木地小屋十四、大原新田十五、小田村八、白木城村十五、堀切新田村十、萩窪村三、下舘村九、内野村二、明戸村三、白津村十四、曲淵村三、荒野村七、都沢村四、関脇村四、壺下村八、金曲村七、小平潟村四、松橋村三、新屋敷村と達沢小屋村が夫々一で計二百五十六、川西村と併せて四百三十人が類族として書上げられ、子々孫々に至るまで、きびしく見張られていたことになる。

その書上げの内容は川東組の新町の一例でみると、

新町　本人猪苗代新町弥蔵病死類族

　本人娘まい六十六

　本人孫弥平次三十八

　本人孫なべ三十七

　本人曽孫まん十

　以下　略

というようになっている。類族は出生にも縁組にも、死亡は勿論切支丹役所へ肝煎か郷頭の名で届出ておかなければならなかった。一、二例示してみる。

○

差上申一札之事

本人同前転切支丹猪苗代新町新兵衛嫡女さい其孫養子

　甚之助　三十

右甚之助同村与四郎悴に而候処当十月朔日に三郎方へ養子に引行申候ニ付、御披露申上候、此者病死其外疑変有之儀御座候えば早速御注進可仕候以上

安永九年子十月　川東組渋谷村肝煎古川相左衛門

　同組郷頭　岡部吉助

切支丹御役所

○

指上申一札之事

一、大沼郡永井野村転切支丹仁蔵養子藤兵衛の孫長兵

衛聟養子ふか夫万左衛門去月中より病気相煩当月十日昼八つ時六十五才に而果申候ニ付、早速御注進申上被仰付之通私共立会遂吟味し所、毒飼殺害に而茂無御座病気に紛無之と存候、同十一日夜旦那寺曹洞宗長福寺土蔵に取置候、依之立合之者共井宗旨寺連判手形指上申候、若病気之段相違仕はば何分にも可被仰付候、為後日手形指上可申候已上

延享三年寅九月九日

永井野村万左衛門弟　弥八郎

同　村五人組利三郎、金衛門　外三

太郎兵衛門

白井新左衛門

大沼郡永井野村の元禄七年（一六七九）転切支丹類族改をみると、この方面にも転切支丹が二十二人、類族百十五人あったことが集計される。ここには茂左衛門・仁蔵・半左衛門・作兵衛・清三郎・吉六・惣七郎・善九郎などの有力な切支丹がいたようで、同古文書をみてゆくと「半左衛門男子不転以前出生本人同前」とか、「茂左衛門二男不転以前出生本人同前三九郎女房」などの記録がみえ、この頃よりあまり遠くない以前、切支丹信者のあったことを物語り、その他数冊の病死縁付掛人書上帳などによりそれを裏付けする貴重な記録がみつかった。今回は詳述が容易でないが五十嵐竹雄氏宅に古文書があり、ノートにも写しとったので、将来整理発表する機会もあろうと思う。南会津郡に切支丹があったことは猪苗代の類族帳にもみえ、伊豆韮山の江川太郎左衛門が宝暦五年（一七五五）七月より同八年（一七五八）まで南山代官五代目として赴任しており、多分類族改であろうと思うが、古文書が伊豆に持ち帰られて、現在文庫に保存されているのがあるという。今回は目を通すことが間にあわず残念に思っている。

七　明治解放後の切支丹の復興

会津若松市栄町にある現在のカトリック教会堂

明治維新までは手を代え、品を代えて切支丹禁教政策がとられてきた。五人組帳の第一条にも切支丹宗門改めのことが示してある。慶応四年か明治元年（一八六九）になるが、この三月の会津の太政官制札にまで切支丹宗門禁制のことがみえている。

維新後切支丹信仰も、信仰の自由と共に許されたが、会津に切支丹が再復活したのは明治十二年（一八七九）天主公教の宣教師が会津に来て伝道を始めてからである。十六年（一八八三）にはヴキグルス仏人宣教師が来ているし、南会津郡福米沢の湯田初四郎氏が信者となり、谷ヨゼフをなのっている。福米沢に伝統信仰の血が流れていたことがこれでもわかるし、明治二十七年（一八八七）には十字架を畑中よりみつけ、昭和十年（一九三五）には聖ヴィンセンチオ・フェレリ教会の祝別式を挙げるまでに発展させている。猪苗代はやや異色があって、新教系の伝道が徹しているようであるが、現在会津若松市に新旧両切支丹の布教が勢力を伸しているのも故なきとしない。

〔II〕

一　会津キリシタン風土記

鶴ケ城

その昔、小高木の館、黒川城といわれ、南北朝の頃芦名氏が構えた中世の館を、蒲生氏郷が文禄元年（一五九二）六月工を起し、約一カ年の工期で建設し、本丸の中央に七重の天守閣を築いた。加藤氏の時五重に改め、明治七年（一八七四）に取りこわされたが、レオ氏郷に因むキリシタンの遺物は何物も見当らない。

しかし神戸市立美術館にある「泰西王侯騎馬図」の四曲一双の屏風は、もとこの城の大書院の襖絵《ふすまえ》であったのが、落城の際、攻撃軍の将前原一誠の手に渡ったものである。城の一隅にあった牢舎には、寛永十二年（一六三五）に処刑されたバテレンの法衣や、所持品があったが、これも落城の際兵火にかかってしまった。

大塚山刑場（若松駅の東二キロ、競馬場に隣り滝沢峠の麓にあたる）

井上筑後守の手控といわれる「契利斯督記《キリシタンキ》」に

「保科《ほしな》肥後守領分　会津より宗門のもの多く出て申し候　内侍分のもの五六人も出て申し候」

と記してある。

万治元年（一六五八）十月二十六日転向を誓った百二十四人の信徒を牢屋から解放することになり、重役の佐川官兵衛が江戸に上って指示を得ている。百二十四名は寛文五年（一六六五）正月郷里に帰され、古《こ》切支丹、転《ころび》切支丹（本人ともいう）、本人同前（親が転宗する前に生れた子）、その一族は類族といって毎年切支丹類族帳にのせられて、厳重に監視され不自由な生活を送った。

この百二十四人は、寛永十九年（一六四二）から正保元年（一六四四）の間に出された幕府の命令によって捕えられた人々で、これ以前に捕えられた者は処刑され、あるいは江戸送りになっているので、会津藩二十三万石のキリシタン実数はもっと多かった。

寛永四年（一六二七）七月、二人のバテレンが江戸から会津に潜入した情報があり、南会津一帯に廻状がまわされた。廻状によると一人は南蛮人で、一人は日本人であった。

寛永六年（一六二九）ジョアン大森喜右衛門吉家が、妻イサベラらと共に会津で捕えられ、ジョアンは江戸に送られて同十年「穴つるし」の刑にあった。この時捕えられた十五名は寛永九年に大塚山で火あぶりの刑に処せられた。翌十年さらに三十人（うち女十一人）が火刑に、十三人は首を切られ大塚山にさらされた。

薬師堂河原のキリシタン塚（会津線七日町駅北、柳津只見行バス柳町下車八〇〇メートル）

寛永十二年（一六三五）若松で大がかりな惨殺があった。これは南会津郡田島町の水無《みずなし》村で捕えられた、会津キリシタンの中心人物横沢丹波と、丹波の家の二重壁の中にかくまわれていた外人のバテレンなど六十余名で、この時の主だった人物は、パウロ柴山長左衛門（火刑）、その妻マリヤと二人の子供（打ち首）、トメイ松山次郎右衛門、イヤゴ遠藤理左衛門、ペトロ新田三平、アデレ新田大右衛門、柳屋理庵などであったという。

刑は十二月十七日から二十日にかけて行われた。十八日には横沢丹波が、南無阿弥陀仏の六字の名号をつけた白衣を着せられて、逆さ十字にかけられた。二十日には外人のバテレンが逆さはりつけにされた。普通日本人なら二日で絶命するのに、この外人は二十六日の夕刻まで一週間の間生きていて見物人に強い感銘を与えた。この外人の衣服が牢屋に維新まで保存されていた。

薬師堂河原は、湯川の北岸で、倉庫の傍に一基の供養塔が建てられている。これをキリシタン塚といっている。近年工事中に多数の人骨が発見されたが、ここは古くから会津藩の首斬り場であったから、果して殉教者の遺骨

福島の切支丹要図

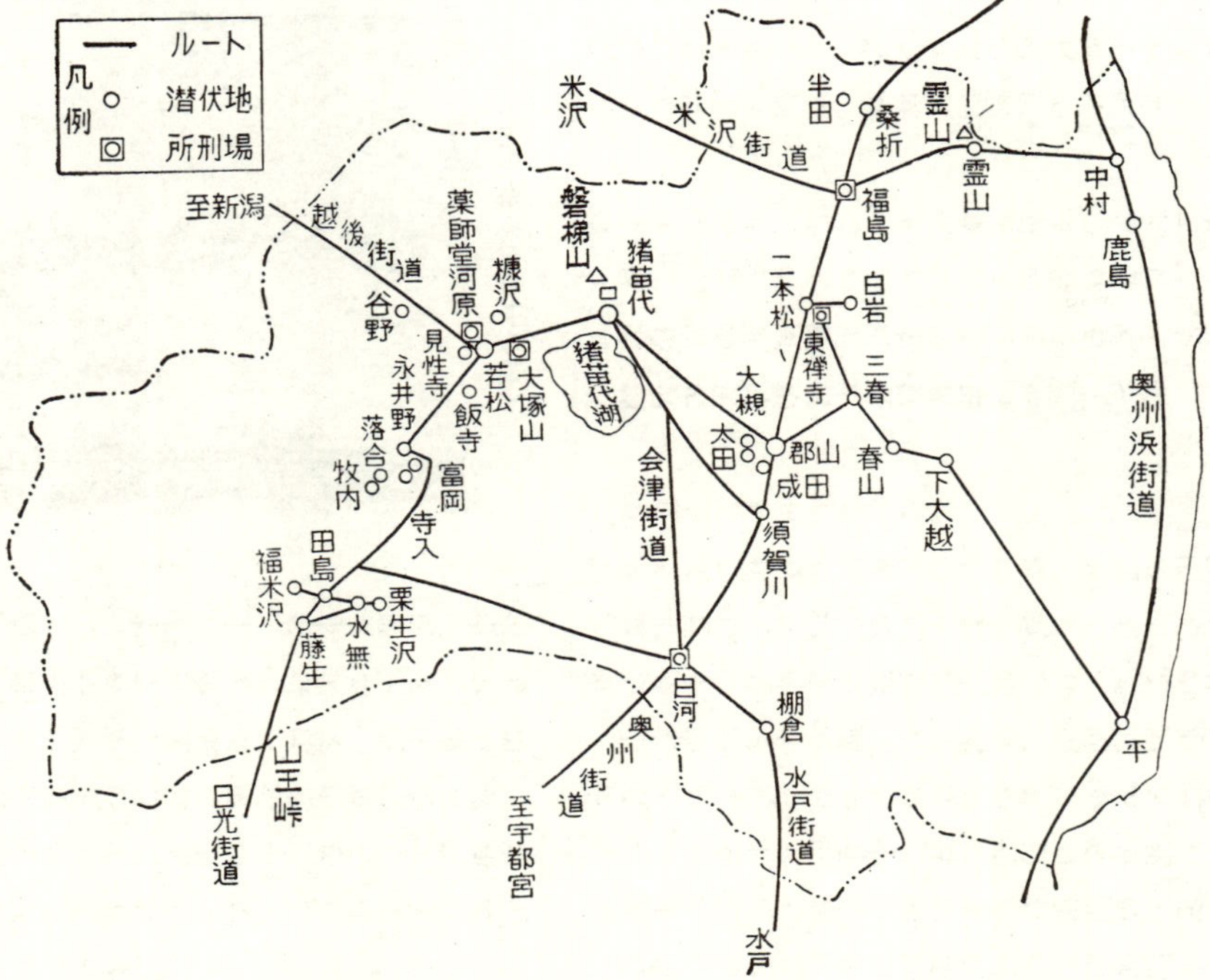

凡例
ルート
潜伏地
所刑場
仙台
米沢
米沢街道
半田
桑折
霊山
霊山
福島
中村
鹿島
至新潟
越後街道
谷野
薬師堂河原
糠沢
磐梯山
猪苗代
猪苗代湖
見性寺
若松
大塚山
永井野
飯寺
落合
牧内
富岡
寺入
二本松
白岩
東禅寺
三春
大槻
太田
郡山
成田
春山
下大越
奥州浜街道
会津街道
須賀川
田島
福米沢
藤生
水無
栗生沢
白河
棚倉
奥州街道
至宇都宮
水戸街道
水戸
山王峠
日光街道
平

であるかどうかはわからない。

信者の中にはレプラ患者があった。これは穢多《えた》町に小屋をつくり、食物も与えず、風雪の中にさらして穴埋めしたという。癩病小屋といわれる所がその跡である。

寛永八年（一六三一）から正保にかけて、会津藩の預《あずか》り領である御蔵入《おくらいり》領（今の南会津と大沼郡の一部）でも大がかりな弾圧があって、本人二十二名本人同前三十名がとらえられた。

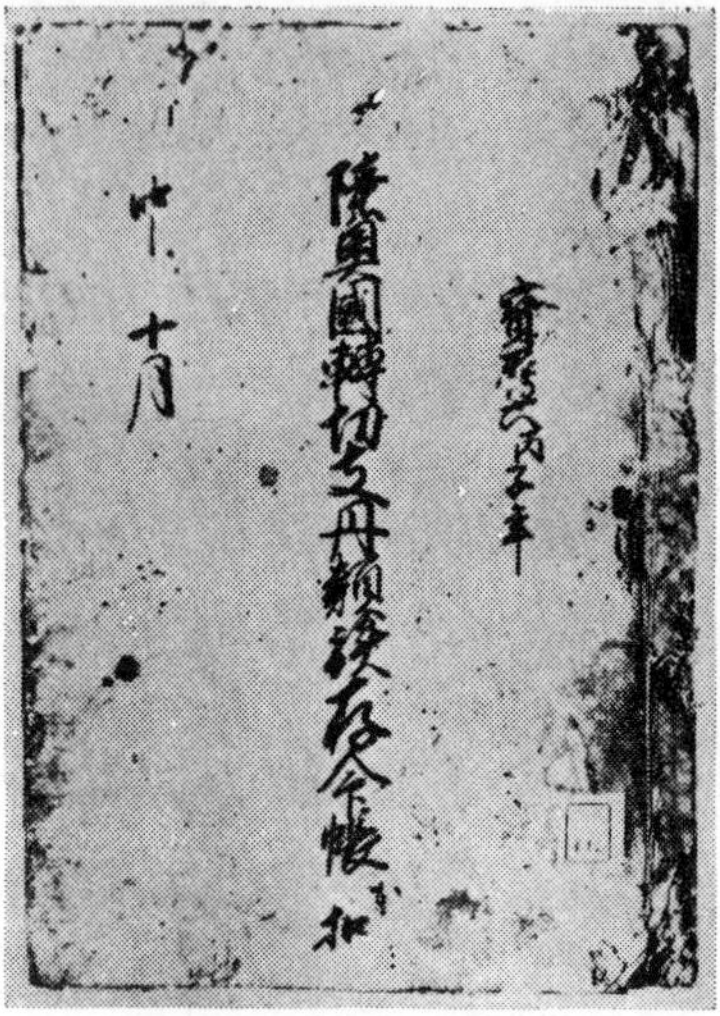
江川文書（類族存命帳）

このうち大沼郡高田町落合村の小右衛門と作右衛門、南会津郡田島町藤生《とうにう》の櫛《くし》ひき数右衛門の三名が、正保四年（一六四七）四月十二日に若松の牢で死んだ。同じ日に数人の牢死があったのは何か異変があったのであろう。

小右衛門と作右衛門の死体は、薬師堂河原に近い針屋町の浄土宗見性寺の墓地に土葬された。この外にも同寺には牢死して引取人のない者が数多く埋められており、同寺ではこれらの無縁仏のために、石造の供養塔をたてて菩提をとむらっている。

糠沢の天守の宮と谷野新田（糠沢町は若松駅の北）

若松駅の北東糠沢《ぬかざわ》町を中心とする石堂・荒久田のあたりは、切支丹町といわれ、ここの鶏林《にわとり》という所に「天守の宮」があり、昔はマリヤ観音がまつられてあったという。

これは荒久田が、耶麻郡山都《やまと》町の千咲原《せんざく》の谷野《たにの》新田を開拓したキリシタン侍谷野家の屋敷跡であった。谷野家は本姓太田氏、保科《ほしな》家の家老で、会津に移ってから、荒久田に六町四方の土地を賜った。キリシタンであったため城下を去って一族四十二名と共に千咲原の開墾に着手した。

現在谷野家は山都駅の南方六キロ阿賀川を渡り、山都《やまと》から坂下《ばんげ》町《まち》にいたるバス路線に面した字堰沢《せきさわ》にあるが、以前は千咲原の中央にあり、墓地も旧宅の近くにある。

同家に文政六年の類族死亡届があるが、これによると谷野又右衛門が転びキリシタンであった。家宝に保科公から拝領したという宝物がある。小さな厨子《ずし》入の弁天像、蓮華をかたどった舎利塔、蒔絵の木椀などである。キリシタンの遺品と見る人があるようだが、そうとは思われない。椀の十字に似た蒔絵はいわゆる浄法寺椀で、この系統には普通にみられる文様である。

只一つ縦一五・五センチ、横七・五センチの絹の小旗がある。神の一字が墨書された上に、丸い太陽から光が放射状に出ているが十字を表現しているように見える。墓石にも十字架があるというが、実見してみると十字形ではない。しかし、類族が人里遠く離れ、世間の眼からのがれて生活していた実証として注目すべきものである。

高田のキリシタン遺跡（会津川口線高田駅の南方バス、高田・永井野・冑・高橋行の便がある）

会津高田町の南、永井野・東尾岐・冑《かぶと》組は御蔵入領大沼郡といい、ここの永井野・落合・富岡・牧内・寺入・飯寺らに十五家のキリシタン一族があった（飯寺は若松市内）。

永井野村が最も多く、茂左衛門・仁蔵・半左衛門・清三郎・惣七郎・善九郎の六家がある。

落合と牧ノ内村は、高田町から南十二キロ宮川の上流にある谷間の村で、牧ノ内には寛永八年（一六三一）に捕えられた孫右衛門と五郎左衛門、その下の部落である落合には小右衛門と藤右衛門・作右衛門父子の二家がある。作右衛門と小右衛門は正保四年（一六四七）若松で牢死し、藤右衛門は落合の長福寺に葬られた。

今長福寺はなく、墓碑のみ雑草の中に転倒している。落合村は上方《かみがた》からの落人の子孫という上野家のほかに大塚・佐藤の三姓からなる十二戸の寒村で、村の中央に地蔵堂があり、下の観音寺村には、子供を抱いた子安地蔵がまつられている。

キリシタン部落（大沼郡高田町落合）

富岡村には、九郎左衛門と与兵衛の二家があった。村の中心に福生《ふくしょう》寺観音堂という室町末期の古建築があり、その墓地に「四ッ穴」といわれる石塔がある。塔身に四箇の穴が十字架を象徴しているように彫られている。このような石がんは他にもあるが、この墓は、昔ここの村に身分のある家があり、殿様からの呼び出しがあって一族が家を出たまま帰らず、朽ち果てた四家の墓で、夜になると青い火が燃えた怪談がある。

富岡に近い寺入村には、寛永七年（一六三〇）に捕え

四ツ目墓といわれるキリシタン墓（高田町富岡・福生寺）

られた羽左衛門がおり、遠く離れた若松市内の飯寺村の五左衛門も転びキリシタンであった。

田島のキリシタン遺跡（会津田島線田島駅下車。水無、栗生沢駅にはバスの便があり、藤生は南一〇キロ、東武バスがある）

南会津郡田島町は若松市の南五十キロ、山王峠を越すと日光、鬼怒川に接する。この山間部に数多くの信者がひそんでいた。家宝記に

「横沢丹波は会津水無村にて捕え、（中略）御蔵入にては田島組川島、高野組下郷尾岐多し」

とあり、田島陣屋におった、会津御蔵入領の名代官であった伊豆韮山《にらやま》の江川太郎左衛門の「宝暦六年十月　陸奥国転切支丹類族存命帳」によると、田島町栗生沢に十一家、水無村に五家、藤生村に一家計十七家二十八人が、古切支丹、転切支丹であった。

栗生《くりう》沢《さわ》村は、田島町から南方十キロ余、水無川の上流、栗生沢川にはさまれた小さな扇状地で、延享三年（一七四六）の記録によると家数二七、人口一四六、水田はなく僅かの山畑があり、木地ひき林産を業としている山村で、ここに寛永九年（一六三二）に捕えられた、助兵衛・孫右衛門・弥兵衛・善五郎・庄左衛門・市之丞・助十郎・弥次右衛門・左京進などの多くの信徒がおり、一村残らず類族といってよいほど盛んなキリシタン部落であった。父母不明という注釈がついているのが多いので、もとからの住人ではなく、他から潜入してきたような疑がある。

今この村には相原と湯田の二姓が大部分で、少数の星・大竹・渡辺姓がある。昔大竹左京進という侍がおったが、湯田一族と問題を起して村を出奔した話がある。この左京進が転切支丹であったかは明かでない。

村には山神があるのみで、仏堂もない。檀那寺は田島町にあり、類族の墓はすべて町内の薬師寺・徳昌寺・教林寺等の墓地にあるので、村内には遺跡がなく、たずねてもキリシタン類族であったということは一言も得られなかった。タブーが一切の伝承を奪ったのかもしれない。

栗生《くりう》沢《さわ》村の下流に、田無沢・水無の部落がある。水無

村は延享年間には家数四十戸、人口一六八、水田のない山村で、栗生沢とほぼ同じ条件の寒村である。

この村に、正保二年（一六四五）に捕えられた喜三郎・勘四郎・四郎右衛門・惣助・きくこなどの五家九人の信徒があった。このうち大工の喜三郎は江戸に護送されたが、その後どうなったかは明かでない。

横沢丹波が捕えられたのは、この水無村であるが、今は何らの手がかりがない。近年開田中に地下から子安観音立像を浮彫にした石像が発見された。土中深く埋まっていたのも不思議だが、異様なスタイルは、どこかエキゾチックな感じがする。

田島町水無部落の水田中から発見されたマリヤ観音

北関東のアジト上州の沼田や、宇都宮方面と会津を結ぶルートとして山王峠を越すこの日光街道は信徒にとって極めて重要な所で、その中間にある田島陣屋は、彼等にとっては痛い存在であったろう。ところが、藤生から小桂峠を越すと田島を通らず水無・栗生沢に潜入することができる。藤生《とうにゅう》には寛永四年（一六二七）に捕えられて牢死した櫛《くし》つくりの数之助が住んでいた。

横沢丹波が水無において捕えられたのは、水無村のアジトで連絡・指導中に、田島陣屋の手により押えられたのではないか。

福米《ふくめ》沢《さわ》のマリヤ観音（田島町の西方八キロ、駒止峠を越す田島・大宮間のバスがある）

奥会津には、前記三村の類族が各々に広く縁づいて分布している。金井沢や福米沢などは特に類族が住んでいた村である。

福米沢は田島町の西方八キロにあって水無の古切支丹

田島町福米沢の子安観音堂本尊のマリヤ観音（冠に十字架がある）

きくこ、栗生沢の転切支丹長三郎の類族が住み、常楽院が檀那寺である。この村の街道筋、小学校の東に子安観音堂があり、堂内に石像のマリヤ観音が秘かにまつられている。

高さ二尺六寸の座像で、三角形の冠からベールが両肩をおおい、赤子を横抱きにし、朱色をぬった天衣がひるがえっている姿で、一見すると十九夜様といわれる普通の子安観音の姿勢である。しかし、三角形の冠には、明らかにギリシア十字架が浮彫りにされている。台石は新しく文化四年（一八〇七）の年号が刻まれているので、古くマリヤ観音として信仰されたのが、のち秘かに堂内に安置されたのであろう。

小学校の西に小さな教会堂がある。明治初期にはじめられたカトリックの教会で、今も五十余の村人が礼拝している。ひそかに信仰が継続されていたのではないかと思われるふしがある。

猪苗代のバテレン塚と天子の宮（磐越西線猪苗代駅の北二キロ、磐梯高原・福島へのバスがある）

会津キリシタン史の中心は若松と栗生沢と猪苗代町で

ある。「契利斯督記」に

「会津にては、岡野越後吉利支丹ゆえ、家来おほかた宗門に致し候、猪苗代と申す所城地にて候、此所の百姓利支丹にて候由」

また「吉利支丹寺、日本に有之候所々は（中略）江戸、仙台、会津、加賀国金沢……」

と見えている。

猪苗代城代岡越後守は、ドミニコ派の信徒で、岡左内と称した武勇の誇れ高い侍で、上杉景勝に仕え、戦にのぞむ時はさざえの形をした冑をかぶっていた。これは南蛮のバテレンから贈られた南蛮鉄できたえたものであるという。のち蒲生秀行に仕え、慶長十三年（一六〇八）から元和八年（一六二二）まで十三ヵ年間、一万石の禄をはみ猪苗代城に住んだ。

その頃、磐梯山麓にセミナリオ（神学校）があった。これが見禰《みね》山《やま》の宣教所である。この所在については明かでないが、猪苗代町街路の東、字本町の郵便局の裏に大きなケヤキがある。根本に天子《てんし》神社という小さなお宮がある。この木には蛇がすみ、枯枝にもふれることができないといわれ、ここから十字架が掘り出されたという。

見禰《みね》山《やま》の積慶寮《せっけいりょう》（青少年宿泊所）東の谷間にバテレン塚という三つの塚がある。これは岡越後の妻子を埋めた所という。

加藤氏の時代になって猪苗代で大きな殉教があった。城の北諏訪神社の小川の畔で信者が処刑された。一説にはバテレン塚はこの時の耳塚であるともいう。

元禄と享保の類族帳をみると、猪苗代方部で五十六人の本人（信徒）の名が見える。今和泉・壺下・新村・大原新田・見禰《みね》・渋谷・酸川野・曲淵・金曲・谷地・川上・五十軒新田・三城潟・西真行・小平潟・山潟・根次新田・大寺・江原・石ケ森・滝沢などの村々で、勿論猪苗代町が大多数である。町内では新町・本町・半坂町が多く、他に越前町・行人町・南町が見える。本人同前や処刑者までふくめると会津キリシタン第一の盛んな土地であったろう。

侍分や、帰農した豪士格が相当あったようで、南部半九郎（壷下）大江太郎兵衛（新村）小松弥七郎（本町）山本市右衛門（半坂町）武藤伝右衛門（大寺）田中八左衛門（本町）足軽喜右衛門等の名が見え、銀屋善兵衛（新町）は商人であったろうし、金掘金蔵は石ヶ森金山の者のようである。

二　二本松キリシタン風土記

二本松藩の殉教者

霞ケ城を中枢とする二本松藩は安達と安積の二郡で、寛永二十年から仁羽《にわ》氏十万石となったが、以前は会津領で、上杉・蒲生・加藤の領下であったから、キリシタンにおいても会津と同系統であり、しかも江戸と武蔵の岩槻にある関東のアジトと仙台地方をつなぎ、会津とも接する重要な地点で、数多の信者があり、弾圧の嵐も吹きすさんでいた。「契利斯督記」に

「丹羽左京太夫領分、二本松より宗門のもの多く出で申し候、内侍分のもの四五人も出て申し候」

と記されている。

しかし会津領であるため幕府への報告は一括してあるので、この土地における初期の殉教は明かでないが、長崎の町田寿庵や、津田紀伊などは二本松城下で捕えられ、寛永十二年（一六三五）にはワレンチイノ中牧主水は妻と共にこの土地で処刑された。

処刑場については明かでない。町はずれの台運寺のあるあたりの備後屋敷（肥後屋敷）という所ともいい、あるいは安達ケ原に近い安達村の上川崎の「のぼろ」という塚形をしている不浄地であったといわれる。ところが、昭和二年春、本宮町仁井田の対岸、白岩村糠沢の字東禅寺の畑中から、偶然にも立派な十字架が発見されたが、これが主水《もんど》夫妻の刑場ではなかったかといわれる。

藩士中にも信者や類族があった。元禄二年（一六八九）に事件があった。その取調中に藩士、新市之介と町野権右衛門が切支丹の類族であることが判明して、禄地没収の上、北条谷に終身禁錮されたことがある。

侍の中には、梅原弥惣左衛門という城代をやった重役もあった。彼は近江の人、蒲生氏郷に仕え、二本松の留守職となり、後丹羽家に仕えて三百石を賜り、寛永十一年（一六三四）丹羽光重に従って上洛中訴人があり、寛永二十年（一六四三）二月十一日江戸に護送入牢を命ぜられた。

これは南会津の水無村の長三郎が訴人したためである。水無村の長三郎とは実は栗生沢村の転切支丹長三郎の誤で、長三郎は寛永九年捕えられたが拷問の末自白し、そのために会津・二本松等に大量の弾圧があった。その犠牲者であった。彼は承応元年（一六五二）許されて二本松に帰り、明暦元年（一六五五）十月本領を安堵された。

大槻のキリシタン部落（郡山駅西南十キロ、バスの便がある）

郡山市は旧二本松領であった。郡山駅の西南、大槻町の太田在家は、古くからキリシタン部落といわれている。大槻古事記に名主相楽《さがら》庄兵衛と弟伝助の口上書がのせてある。それによると、相楽家は大槻の館主伊東氏の家老で相楽伊左衛門といった。伊東家没落後土着して名主役をつとめた。

当時太田新田に、橋本宗右衛門という二百石取の会津の侍があり、弟伝助を求められるまま、元和九年（一六二三）聟養子になった。橋本はキリシタン信徒であったから、伝助も熱烈な信者となった。たまたま南会津郡の栗生沢の長三郎の自白により、寛永二十年（一六四三）に会津・二本松領下の信者が一網打尽となり、伝助は猪苗代城代の家臣星弥左衛門に捕えられて、二月十一日江戸送り牢に入れられた。梅原弥惣左衛門と同じ運命であった。

この太田新田に、雷よけの掛物という模様をすき込んだ洋紙にオランダ文字を書いたものがあった。何時の頃か某家に知人の会津の婦人が尋ねてきて、岩城へ行く道すがら、この掛物と、人形を置いていった。それがキリシタンの品で、このために宗門に入り信者がふえたという物語がある。しかしこの掛物は宗門には関係がない。

大槻には、伝助の外に、与一郎・彦左衛門・又蔵・仁蔵・茂介・甚右衛門・将監・市兵衛などの妻子一族十八名の信者があり、名主の相楽庄兵衛の家は妻・長女・男子とも信者で、高二百石の半分が没収され、同家の墓地には、ことさらに卍文《まんじもん》をつけた石碑がある。

郡山如宝寺のキリシタン碑（郡山駅の西方一・五キロ　市内バスの便がある）

郡山市の古刹如宝寺の山門を入ると左手にキリシタンの碑がある。高さ三尺五寸、幅一尺二寸程、上部が三角形を呈する位牌型の碑で、上部に先端が剣状のギリシア十字架が刻まれ、下に五つの梵字（キャカラバアと読み五輪塔を表現する）があり、下に「覚心道好禅定門」左右に「元禄七甲戌年八月二日菩提」とあり、基部に蓮座がほられている。

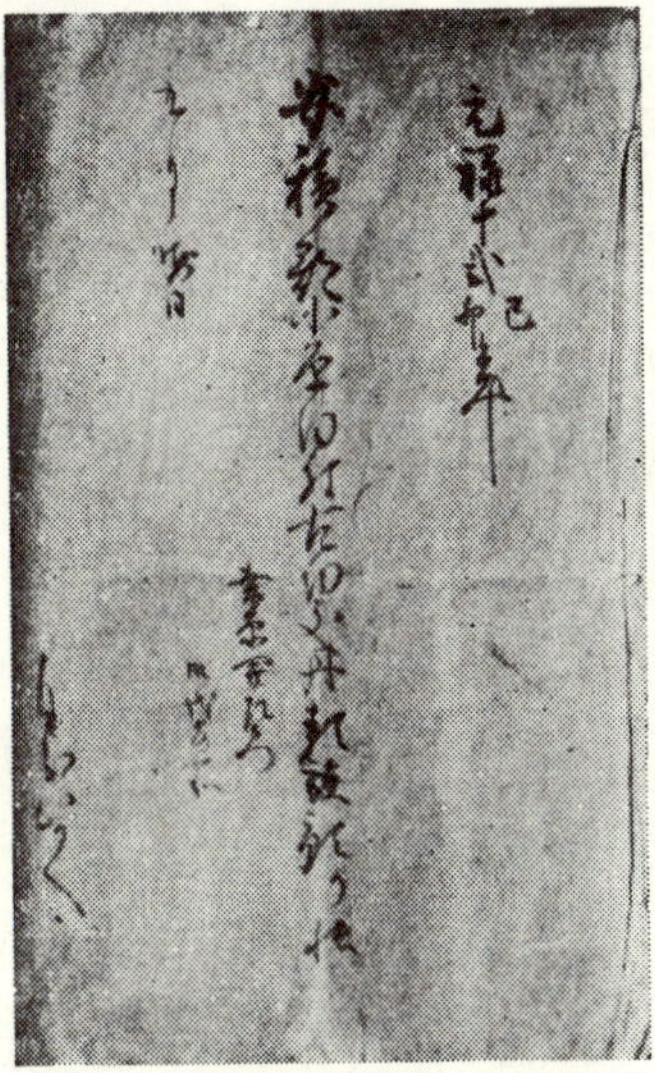
郡山市小原田の元禄十二年類族帳

これは同市中町の川崎屋弥右衛門（宗形氏）の墓であり、同寺の過去帳にものせてある。話によると川崎屋と虎屋（甲斐山氏）の二軒はキリシタンで一時欠所（財産没収刑）されたといわれる。安斎倉美氏蔵の「宗門奉行起請文前書之事」切支丹二之帳に

一、郡山村　弥左衛門

と見える。左と右の誤字はあり得るが、この弥左衛門が、川崎屋弥右衛門であろう。しかし同書には郡山の信徒は一名しかないので、虎屋がキリシタンであったかは疑問がある。

太田に近い安積町の成田に与惣左衛門（与三左衛門）という古切支丹があり、その類族の小原田村次郎は、元禄十四年に村を出奔して行方をくらまし、遂に帰村しなかった。

成田に十字架をかたどった墓碑が二基、姉崎博士の著書にのせてあるが、これが与惣左衛門一族と関連があるかは明かでない。

白岩のキリシタン（東北本線本宮駅下車、小浜行バスの便あり、約十キロ）

安達郡本宮町の東、阿武隈川の河東に位する白沢村は、東安達キリシタンの中心地で、前記の二本松領切支丹古寄、二之帳、三之帳には白岩村として次の名が列記されている。

平左衛門・清右衛門・次郎右衛門・助左衛門・彦兵衛・与三左衛門・源左衛門・助作・村持四郎右衛門・根岸四郎右衛門・同人嫡子与市郎・藤之丞・清蔵・甚次郎・七郎右衛門・藤左衛門・与一郎・弥七郎・介右衛門

このほか稲沢村の次郎右衛門・与一郎・八郎兵衛の三人、松沢村の介兵衛の名が見えるから、白沢村には二十四名のキリシタンがおり、中心は旧白岩村であった。

寛政元年（一七八九）の「陸奥国二本松領古切支丹之類族存命帳」によると大場《おおば》内《うち》助右衛門は、介右衛門と同人で、同名があるので、根岸、村持大場内と地名を冠している。

白岩の根岸に、納豆《なつと》林・納豆祭山という小さな丘があり、ここに三渡《みわたり》神社がまつられ、杉林が密生している聖地である。

この村の名主、根本亦《また》兵衛の家は旧家で、ある年納豆林附近を開墾中土中から金色の仏像のようなものを掘り出した。仏壇にかざっておくと夜も光を放つので評判となったので代官所に届け出ると、それはキリシタンの像であったため、扶持あげ（免職）にされた。当家は代々又兵衛を襲名しているといい、文政十年（一八二七）の三渡神社の棟札にも高主（たかぬし）として根本亦兵衛の名が見えるが、前記の信徒中に亦《また》兵衛の名は見えない。「納豆祭山」とは異様な名である。南会津郡栗生沢のキリシタン部落を調査したが、ここの上《かみ》屋敷では納豆をつくることができない。特に十二月二十五日の節納豆《せちなつと》は絶対にタブーとされているのと考え合せると、オランダ語のナタル（降誕祭）とのつながりがあるのではなかろうか。

　安達郡には、このほかに本宮・玉井・片平・杉田・渋川・平石に一名ずつの信者があり、総計すると、二本松藩の古切支丹は五十七人となり、その中に、葛岡佐左衛門・上田彦右衛門・相楽庄兵衛・紺屋清兵衛などは名のある人物であったろう。

三　福島キリシタン風土記

福島の類族

　文禄年間、蒲生氏郷の客将木村伊勢守の居城であり、上杉領となってからは本庄繁長がキリシタン将岡左内（後の岡越後守）の応援を得て慶長五年（一六〇〇）三月、故地奪回をめざして進撃してきた伊達政宗の軍を破った、いわくつきの所で、上杉氏が関ケ原の敗戦で米沢三十万石となってから天領となった。

　福島は出羽・奥州の分岐点で、米沢藩・仙台藩との接触のはげしい土地で信者もおったが、天領につづいて元禄十六年（一七〇三）からは、島原の乱で敗死した板倉重昌の一族重寛が三万石の領主として赴任して以来、一そう取締りが厳重になった。

　当時代官池田新兵衛が、板倉家へ提出した記録によると類族十九名が生存していることを記している。

　信夫山の東、松川畔の番太《ばんた》屋敷（非人頭）で、鋸引きの刑になった信者があって、通行人が竹の鋸で一ひきずつ引かせられた話が語られている。

桑折半田の遺跡（東北本線桑折駅下車）

　キリシタン布教と潜伏の手段として鉱山地帯が利用されたことは、他に例があるが、桑折《こおり》代官領にある半田《はんだ》銀山にも信者がかくれていたようである。

　桑折町警察署の隣、皆川歯科医の屋敷は、秦野屋（しんのや）といった古い旅館であるが、ここに「イサラエの井戸（井皿の井戸）」というのがある。古くは角材を井桁に組んだもので町内に四箇所あったものの一つである。

イサラエの井戸とは、旧約聖書にあるイスラエルの大井戸の意だろうと解釈した人がある。秦野屋は川勝氏といい関ケ原合戦の残党で、同家にはヘブライ語のある茶碗や小さな銅製の聖像があったという。

伊達の霊山にキリシタンが潜伏していたことは後でのべるが、霊山に近い月館町布川の真法寺に「おさを姫」という大工の守り神になっている油絵の泰西美人の絵があるが、キリシタン関係のものではない。

霊山に隠れたキリシタン（相馬・福島間のバスあり、行合道下車）

伊達郡と相馬郡の堺にある霊山《りょうぜん》は、史跡名勝の指定を受けている文化財で、奇岩怪石の美と、南北朝時代の霊山城の史実で知られる。

ここの千仭の岩壁、きりたつ溪谷の奥にキリシタンの一党が山深く隠れていたが、鷹の巣をさがしに入った者に見つかり密告された。そこで福島側（米沢の上杉領）からは奉行の大河原和泉・木村治右衛門、相馬家からは稲葉八太夫・佐藤長兵衛が、それぞれ手兵をつれて山狩りをして一網打尽にしたことが、正保三年（一六四六）の目安書に見える。

相馬のキリシタン

霊山に潜伏したキリシタンは相馬領から逃げ込んだ一族であったという。「契利斯督記」に

「相馬長門守領分、中村より宗門二三人も出て申し候」

とある。これを裏づける根本史料はまだ見い出されていない。

同郡鹿島町の陽山寺墓地に「覚山栄光信士宝暦五乙亥六月十日」と刻まれた碑がある。地蔵の梵字の変化にしてはおかしい妙なものである。

この町の西、真野川の大河内橋のたもとで、マリヤ観音が焼き捨てられた話がある。

石城のキリシタン

アゴスチノ会の教師ゼズスのフランシスコの手紙に「新イスパニヤ海に注ぐ無数の河を横ぎり」とある。新

イスパニヤ海とは太平洋のことであるから、彼は本県の浜通りを通って仙台領に入ったのであろう。
このように浜街道は東北に入る重要なルートであるから、平附近にも彼等のアジトがあった。「契利斯督記」に
「内藤帯刀の領分、岩城より宗門のもの二三人も出て申し候、内侍一人出て申し候」
とある。信者の侍一人というのは、平藩主内藤家の記録によると、田中宇右衛門であるらしい。彼は元禄二年九月病死したので、転びキリシタンの扱いにより、医師と平町一丁目五郎右衛門が検分した上、死体は法のとおり塩漬にしてキリシタン奉行に伺いをたてて、土葬したことを記録している。

棚倉のキリシタン（白河より国鉄バス、水郡線棚倉駅下車）

「契利斯督記」に
「内藤豊前領分、棚倉より宗門のもの四五人も出て申し候、内侍一両人も出て申し候」
とある。棚倉は久慈《くじ》川溪谷をもって水戸領とのつながりがあり、元和八年（一六二二）から寛永十四年（一六三七）まで丹羽長重五万石の領地であったから、白河・二本松の例のとおり、丹羽家家臣の中にキリシタン信者があったのであろうが、くわしい資料がない。

白河のキリシタン

白河の関を控えて名実ともに奥羽の関門で、関東より奥羽諸国へ行くには必ず通らなければならない要路で、有力なアジトがあった。
白河は、寛永四年（一六二七）までは、会津領で上杉氏・蒲生氏の支配を受けているので、会津キリシタンと密接なつながりをもっている。寛永四年から丹羽《にわ》領となり同二十年（一六四三）二本松へ転封されるまで、丹羽長重・子光重が城主で、二本松キリシタンとも深い関連がある。
「契利斯督記」に
「本多能登守領分　白川より宗門のもの多く出て申し

候」

と見える。

本多能登守とは忠政の子で、本多能登守忠義・榊原忠次についで、慶安三年（一六五〇）白河十二万石の領主となった。

寛永八年（一六三一）、丹羽家では、士分十二人を火刑、斬首している。その中に教皇奉答文の署名人リイノ阪本三太夫一家があった。処刑された所は明かでない。

町人や百姓の信者も多く、その中でも新町と中町が多かったようである。中町の庄屋が提出した報告書によると、元禄七年当時、存命の類族六人（うち男五、女一）がおった。新町の古切支丹藤右衛門は熱烈な信者でその子長右衛門も古切支丹で、その子は本人同前として町内の監視をうけていた。元禄六年（一六九三）藤右衛門の曽孫卯之助が、商人長左衛門の娘カメを嫁に迎えるにあたり、類族編入の届出を行ったものと、父庄兵衛の死亡届がある。これによると庄兵衛は一番町に住み、檀那寺は曹洞宗の万持寺で、ここに葬られている。

藤右衛門の類族は、享保年間に、遠く二本松領の安達郡内木幡に移り、村役人をあわてさせた文書がある。

関山満願寺の文書をみると、満願寺檀家の古切支丹の類族が、田村郡浮金村、吉野辺村（現小野町）、岩瀬郡塩田（須賀川市）、雨日村（石川郡大東村）にもおったことが記されているので、白河のキリシタンが盛んであったことが知られる。

須賀川のキリシタンを物語る
元禄八年のキリシタンの碑

須賀川のキリシタン碑（東北本線須賀川駅下車）

白河領のうち、須賀川は庶民文化の栄えた町であり、旧領主二階堂氏の遺臣が土着しているので、これらの間にキリシタン信者があった。

須賀川市の大字森宿字前川、釈迦堂川に近い、段丘のふもとをめぐる小川のほとりに一むらの樹木が茂る森があり、ここに字古屋敷にすむ農業石井茂吉氏一族の墓地がある。このなかに、高さ約四尺の位牌型の墓碑があり、唐破風型の屋蓋に、先端を剣形にした十字架が刻まれている。下に、「董室安久信士、貞心妙相信女」と並び、その下と右側に、「宝永四亥七月十三日治兵衛」、左側に「元禄八亥三月三十日妻女」と書かれている。このほか同所に元禄十三年の墓碑の基部に、十字架に似た文様が刻まれている。

石井家は、須賀川城主二階堂氏の縁族で、天正十七年、須賀川落城後土着した石井大学の子孫で、キリシタンである史料はないが、この墓碑は明かに信者である。

なお同市の十念寺墓地に、五輪塔二つを並べて浮彫にした墓碑がある。五輪は変型した十字架に近く変化している。太田三郎著「東奥紀聞」には上に十字架があるとスケッチがのせてあるが、実見すると巴の紋で十字架ではない。

田村のキリシタン（磐越東線、船引町・三春町中心にバスの便あり）

「契利斯督記」に

「秋田安房守領分、三春より宗門のもの中頃に出て申し候」

と見える。

三春藩も、はじめは会津領に属し、上杉・蒲生・加藤の領地で、加藤嘉明の婿松下長綱三万石のあと、しばらく幕府直領であったが、正保二年（一六四五）から秋田河内守俊季が、五万五千石として常陸国宍戸から移ってきたので、会津・常陸のキリシタンとのつながりがある。

田村郡船引町春山の庄屋、大河内某が、キリシタンであったために、御役ご免の上、追放されて、西田村に移って大内姓を名のっている話がある。大河内家の墓地は字屋戸にあって、古い五輪塔に寛永九年の年紀がある。

同じケースが大越町下大越（大越駅）にもあった。これは文献が残っている。貞享四年（一六八七）十一月、藩主秋田信濃守が幕府に差し出した文書によると、下大越村の庄屋、郡司正三郎ら十三人がキリシタンであるという密告があった。そこで三春藩では正保二年切支丹大目付井上筑後守に報告し、牢に入れて、四、五年間拷問をつづけたが、疑わしいことが見当らない。そのうち親籍や近郷の者が連判状で助命歎願があったので、釈放したことが記録されている。しかし同家は天保年間にいたるまで厳重に監視されていた。

三春町の龍穏寺境内に、梶塚家の墓地がある。寛政十（一七九八）、文政三（一八二〇）、文政五、天保十四（一八四三）、嘉永五年（一八五二）の五基に十字架が刻まれている。最も古い碑には「寛政十戊午年五月二十四日、碣心万休居士　俗名梶塚源五兵衛正忠」とあって側面に「おくれとり云々」の辞世がある。

文政五年の「寿光了貞大姉」は正忠の妻で側面に「西とのみ聞しばかりの旅路にて、みのりの声を道しるべなり」とある。歌意からみて仏教徒の辞世で、その碑に十字架が刻まれているのはおかしい。梶塚家は秋田公の家臣というが、享保十己年の家臣分限帳には見あたらず、安政五年（一八五八）四月の三春藩家中本席に「二百石梶塚左織」とある、この一族のようであるが、最古の宝暦十三年（一七六三）の碑には十字架はないし、様式からみても後世に、追善のため建てたものか、あるいは十字架のみ追刻したのであろうから、古切支丹であるとはいわれない。疑問のまま紹介する。

疑問のキリシタン遺品

会津東山温泉の奥、字川谷の墓地の一瀬又次の墓地に「オハフ墓」「フレスル墓」という二基の片仮名の墓碑がある。後世のものであろう。

耶麻郡加納熱塩村の古刹示現寺の開山堂の下に六地蔵がある。これがキリシタン関係のものだと説く人があるが了解しがたい。同郡磐梯村小中堂の林中に荒れ果てた墓地があり文字の刻られない位牌型の墓碑が二、三ある。

大寺村に信徒がいたことは事実であるが、それと結びつくかどうかは明かでない。

参考書

「切支丹伝道の興廃」姉崎正治著
「江戸切支丹屋敷の史跡」山本秀煌著
「岩磐史談」
「耶麻郡誌」
「会津年表」
「会津旧事雑考」
「郡山市如宝寺の切支丹遺碑」石井研堂著
「江川文書」
「家政実記」

仙台の切支丹

小野忠亮

一　歴史の概略

伝道の先駆

仙台藩のキリシタン（カトリック）史は、日本キリシタン史の流れの一駒に、美しい色彩を添えている。仙台藩にキリシタン伝道のいとぐちを開いたのは、慶長十六年（一六一一）の冬、ローマへの南欧遣使の問題で仙台へきたソテロ（Luis Sotelo）だが、藩内にゆっくり腰を据えて伝道に従事したのは、元和元年（一六一五）の春仙台へきたアンゼリス（Girolamo de Angelis）だといわれていた。

ところが最近、只野淳氏・小原伸氏らは、「仙台藩にキリシタンを伝道したのは、ソテロの仙台入りに五十三年も先だつ永禄元年（一五五八）、千葉土佐に招かれて仙台へきた千松大八郎と小八郎兄弟によってである。」との従来の定説をくつがえす新説を発表した。

只野氏らのこの研究は、関係古文書や文献を綿密に調べたばかりではなく、すこしでも関係あると思われるところへは、山間の僻地へまでも出かけていって、遺跡や遺物などの現地調査もなし、いわゆる「足と汗」とで調べあげたもので、仙台藩のキリシタン史研究を、さらに一歩前進させたものである。

しかし、この新説には、まだ「今後の精密な研究にまつ」という点もかなりあるので、本稿は、一応従来の定説に従って述べることにした。

さて、はじめて仙台にきたキリシタンの宣教師はイスパニア国人で、フランシスコ修道会の司祭であるソテロで、これは慶長十六年（一六一一）のことであった。

彼が仙台へくるようになったのは、周知のごとく、伊達政宗の南欧遣使に関連して、政宗から招かれたからである。彼は使節問題に没頭していて、伝道に専心できなかったが、それでも、暇を見つけては藩内各地をとび歩いて、伝道の上でもかなりの成果をあげたようである。

ソテロ神父

伊達政宗像

しかし、藩内にとどまって伝道に専心できぬまま、慶長十八年(一六一三)十月二十八日(陰暦九月十五日)、月浦(石巻市月浦)から支倉一行とともに出帆して、ローマへ南欧遣使の途についてしまった。

ソテロが去ってから数年後の元和元年(一六一五)の春、ソテロとおなじイスパニア国人で、イエズス会の司祭アンゼリスが、仙台へきて、藩内にとどまり、ここを根拠地として、藩内だけではなく、ひろく東北各地をとび歩いて、伝道に従事し、さらに蝦夷(北海道)へも足をのばし、蝦夷伝道の端を開いた。

アンゼリスが仙台へくるようになった直接の動機は、慶長十九年(一六一四)津軽の高岡(弘前市)へ流された京坂地方の信者たちが、信仰の慰めを求めて、「教師を送ってほしい」と、長崎のパドレ(神父)のもとへ、嘆願の手紙をよこしたことが起因となって、実現したもので、長崎の信者たちからの慰問品を持って、元和元年(一六一五)の春、仙台へき、それから水沢を経、奥羽山脈を越えて、出羽(秋田)の仙北(横手市附近)へ出、さらに出羽と津軽の境である矢立峠をこえて、高岡（弘前市）につき、流人を慰問した。

アンゼリスが、この旅行中に上長へ出した手紙から、仙台藩に関する部分をばっすいすると、「私は復活祭（キリストの復活祭）の午後、江戸を発足して政宗の国へゆきました。政宗は奥州第一の大名です。居城は仙台にあります。十八日間滞在して、信者の告白（カトリック信者の告解《こくかい》の秘《ひ》跡《せき》）をきき、それから後藤寿庵のところへゆきましたが、そこはアラビアの砂漠のようなところです。旅行中のこんなんと食物の欠乏については、なにも言いますまい。人の捨てたものでも拾って食べたいくらいです……」

と、あることからも想像がつくように、アンゼリスが仙台へきたときは、すでに藩内に相当数の信者がいたことがわかる。

元和初期頃までの教勢

慶長十八年（一六一三）七月二十一日、江戸でキリシタンの大検挙がおこなわれ、ソテロも信者たちとともに逮捕され、処刑されることになっていたのを政宗に救い出され、九月二十五日、江戸から仙台へ発足した。

アマチ（Scipine Amati）は、そのさいにおけるソテロの行動に関連して、その著書「日本奥州国伊達政宗と使節紀行・元和元年ローマで発行」中に、「時に仙台には二個の会堂（キリシタンの教会）あり、クサノカミ、後藤、秋田、仙北にもそれぞれ一個の会堂がある。ソテロとイスパニア人の神父は、それらの諸地方を巡回し、ソテロは信者の告白をきき、イバネスは洗礼をさずけることに従事し、二十余日間昼夜をわかたずはたらきつづけた。」と述べている。この「アマチの報告」については、異論も多く、信用できぬふしもあるが、しかし、この報告から、ソテロが仙台にきたときすでに、かなりのキリシタンがいた、と推定しても差支えないであろう。

最近、上智大学教授チースリック神父は、バチカンの図書館で、元和初期の仙台藩のキリシタン教勢を知るために、きわめて貴重な資料を発見した。

この資料は、イエズス会が、ローマへ提出した報告書で、元和三年(一六一七)十月十九日の日付があり、仙台領内の七ヵ所に、教会と、合計七五〇余名の信者があったことが記されてあり、元和元年の春、アンゼリスが仙台へきてから、わずか三年後の仙台領内のキリシタンの教勢の大略を知ることができる。またこの報告書には、信者代表の筆頭に、見分《みわけ》＝三分(岩手県水沢市福原)の領主後藤寿庵の名が記されていることも注目される。

後藤寿庵《じゅあん》は、当時の仙台藩内のキリシタンのうちで、もっとも知られていた人で、胆沢郡で千二百石を所領し、アンゼリス、カルバリオなどの宣教師に協力してキリシタンをひろめた。

寿庵はまた、宣教師の指導で、新式の機械と技術を用いて、胆沢平野を潅漑する大用水堀を開いたが、現在でも「寿庵堰」とよばれ、その利に浴するもの一万余町歩におよび、幾万の農民が恩恵をうけている。

元和六年(一六二〇)仙台でキリシタンの迫害がはじまったが、寿庵はいぜんとして政宗の好意をうけていた。ただ政宗は寿庵と親しい石母田大膳宗頼を介して、㈠宣教師に宿をかさぬこと。㈡キリシタンを他人にひろめぬこと。㈢領主からキリシタンをつづけるゆるしをうけたことを秘密にすること。の三点について警告したにすぎなかった。

しかし、元和九年(一六二三)幕府のキリシタン禁絶の政策が強化され、政宗もこれに従わざるをえなくなった結果、寿庵にたいしても強硬な態度でのぞまざるをえなくなり、棄教を命じ、説得につとめたが、無駄におわった。

「事ここにいたっては、せんかたなし」と政宗は、茂庭周防をはじめ他の家老に命じて、寿庵とその領内の宗門改めを強行することになり、奉行と役人を寿庵の領内の町村落へ派遣した。

寿庵は、捕吏のくるのを察し、信仰のために一切を棄てて南部領へ亡命した。時は元和九年(一六二四)十二月下旬のことであった。

後藤寿庵像

伝道の盛衰

さて、話は前へ戻るが、津軽の流人信者の慰問が起因となって、元和元年（一六一五）の春、アンゼリスが仙台へきた。それについで、元和三年（一六一七）に、ポルトガル人で、アンゼリスと同じイエズス会司祭カルバリオ（Diego de Carvalho）が応援にきて伝道に従事し、またイエズス会とは別に、ソテロと同じ会のフランシスコ会からも、ガルベス、バラハス、パロマレスなどの神父たちが、ぞくぞくと仙台へやってきて、伝道に従事するようになった。

元和六年（一六二〇）支倉常長が、ローマから帰朝した年は、東北地方におけるキリシタン伝道の最盛期と見なすべきときであるが、この時はまた仙台藩にも、迫害の嵐が吹きはじめたときでもあった。

イエズス会には、アンゼリス、カルバリオの二神父のほか、アダミとそれにマルチノ式見（日本人）の二神父が加わり、盛んに活躍していた。

さらにフランシスコ会でも、すでに仙台にきていたガルベスのほかにバラハスも加わり、伝道に従事したので、伝道はいっそう活潑化した。

元和六年（一六二〇）度のイエズス会の年報に、「奥州には、パアデレ（神父）アンゼリスと、カルバリオとが、相変らず滞留して祕跡（カトリック教会の典礼）をさずけ、わずか数カ月の間に、この地方の面目を一新せしめた。もちろん、このために堪えしのんだ艱難苦労は、大きかったが、デウス（神）からの慰めによって、じゅうぶんにむくいられた。洗礼の水に清められた（洗

後藤寿庵の開いた用水堀（寿庵堰）

礼をうけた）人の数は、九百六十六人にのぼった。」と報告しており、教勢のいちじるしい発展をものがたっている。

ところがこの元和六年、キリシタンにたいして、寛大であった政宗が、幕府の弾圧政策に抗しきれず、支倉常長がローマから長崎に帰着したのを機会に、迫害を開始し、まず三カ条の命令を発布した。

第一、キリシタン宗は、在来天下の厳禁するところである。この国禁をかえりみず、同宗に帰依せる者は、すみやかに棄教転宗して、ひたすら国法をじゅんぽうすべきである。いやしくも、この掟を守らざる者あるにおいては、財ある者はことごとくその身代を取りあげて追放し、財なきものは死罪に処す。

第二、キリシタン信者を訴え出ずる者は、その品により、金品又は、役儀を恩賞として与えられる。

第三、すべてのキリシタン教師は、信仰を棄てざるかぎり、領内より退去すべし。

というのであった。

幕府がキリシタン禁制の政策をとっているときに、宣教師に伝道のゆるしを与えたり、幕府の了解を得た上ではあるが、ローマ法王へ使節を派遣したりなどして、キリシタンの保護者とも思われた政宗が、元和六年支倉がローマから帰ったのを機会に、急に態度をかえて迫害を開始したことについて、「政宗自身としては、迫害をはじめる考えはなかったのだが、ただ幕府への体面をつくろうため、形式的に禁令を出したにすぎない。」と言う史家もあるが、しかし、この年から政宗も迫害を開始したという事実は、疑うことができない。

同年十一月六日、水沢において、ジョアキムとアンナ・トマスという同名のキリシタン二人、別に名の伝わっていないキリシタン二人、あわせて六人が、弾圧開始の血祭りにあげられて殉教した。

このようにして、仙台藩でもキリシタンの弾圧が、次第にはげしくなっていった。

しかしその一方、神父たちの伝道活動はいっこうに衰えを見せなかった。イエズス会では、奥州・出羽・越後・佐渡・蝦夷（北海道）を一教区とし、アンゼリス神父の指導のもとに、同会の神父たちが、それらの地方へ巡回し、またフランシスコ会においても、ガルベスやバラハスが、東北地方で活躍していた。

元和九年（一六二三）、秀忠が隠退して家光が将軍に就任するや、キリシタン禁絶政策をいっそう強化し、まず、長年にわたって仙台を中心に、東北地方の各地で活躍したアンゼリスと、ガルベス神父をふくめた五十人の信者を逮捕して、江戸で火刑に処し、全国の諸侯にたいして、キリシタン禁絶の厳命をくだした。

家光のこの厳命が仙台にもひびいて、元和九年の暮、カルバリオ神父が逮捕され、寛永元年の旧の正月四日（一六二四年二月二十二日）仙台で殉教、また元和九年の暮、東北キリシタンの代表者と見なされていた後藤寿庵が、信仰のために、地位や財産など一切を棄てて、南部領へおもむくという殉難があった。

さらに仙台では、寛永元年（一六二四）二月一日、マルコ賀兵衛とその妻マリアとが火刑で殉教、これとは別に同日ではなかったが掃部《かもん》とその子パウロ三九郎父子二人が、やはり火刑で殺され、ペトロ金蔵は斬首されて殉教。二月十日、ジアン安斎とその妻アンナ、親戚のアンデレア市右衛門、ジアンの僕ルイスの四人が殉教した。また登米《とよま》（宮城県登米郡登米町）でも、シモン彦右衛門と妻モニカと、その子（名は不明）が斬首殉教、薄衣《うすきぬ》（岩手県東磐井郡薄衣村）でも、ガスパル市右衛門の殉教があった。

ガルバリオ神父

カルバリオ神父ほか八人の殉教

カルバリオ神父ほか八人の殉教は、仙台藩でおこなわれた数多い殉教のうちでも、もっとも有名であり、またこの殉教の事実を裏付けする日本側の古文書が、発見されている点でも名高いので、これについてすこし述べることにする。

キリシタン迫害の嵐が、ようやく仙台藩にも吹きすさんできた元和九年（一六二三）の暮、カルバリオ神父は、見分《みわけ》＝三分（岩手県水沢市福原）の後藤寿庵の館で、寿庵らの信者とともに、楽しくクリスマスを祝った。ところがこのクリスマスから間もなく、茂庭周防たちから派遣された逮捕の役人たちが、見分を襲ってきた。

カルバリオ神父は、寿庵に類をおよぼさないために、見分をさり、二人の信者を従えて、見分の西北約二十八粁、胆沢川の上流、奥羽山脈の谷間にあたる下嵐江《おろしえ》の銀山にのがれ、マチヤス伊兵衛という著名なキリシタンをたより、身をかくした。

ここに集合したキリシタンは六十人ばかりであったが、

寿庵が南部領へ亡命したことを耳にし、捕手の目をくらますために、谷間を退いて、カルバリオ神父の隠家に密接させて小屋をつくり、そこに潜んだ。しかし、雪の上に点々とつけられた足跡から、ついに発見され、神父をはじめ、宿主マチヤス伊兵衛と伝道士として神父をたすけてはたらいていたポーロ金助、その他の多くのキリシタンは、進んで縛についた。逮捕されたキリシタンたちは、手を縛られ雪路を歩かせられながら見分へ曳かれた。

その翌日、手を縛られ、キリシタンという小旗を肩につけられたキリシタンたちは、徒歩で水沢へおくられたが、ちょうどこの日は大雪で、歩行は困難をきわめ、ことにアレキシス孝右衛門とドミニコ道斎という二人の老人は、皆と一緒に歩くことができなくなったため、雪路に坐らされ首を斬られた。そのうちに夜になり、役人たちは神父を自分らの館に引き入れ、

「日本全国で、このように大きな騒ぎをひきおこしているキリシタンの教は、どんなものかを知りたい」と言いだし、神父にたいして質問をはじめた。

役人「神父たちが、日本の国を奪おうと謀っているとのことだが、それはほんとうか？」

神父「私たちが出てきたヨーロッパには、金銀珠玉その他の宝が山ほどあります。それなのにこのような遠いところへ、三カ年もの長くて困難な旅行をして、わざわざやってくるということがあるとしたら、愚かなことです。神父たちが迫害されて殺されるのは、ただ宗教のためだ、ということは誰でも皆知っています。賢明な人なら、神父たちがこのように生命の危険をおかして、日本へわたってくるのは、日本人の魂に救いを与えるためで、決して国を奪うためではない、ということは、容易に判断することがおできになると思います。」

翌日もまた、昨日と同じく、手を縛られ肩には小旗をつけられて、雪路を歩かせられて水沢に着いた。

水沢では、町民の見せものにするため、家に入れず、雪が荒れている広場に立たせたまま、夜までうち捨てておいた。そして、弱り果てたと思われる頃をみはからって、笹岡備後と橋本豊後という二人の役人がやってきて、

棄教をすすめたが、応ずる者が一人もなかったので、キリシタンたちは仙台へおくられることになった。

それは二月十日のことで、カルバリオ神父だけは馬に乗せられ、他の者たちは皆徒歩で、縛られたままひかれてゆくのであった。途中で一行にゆきあったミカエルというキリシタンは、非常に感動し、役人にむかって、

「私もキリシタンです。どうぞ縄をうって一行にお加えください」

と願い出たが、他の藩の者であったため、取りあわなかった。

雪と悪路と寒さのため、キリシタンの苦しみは非常なものであったが、神父は一同をはげまし、祈りをとなえながら勇ましく進んで行った。

ミカエルが一行に加えられたいと願い出て、拒絶されてからしばらくして、ジュリアノ（次右衛門）というキリシタンが、一行に加えてほしいと願い出た。領内の者であったから願いがゆるされ、縄をうたれて一行に加えられたが、この出来事は曳かれてゆくキリシタンにとって、大きな喜びとなった。

水沢から仙台までの約一二〇粁の道を曳かれて、仙台についた九人のキリシタンたちは、奉行茂庭周防にひきわたされ、藩の牢にうちこまれた。

やがて、拷問にかけられる旧暦の大晦日《おおみそか》にあたる二月十八日となり、広瀬川大橋下の下流の川岸に、深さ二尺、周囲に木柵をめぐらし、まんまんと水をたたえた水籠がつくられた。

カルバリオ神父をはじめ、ほか八人のキリシタンたちは、牢から引き出され、裸にされて水籠の中に坐らされ、別々に棒杭に縛りつけられた。

吹きすさぶ朔風の中に、信者たちをはげますカルバリオ神父の凛烈な声がひびき、それに応えて、信者たちの「イエズス・マリア！」の祈がひびく。

このようにして捨ておかれること三時間、日が西山に傾くにつれて、一段と寒さが加わり、水籠の水が凍りはじめた。

刑吏たちは、

「キリシタンの信仰をやめれば助けてやる、早くやめろ!」

と棄教をせまったが、

「合点いたさず、」

と言い張って、誰一人として弱音を吐く者がいない。そのうちに、マチヤス次兵衛とジュリアノ次右衛門の二人が息をひきとったが、刑吏たちは、残酷にもその死骸を、その場で、ズタズタに切断して、川に捨てた。生き残った七人は水牢からあげられ、縛って牢へつれもどした。

二月二十二日、生き残った七名は、牢から引き出され、ふたたび水籠に入れられて、長時間水責めにされた。

夕方になり朔風に雪を混え、寒さが一段ときびしくなるにつれて、ついにレオ佐藤今右衛門をはじめとし、次次に、

「イエズス・マリア!」

の名をとなえながら、絶命。カルバリオ神父は、信者たちの健気な最後を見とどけた後、なお数時間も生きながらえ、真夜中にいたって絶命、宗教家として美しい最後をとげた。

仙台のキリシタンの末路

後藤寿庵の殉難と、カルバリオ神父らの殉教があってから後、宣教師たちは、もはやおおびらに伝道できず、人目を避けて、信者の家々にとまりながら、かくれて伝道に従事するようになった。

寛永二、三年(一六二五、六)頃から、東北地方にかくれて、潜行的伝道に従事した宣教師は、イエズス会のジョワニ・マテオ・アダミ、フランシスコ・ボルドリノ、ジュアン・ポルロ、マルチノ式見、木部ペトロ、ジュアン、フランシスコ会のディエゴ・デ・サンフランシスコ、フランシスコ・バラハス、フランシスコ・デ・サン・アンデレ、ベルナルド・デ・サン・ホーゼ、アウグスチノ会のフランシスコ・デ・ヘズス、ドミニコ会のルカス・デル・エスピリト・サントなどの人々であった。

このうちで、ルカスは、ただ一回、東北地方を遍歴しただけにとどまり、フランシスコ・デ・ヘズスは、東北

地方を去って長崎へ帰り、ディエゴ・デ・サン・フランシスコも、寛永六年（一六二九）最上をひきあげて大坂へ去った。フランシスコ・ボルドリノは、カルバリオの殉教後東北にきて、仙台で布教に従事していたが、寛永十年（一六三三）死亡した。

主として会津若松で布教に従事していたジォワニ・マテオ・アダミは、寛永十年長崎で殉教、ジュアン修道士も、同年江戸で殉教した。

フランシスコ会の宣教師のうちで、最後まで東北地方にとどまって、活躍していたのは、ベルナルド・デ・サン・ホーセと、フランシスコ孫右衛門だけであった。

寛永十四年（一六三四）に起きた島原の乱は、キリシタン弾圧政策を徹底させるため、幕府に絶好の口実をあたえた。幕府は、「鎖国令」を発する一方、キリシタン禁絶方針をいっそう強化し徹底させた。

当時仙台藩では、伊達政宗が寛永十三年に薨去し、その子忠宗が封をついでからわずか二年を経たばかりであったが、忠宗は、

札

一、伴天連訴人　黄金十枚
一、いるまん訴人　黄金五枚
一、きりしたん訴人　黄金三枚
右訴人仕候者、たとへ宗門たりといふ共、宗旨をころひ申出るにをゐては、其科ゆるし、従江戸御ほうびの外、此金子可被下旨被仰出者也、依如件

寛永〇〇年〇月〇日

津田　近江
茂庭　周防

という高札を、藩内の隅々にまで立てて、幕府の命をいっそう忠実に実行した。

キリシタン捜査を徹底させるために、幕府では五人組制度を定め、全国の各藩に励行させたが、仙台藩では、寛永十二年（一六三六）からこれを励行した。

寛永十五年（一六三九）の早春、仙台で潜行的に活動していたジュアン・バプチスタ・ポルロを江戸で訴人したものがあった。幕府から二回も奉書をうけた仙台藩で

は、さっそく渡辺吉内を逮捕し、その後極力捜査につとめて、ポルロ神父ともっとも関係深い盲人で喜斎というキリシタンを、白石と苅田郡宮村との間で捕え、ポルロ神父の捕縛は、時間の問題となったが、ポルロ神父は、かつて後藤寿庵にたいして、最後まで好意をよせてくれた石母田大膳に自首して出た。

ポルロが自首するとともに、仙台で、木部ペトロと、マルチノ市左衛門（マルチノ式見）という二人の日本人神父の捕えられたことが、「契利斯督記」にのっている。ポルロ神父は江戸へ送られて、きびしい取調べをうけたが、その白状にもとずき、彼の伝道の補助者であった同宿孫左衛門も召捕られて江戸に送られた。

孫左衛門もポルロ神父と同様、拷問の苦しみにたえかねて、棄教し、寛永十六年（一六三九）閏十一月閣老にたいして、仙台にはまだフランシスコ孫右衛門という神父が、ひそんでいることを白状した。

そこで幕府は、さっそくフランシスコ孫右衛門を逮捕するよう仙台藩に奉書をおくったが、藩では非常におどろき、仙台城下全域に見張りを立てて包囲するといった厳重な捜査をおこなったが、なかなか検挙するにいたらず、藩主忠宗は鷹野にも出ないで、自ら指揮するという緊張ぶりであった。十一月二十一日幕府の奉書あってから二十七日を経た十二月十九日にいたって、大籠の左沢（岩手県東磐井郡藤沢町大籠左沢）でついに逮捕することができた。召捕られたフランシスコ孫右衛門は、江戸へおくられ、翌年火あぶりの刑に処せられて殉教した。

この頃から大籠・馬籠などの仙北地方のキリシタンにたいして手入りがはじまり、寛永十六年（一六三九）に三十六人、八十四人、翌十七年に九十四人、その他を合せて合計三百余人が、大籠部落の地蔵の辻・上野・祭畑、トキゾウ沢などの刑場で、集団処刑をうけ、殉教者たちの鮮血が、水清い二股川を紅に染めた。

さて、フランシスコ孫右衛門の逮捕後、しばしばキリシタン訴人が出て、そのため仙台城下の牢獄には、多くのキリシタンがつながれるにいたった。寛永十七年（一六四〇）三月一日についで、同月五日には、これらの入牢者中四十三人が処刑をうけた。このほかにも、入牢したキリシタンで処刑されたものが多くあり、またその他にも、寛永十六年（一六三九）栗原郡で女が一人打首となり、同二十年（一六四三）胆沢郡で男一人が釣殺しにされるなど多くの殉教があって、慶安二、三年（一六四九、五〇）頃までには、仙台藩のキリシタンは、ほとんど全滅されつくしてしまった。

二　人物略伝

後藤寿庵《ごとうじゅあん》

伊達政宗の武臣で、仙台初期キリシタンの代表者とみなされている人。

寿庵の家柄や青年時代までの伝記については、厳密には未詳で、かずかずの説があるが、一説には、「寿庵は陸中藤沢（岩手県東磐井郡藤沢）の城主岩淵秀信の次男で、幼名又五郎、天正年間、豊臣秀吉の軍のため、葛西氏と共に岩淵氏も滅ぼされるや、流浪の身となり、慶長初年九州の長崎にあり、キリシタンに投じたが、慶長二年の迫害で、五島の宇久島へ逃れ、同地で洗礼をうけて寿庵となのり、地名をとって五島と称した後、支倉六右衛門の紹介で、伊達政宗の家臣となり、胆沢郡見分で千二百石を与えられ、当時江刺郡三照村の領主後藤孫兵衛の義弟となり後藤と改めた。」

また一説には、

「伊達氏の家臣後藤孫兵衛信安に二子があり、長男を彦太郎信秀と言い、二男を彦太郎秀基と言った。二男の秀基は織田信広に仕え、戦死した。秀基が戦死した時、秀基には四郎左衛門信道という長男があったが、秀基の兄信秀に家嗣がなかったので、この信道を養嗣子として後藤氏を継がしめた。この信道の子を四郎兵衛信家と言ったが、この信家が寿庵の父である。ところが寿庵がキリシタンになったので、家を嗣ぐことを避けて家を出た。

寿庵はどこで誰から洗礼をうけたかは明瞭ではないが、慶長十六年（一六一一）はじめて仙台へきた宣教師ソテロからだ、と考えるのが妥当のようである。」

という主な二つの説がある。

さて寿庵は、慶長十六年（一六一一）、伊達政宗の家臣となり、見分（水沢市福原）の地に封ぜられ、千二百石を賜わった。慶長十九年（一六一四）の大坂冬の陣には、藩主政宗の召に応じて従軍し、鉄砲六十丁組を指揮したが、元和元年（一六一五）の夏の陣にも従軍し、鉄砲百丁組の指揮にあたった。

ソテロ、アンゼルス、カルバリオなどの宣教師をたすけ、伝道に力をつくし、胆沢郡を中心に近隣一帯にキリシタンをひろめた。

元和七年（一六二一）、奥州の信徒からローマ法王パウルス五世へ、前年の教書にたいする奉書をおくったが、信者代表十七名の筆頭に署名している。

元和九年（一六二三）十二月下旬、信仰のために一切を捨てて、南部領へ亡命した。亡命後の寿庵の消息と、最後については明瞭でない。

宮城県登米郡東和町米川《よねかわ》の西上沢《かみさわ》に、後藤という家がある。

この地に伝わっている言い伝えによると、この家は、寛永年間に南部から亡命してきたキリシタン浪人（寿庵）の子孫で、先祖はこの地に住んだが、発見されて死刑に処せられた、と言い伝えられている。

なお、寿庵がまだ見分にいるとき、胆沢川の水を引いて、原野を開拓しようとして、元和三年（一六一七）に着工した巨溝は、「寿庵堰」とよばれ、今日でも、胆沢郡（岩手県胆沢郡）一帯一万余町歩の水田をうるおしている。

支倉《はせくら》六右衛門（一五七一〜一六二二）

洗礼名フェリペ・フランシスコ、姓は平氏、名は常長、初め与市、次に五郎左衛門、後に六右衛門と改む。父は山口飛驒守常成、常成の兄支倉紀伊守時正に、子が無かったので、六右衛門を養子とした。

支倉家の養子となって後、伏見の藩邸詰めとなり、文禄元年（一五九二）朝鮮役、政宗に従って渡海、戦功あり感状をうけた。慶長元年（一五九六）養父紀伊守時正に実子生れ、ついでまた次男出生、そのため、六右衛門は別家となった。

慶長十八年（一六一三）政宗の命をうけてローマへ派遣され、時の法王パウルス五世に謁して使命をはたし、元和六年（一六二〇）帰国した。帰国後の消息と最後については、諸説があるが、もっとも有力な説によると、「帰国後一年、病を得て元和八年（一六二二）七月一日逝去（五十二歳）、仙台の光明寺に葬られた」といわれている。

ソテロ（Sotelo, Luis・一五七四〜一六二四）

イスパニア国人、フランシスコ会司祭、天正二年（一五七四）イスパニア国セビリア市の名家に生れる。サマランカ大学に学び、フランシスコ会司祭となる。慶長五年（一六〇〇）フィリッピンにきて伝道に従事した。慶長八年（一六〇三）の八月末日本（関東）へきた。

ソテロは、江戸・府内・大坂・浦賀に教会と修道院を建て、また浅草にはライ病院を設けた。ソテロの病院ではたらいていた修道士が、政宗の侍女の難病を全快させたことが起因となって、政宗に近づくようになった。

慶長十八年（一六一三）のはじめの迫害で、ソテロも逮捕されて死刑の宣告をうけたが、政宗に救われて仙台へきて、政宗の遣欧使節問題で活躍、使節支倉六右衛門はじめ、随行全員百八十人、ソテロは助言者兼案内者となって、慶長十八年（一六一三）十月二十八日（陰暦九月十五日）月浦（石巻市月浦）を出帆した。使節一行は、元和元年（一六一五）十月二十五日ローマに到着、十一月三日法王パウルス五世に謁見した。

支倉はローマ市民権をさずけられ貴族に列せられ、随員七人もまた市民権をうけた。帰国の途につき、難航の末、元和三年（一六一七）七月二日ソテロは日本人随行者と共にマニラに到着した。ところがオランダ艦隊来襲の報が伝わり、事態がふんきゅうしたため支倉の出発がのび、便船でようやく元和六年八月二十六日帰朝した。

ソテロは支倉と共にルソンまできて、日本のキリシタン禁制が厳しくなったときき、支倉出発の後しばらくルソンにとどまっていたが、元和八年（一六二二）に日本へ渡航し、長崎で捕えられて牢に入れられ、そこから大村の牢へうつされ、監禁二年の後、寛永元年（一六二四）八月二十五日火刑に処せられて殉教した。

アンゼリス（Girolamo de Angelis）

イタリア国人、シチリア島に生れる。十八歳のときイエズス会に入会、ポルトガルで司祭の位をうけ、インドのマカオにきて伝道に従事したのち、慶長七年（一六〇二）日本にきた。

一カ年を日本語の学習に費した後、伏見に修道院をつくって院長になった。それから間もなく江戸に出で、そこに修道院を設立する仕事をはじめた。しかし、土地の買収を終えたその日に、家康の宣教師追放令が出たので、江戸を去って駿河に退き、京都へ行き、他の宣教師たちと長崎で落ち合い、そこにかくれていた。元和元年（一六一五）の春、津軽へ流されたキリシタンを慰問するため仙台へき、仙台から水沢を経、奥羽山脈を越えて、出羽（秋田）の仙北（横手市附近）へ出、さらに出羽と津軽の境である矢立峠をこえて、高岡（弘前市）につき、流人を慰問した。

仙台藩に、キリシタン伝道のいとぐちを開いたソテロの後をうけて、伝道に従事して多数の信者をつくっただけでなく、蒲生・上杉・最上・南部・津軽・佐竹など全奥州の諸藩、さらに越後・佐渡、日本の外といわれた蝦夷（北海道）までも行って、伝道した。元和七年（一六二一）アンゼリスは、二回目の蝦夷訪問を終ったとき、上長から江戸へ転任を命ぜられ、江戸へゆき、そこにとどまって、江戸市中だけでなく、伊豆や甲斐へも出かけて伝道した。

元和九年（一六二三）の迫害で、十二月四日、ガルベス、原主水ら五十人の信徒と共に江戸で火刑をうけ、五十五歳で殉教した。

カルバリオ（Carvalho, Diego de. 日本名長崎五郎衛門、

一五七七〜一六二四）

ポルトガル国人、仙台で殉教したイエズス会宣教師、文禄三年（一五九四）イエズス会に入り、大学卒業後司祭の位をうけ、支那にわたり、マカオにとどまること数年、慶長十四年（一六〇九）日本へきた。満二年間天草にあって日本語を学んだ後、畿内地方へ行って、伝道に従事したが、慶長十九年（一六一四）の追放令で安南へ去り、元和二年（一六一六）にふたたび来朝、大村に伝道した。同三年奥州にうつり、はじめはアンゼリスと共に働いたが、六年、別れて津軽へ行って高岡の信者を慰問した。その後も数回にわたって津軽のキリシタンを訪問、東北各地へ伝道しただけでなく、蝦夷へも渡って伝道した。九年イエズス会の副管区長に任ぜられた頃から、主として仙台地方にあって、その地方の教化に従事した。当時彼をたすけたキリシタンの有力者は、伊達政宗の重臣後藤寿庵であったので、その領地見分方面は、カルバリオのしばしば訪れたところであり、彼が逮捕されたその年（元和九年）に見分で祝われたクリスマスも、彼の主宰でおこなわれた。

元和九年（一六二三）の暮に逮捕され、寛永元年旧の正月四日（一六二四年二月二十三日）仙台の広瀬川で、水責めにあって殉教した。なお後藤寿庵の「寿庵堰」の建設は、カルバリオの助言によるものと伝えられている。

三　遺跡と遺物

カルバリオ神父外八人殉教遺跡（仙台市大橋下のすこし川下の広瀬川原）

仙台駅から西南約二粁、仙台駅前から出る市内観光バルにのり、大町一丁目下車、徒歩で約五分。なお、附近の米ケ袋鹿子清水には、信者たちが、殉教者の死骸を拾って供養し、地蔵尊を建てたと伝えられている「しばり地蔵尊」がある。

支倉六右衛門常長の墓（仙台市北山の光明寺内）

仙台駅前から北山行バスにのり青葉神社下で下車、徒

ガルバリオ神父外八人の殉教した仙台の広瀬川

歩五分。

なお、常長の墓と称するものが、ここのほか宮城県黒川郡大谷村東成田と、宮城県柴田郡富岡村支倉の二ヵ所にあり、それぞれ真実性を主張しているが、柴田郡富岡村の方は、根拠が薄弱である。

伊達政宗遣欧使節、支倉六右衛門常長一行の解纜の地

（石巻市・月《つき》の浦《うら》）

仙台市から電車（仙石線《せんせき》）で石巻まで一時間四十分、石巻から鮎川《あゆかわ》行のバスに乗り換えて約一時間半。伊達政宗の遣欧使節支倉六右衛門常長一行が慶長十八年（一六一三）十月二十八日（陰暦九月十五日）、遣欧の壮途についた解纜の地として知られている「月の浦」は、石巻の市街地から約十八粁、牡鹿半島の西岸荻《おぎ》の浜港の西北にあり、前面に小鯛島を横えた風光明媚な小湾にある人家四、五十数軒の小漁村で、東郷元師の筆で、「支倉六右衛門常長解覧の地」と書かれた丈余の稲井石でつくられた記念碑が、造船場からすこし離れた海を望む小丘の中

支倉六右衛門常長一行の解纜の地（石巻市・月の浦）

後藤寿庵記念碑（岩手県水沢市福原）

腹に建てられている。

なお、この月の浦には、ローマ行の船を建造した場所だといわれている造船場跡や、南蛮井戸と称する井戸も残っている。

南蛮渡来ぎやまん（ガラス）**の燭台**（松島町瑞巌《ずいがん》寺蔵）

支倉常長が、ローマから持ち帰ったもので、松島の瑞巌寺の宝物として、一般の参観に供している。（瑞巌寺へのコース ㈠仙台から 国鉄仙石線松島行か石巻行電車で約四十分松島海岸駅で下車、徒歩で十分。あるいは仙台駅から松島行のバスで約四十分、松島の瑞巌寺前で下車。㈡青森方面から 国鉄東北本線松島駅で下車、バスで松島まで約二十分、門前で下車。あるいは国鉄東北本線海岸まわりで、新松島駅で下車、バスで五分、門前で下車）

後藤寿庵居館跡（水沢市福原）

国鉄東北本線水沢駅で下車、駅から西南二十町、バスで二十分。居館跡には、昭和六年に建立した記念碑（カンドウ神父作のラテン語の頌徳文のある）が建てられている。

また居舘跡の附近には、教会堂の遺跡であると伝えられている毘沙門堂、クルスバと名づけられているキリシタン墓地、寿庵堰などの遺跡があるほか、キリシタン時代のメダイ（メダル）の遺物がのこっている。

後藤寿庵記念聖堂（水沢カトリック教会聖堂・水沢市横町）

国鉄東北本線水沢駅下車、徒歩で十分。後藤寿庵を記念して、昭和二十五年に建築されたもの。正面玄関上の壁には、「後藤寿庵像」が飾られている。なお、この教会には、仙台広瀬川で殉教したカルバリオ神父の肖像画が保存されている。

仙北のキリシタン遺跡（米川・大籠・馬籠の三カ所に散在しているが、これらの遺跡を訪れるには、いずれも

米川・狼河原地区のカトリック教会

国鉄東北本線新田駅下車、気仙沼行バスにのることが必要である。米川―大籠―馬籠の順となるが、米川までは約一時間半、大籠まで二時間、馬籠まで約二時間半である）

東北本線新田駅から気仙沼行のバスにのって佐沼・米川を通って、二時間ばかりゆくと、岩手県藤沢町大籠《おおかご》に到着する。県境に位置する山間の部落で、宮城県とは小川一筋で隣接している。

バスをおりて、二股川の清流に添うて、さびしい千厩街道を十分ばかりゆくと、急にあたりが明るくひらけて、見あげる丘に美しい尖塔をもった教会堂が姿をあらわす。ここが往時のキリシタン部落であった大籠（岩手県東磐井郡藤沢町大籠）である。

言い伝えによると、永禄年間に、千松大八郎・小八郎という兄弟が、この大籠にきて、鉄の精錬に従事しながら、キリシタンの伝道をし、大籠を中心に、その近郷の馬籠・狼河原などに多数の信者ができ、そのため寺や神社が廃絶したという。

大籠の殉教遺跡地蔵の辻

しかし、千松兄弟については、まだ不明の点が多い。大籠には、寛永十六年（一六三九）八十四人、翌十七年九十四人合計百七十八人が打首にされたという「地蔵の辻」をはじめ、「上野」、「祭畑」などの殉教遺跡、教会堂跡、千松大八郎の墓。それから大籠と馬籠には、キリシタン時代、東北地方における最後の宣教師として、同地区にかくれて伝道に従事していたフランシスコ孫右衛門神父が、潜伏していた穴倉や、屋根裏に中二階のある隠家がのこっている。

それから米川には、享保年代（一七一六頃）に処刑された多数の殉教者の遺骸を埋めたといわれる「三経塚《さんけいづか》」（宮城県登米郡東和町米川綱木沢）の遺蹟や、寛永のキリシタンが盛んであったころ、二股川の上流にまつられてあった不動尊が、川に捨てられ、何時か洪水で岸に漂着した。村民はそれを拾いあげ、そこに小堂を建てて、それをまつったといわれている「流《ながれ》不動尊」（米川東上《かみ》沢《さわ》）の史蹟、米川西上沢《かみさわ》には、後藤寿庵が晩年をそこですごし、最後には、そこで処刑になって殉教したと伝えられている「後藤寿庵の遺跡」（昭和二十七年、地元の人たちが建てた碑がそこに建っている）などの遺蹟がある。

あとがき

本稿は、紙数制限の関係というよりも、筆者の未熟から「仙台藩キリシタン史」のホンの素描、しかもマズイ素描となってしまった。なお、本稿の執筆には、主に次の書籍を参考にしたことをお断りしておく。

主要参考書

「切支丹伝道の興廃」　姉崎正治著・昭和五年・同文館
「カトリック大辞典」（第一巻）　上智大学ヘンデル書店共編・昭和十五年・冨山房
「奥羽切支丹史」　菅野義之助著・昭和二十五年・岩手県学校生活協同組合
「仙台キリシタン史」　只野淳著・昭和三十一年・著者発行
「東北キリシタン史」　浦川和三郎著・昭和三十二年・日本学術振興会
「日本切支丹宗門史」　レオン・パジェス著・吉田小五郎訳・昭和十三年・岩波書店

郵便はがき

112-0014

勝手ながら切手をお貼り下さい

東京都文京区関口
一―二一―一五―四〇二

フリープレス
編集部 行

キリシタン迫害と殉教の記録（下）

ご住所		郵便番号〒
お名前	ご年齢　　歳	1.未婚　2.既婚
ご職業　1. 学生（中学・高校・短大・大学・各種学校）　2. 会社員（事務・技術）　3. 公務員（国家・地方）　4. 自営業　5. 農林漁業　6. 団体職員　7. 教員（小学校・中学・高校・大学・各種学校）　8. 主婦　9. 聖職者　10. その他（　　　）		
ご在学又はご卒業の学校　　1. 大学・高校・予備校・中学校在学中　2. 中学校卒　3. 高校卒　4. 短大卒　5. 専門校卒　6. 大学卒　7. その他		ひと月の読書費　¥

ご愛読者カード

このたびは本書をお買い上げいただきまして、ありがとうございます。あなたと編集局を結ぶ通信欄として活用していきたいと存じますので、ご記入の上、ご投函くださいますようお願いいたします。

〔1〕　この本を何でお知りになりましたか

1.新聞広告(新聞名　　　　　　　　　　　　　　　　　　)
2.雑誌広告(雑誌名　　　　　　　　　　　　　　　　　　)
3.新聞、雑誌の書評、記事で
4.人にすすめられて
5.書店で　6.その他(　　　　　　　　　　　　　　　　　)

〔2〕　この書籍を読んだご感想をお聞かせ下さい

〔3〕　信仰関連のテーマで取り上げてほしいものがありましたら、いくつでもけっこうですのでお書き下さい

〔4〕　社会問題と信仰の関連で関心をお持ちのテーマをおきかせ下さい

〔5〕　その他ご意見ご感想がおありでしたらお書き下さい

◉どうもありがとうございました

南部の切支丹

山田野理夫

伊達政宗の使節支倉常長の訪欧にさきだち、その役割の中心となったルイス・ソテロが仙台城下に二つの教会堂を建て、そのほか秋田・仙北・南部クシヤノカミなどにも会堂を設けたという。

シャルヴォアの「日本キリスト教史」に

「南部の地方はこの国のいちばん北の端にある地で、神の福音の光ももっともおそく受けたのであるが、パードレ・カルワリオ、マテオ・アダミ等の布教によって、おどろくべく盛大で、すぐれたキリスト教会が建設されたものである。数多くの僧侶・神主・高級武士が改宗、キリシタン信徒となり、九州地方の信仰が迫害のために衰亡することになったとき、この南部地方にのがれて、大きく息をつくことになったのである。」

と、しるされてある。

一六二〇年（元和六）ゼズス会年報によると、津軽の流人の慰問の帰途、パードレ・カルワリオは、この南部でキリシタン信徒に洗礼を授けている。この種の記事は散見するが、一六二二年のゼズス会年報にある、日本人のパードレ・マルチノ式見が南部藩の城下盛岡に足跡をしるしたことは注目される。このマルチノ式見の来訪によって布教が押しすすめられたであろうが、審かではない。

殉教としてもっとも知られているものにふたつの処刑がある。すなわち寛永元年（一六二四）南部利直のときのことである。

そのひとつ十一月五日のディエゴ・巳（み）右衛門とトマス弁左衛門の殉教である。

パルトリの「日本イエズス会史」の意訳。

「南部地方の城下盛岡に（このほか）二人の殉教者があります。モエモン・ディエゴとレンザエモン・トマの二人で、この人びとは盛岡の教会の支柱の役割を果していたのです。二人ともすぐれた大工で、領主とその息子から大層気に入られていました。で、殉教に達するまで幾度も棄教をすすめられたのです。しかし、二人は転宗することを拒み、その酬いとしてトマは氷のはった川の中に投げ込まれ凍死させられ、ディエゴは一刃のもとに頸を刎ねられ昇天したのでした。」

もうひとつの殉教はマチア、マダレナ夫婦処刑である。日本名は審かでない。

「このほかに二人、もっとも有名な人びとが同じ盛岡で、この年の夏ということだけで月日を審かにすることはできないが、信仰のために苦難をしのんで天主に輝ける光栄をもたらし、その偉大なる死によって、人びとがその弱さ故に暗くなしていた輝きをふたたび信仰に依ってもどしてくれたのです。この二人はマチアと、マダレナの夫婦で貧しい人びとでした。マダレナは夫マチアと同じように聖なる心のもち主であったばかりでなく、天主を尊ぶ熱にあふれ、また信仰の問題に至っては奉行タクミの前で、恐怖のためちぢみ上って黙し、この蛮人が迫害しているキリストのみ教を弁護するため一言も口を利かない有様をみるにしのびず、じぶんですすみ出で、奉行がすっかりとり乱し、果ては大いに激怒して、非道く打ちたたいてやれと怒鳴り出したほどに落ちつき払ってキリストの教を語っていたのです。

それから夫マチアとともに、ふたつの柱にしばりつけるよう言渡し、日本では夏にはいく日も雨が降りつづけるが、その雨の中で柱にしばられたまま夜も昼も立たせられたのです。二人が刑場に引連れられていく日のこと、その場所にふたつのひかりが天から降ってくるのがみえました。これは異教徒にもみえたのです。そこにしばられてからは、太陽の大きさ位もあったといわれる大きなひかりの玉が二人の頭の上に輝き、それはすばらしいながめでした。奉行もしらせを受けて見物にきていましたが、これにはすっかりあわててしまったのです。奉行はこのふしぎな事件の公表を禁止しました。奉行は更に二人が、顔・頸などが変形するほどにふくれあがっていたのを、なおも縄が肌につよく食い込んで外からほとんど見えないほどにしばったままで、雨の中でむちを加えたものです。しかし、新たな天主の聖寵で、二人は腫（はれ）がなくなり、縄を解くと同時にもとの顔立に戻ったのです。それどころか、夫のそれ以上に変っていたマダレナの顔は以前にもましてうつくしく見えるのでした。

二人の縄を解いたのはそこからやや遠方にある刑場まで連れていくためでしたが、熱心なマダレナはそこまでの途中、あれほど長い時間責めさいなまれてきたひと、またいま刑場にいくひととは想像されないほどに立派な面持ちで、笑顔で教を説きながら歩いていたのです。

刑場に到着すると、マダレナは両肩に乱れている髪を結びなおして刀を受ける身支度を整えて、先に夫マチアの頸の刎ねられるのを見届けると、こんどは、毅然としてじぶんの頸を差出すのでした。しかし命によって大地に腹這いにさせられたのです。その上に一人の下郎が馬乗りとなり、短刀をもって肩先から背中にかけて、掌の長さ位に生き肉を切りとり、立ってみろと命じながらその肉のかたまりをマダレナの目の前につき出したのです。するとマダレナは、よろこばしくって堪らないものをみるような顔で、この肉のかたまりに見入り、天主にむかって感謝の意を表しているのです。更にもう一度大地に平伏させられ、前と同じようにして残っていた一方の肩の肉を切られ、その上、先程と同様なことがくり返えされたのです。二度目に肉を切りとられた直後、地にひざまづき両手を高く天にあげ、両目を上にむけたまま、大そうけんそんな態度で、遠くからでも聞えるほどの大声を張りあげて、じぶんみたいないやしい罪人に対してかくも偉大なおめぐみを賜わった天主に、かぎりない感謝を献げますといったのでした。このような言葉はまだ地では発せられたことがなく、これを最後として頸を差出し、その頸はすぐはねられたのです。

さて、この地方では珍らしい動物として、シナドノ（南部信濃守利直）が檻（おり）の中に入れていた女の虎がおり、これには死刑にされた人の肉を食べさせていたので、今度もマダレナの死骸をこの虎の穴に投げ込んでやったのです。投げ込まれた肉のかたまりをみた虎は奥の暗がりから這い出して、死骸にとびかかってきたのですが、ちょっと臭いをかいだだけで、突然あばれ出し、檻の中で、うなったり、身震いしたりしながらおどりまわり、これをみていたひとが怖ろしさのあまり震え出したほどでした。そして、食に供されていたマダレナの死骸をそこからとり去って相応しい埋葬をしてしまうまでの三日間は、奥の穴にとじこもったきりで姿をみせなかったのです。」

南部藩盛岡に虎のいることについては菅野義之助氏は、「慶長十九年（一六一四）大坂夏の陣後、片桐且元はその領邑茨木を没収せられ、更に徳川家康から大和の郡山に封地を与えられたが、この時南部利直は、茨木の城地受領をうけ、無事任を果して駿府で大御所家康に謁し、復命したのであった。時に家康は、利直の労をねぎらい、カンボチャから献上してある二頭の虎を与えたので、利直乃ちこれを受けて帰国し、盛岡城内鍛冶屋敷（今の岩手公園東側の梅園の地）に檻を設け、他方七十石をこれが飼料に充て、その中一頭は寛永二年に、他の一頭は寛永二十年（一六四三）に倒れたから、このときの迫害には、二頭とも生存しており、このマダレナの記事と符合する」としるしている。

南部藩についてこのほか「年報」にはしるされていないが、寛永二十一年（一六四四）に切支丹改めとして太田縫殿その相手役として和井内久五郎の二人が、刈屋・梁川・平津戸・腹帯そのほか諸鉱山に派遣されている。また岩間佐市・駒木治三郎の二人が滴石・赤沢・久慈などに派遣され吟味役をしている。

そのほか慶安三年（一六五〇）に七蔵・五兵衛なる者が、白根金山の山師久七の配下切支丹長左衛門を訴人、長左衛門はそれをききつけ秋田藩領内に逃れたが、この地で捕えられ、南部藩に引渡となった。で、長左衛門は盛岡城下の町会所で吟味を受けた。この口述書は御徒目付三上多兵衛・田代治兵衛・望月長兵衛によって、幕府に届出なされた。長左衛門は拷問を受けたという。三月十九日のことである。翌二十日には長左衛門の子半三郎も小高の刑場で斬首された。訴人七蔵・五兵衛の二人も切支丹信徒であったが転宗しているので賞金三十両を与えられたが、全金山の共同監視の条件が付いている。切支丹長左衛門は江戸に引立てられたが、転び、で、慶安五年赦免となり、その六月盛岡城下に戻ってきたという。

このような切支丹訴人で異例のものに天和二年（一六八二）の場合がある。

江刺家市左衛門の足軽彦右衛門は、禄少なきため孝養ままならず、じぶんで切支丹信徒なりと、偽わり訴え、賞金を親に賜わりたいと願出たが、吟味の結果偽訴なりとわかった。しかし、その孝養の故、罪を免じ、米十駄を与えた上、盛岡城下の本誓寺に寺預けになった。そのあと彦右衛門は出家したという。

南部藩における切支丹信徒の最後の処刑と思われるものは寛文五年（一六六五）の殉教である。

盛岡城下河原町に材木商与兵衛なる商人がいた。京都須原の生れという。この者はひそかに切支丹を信じていたが、ことあらわれて捕えられた。転べ転べと拷問されたがこれに従わず小高の刑場で処刑された。首は街道に梟された。この与兵衛の娘艶は、盛岡城内に、お末女中としてつとめていたが、父の死をあわれと思い、夜ひそかに父の首を盗みとり、川原町円光寺をおとずれ、住職に回向を乞うた。住職はその願を入れ、与兵衛の首を寺内に埋葬してとむらった。艶はあくる朝、奉行所に自首したが、その孝養によって罪を免ぜられ、藩主南部行信の側室となった。後年行信死歿すると、髪を剃って慈恩院と称し、その所生信恩が後をつぎ、南部家三十一代当主となると円光寺に寺禄五十石を寄せているという。

南部の切支丹で興味を惹くものは秋田藩境の事件である。

南部領内鹿角郡と秋田藩内大館との境界争いは慶長十四、五年頃より起っていた。島原の乱が落着すると、切支丹信徒はこの境界争いの山の中に籠ったという風説が流れた。これが江戸幕府に報告されると、南部・秋田の両藩に詮索を命じた。で、両藩ではその命に従い詮索を開始したのである。寛永十五年（一六三八）十二月十三日のことである。この日の払暁人数四百人ばかりの者が、秋田領籠谷村から南部領大地村に向けて越えてきた。

「各切支丹人数にて脇道へ掛り欠落致候やと、当領内（南部）所々に差置候張番之者共見付候てとかめ候は、山中迄切支丹御せんさく強く、明日は秋田領南部領双方奉行各出合御せんさく有之所、夜にまぎれ大勢参候は何者にて候哉不審にて候間、急度名のり候へと申候得共、百姓共申分にてなのり申敷と、種々悪口申に付て不審に存、大地村百姓共と同所給人毛馬内権之助と申者、召仕三人折節居合候同心五十人棒を持向い、御法度つよき折柄に候間是非名乗候へと申候得共、槍のさやをはづし刀を抜き、此方の者共押払申候に付、狼藉成儀扨は切支丹にて可有之候間、五人も三人も搦捕候へとて棒にて打立候へとも、大勢の者槍・刀をすて逃惑申候間、そもそも此方狼藉にては無御座候、互に申合候日限を違へ、夜中に参候故之仕合に御座候」

と南部藩の記録にあるが、秋田藩の記録には

「此時切支丹教徒南部境上の深山に籠り居るの聞え有り、大館より中田又右衛門・安土三左衛門・杉山弥右衛門等足軽二十人を率ゐ籠谷村に赴く。南部の検使も亦来りて同領大地村に有り。十四日を期として双方より教徒を狩立つべきを約し置きたりしが、前夜に至り南部の衛士三百余人押掛来る。中田等槍を横へ袈裟掛阪に追ひ返せり」

と、その手出しは自藩に有利にしるされているが、この結果、翌十七年大地村の給人毛馬内権之助は領地没収、南部藩士島田玄蕃・和田五郎左衛門・相馬嘉兵衛等は切腹、百姓五人斬罪、しかしこれに対し南部藩は不服を訴え、よって翌十八年幕府は更に秋田藩士中田又右衛門・安土三左衛門・杉山孫右衛門に対し「槍を以て激撃せし」によって三人に切腹を命じ、ここに事件の落着をみるに至ったのである。切支丹信徒詮索にからむ境界争いである。

悲惨なるものに寛永二十一年（一六四四）八月二日の記録がある。

盛岡城下紺屋町に住む惣七は切支丹信徒として江戸において訴人された。その子喜善という当年十六歳の少年は切支丹の子なるが故に、惣七同様入牢となった。この

牢内に市左衛門なる狂人がおり、喜善を打擲して死に至らしめたというのである。自領内より切支丹信徒を出すことを嫌ったが、幕府への直接の訴人の場合は手のつくしようがなかったものである。

訴人の例。「寛永中切支丹之者御せんさく之事」より。

覚

一　北九兵衛大工九蔵
一　盛岡おなか町すみ清左衛門子まん
一　正雲　右召仕只今は聟四郎左衛門と申候与作
一　新田弥一郎内新田東膳
一　花巻高木村次郎兵衛
〆五人

右之者其元に被二指置一其身慥かにきりしたんに而候哉、若又申わけ相立不レ申候者、拷問候而能々せんさく之上、様子相尋可被申候上

正月九日

美濃部　甚

松岡　藤

石亀　七左衛門殿　　檜山　五左

（略）

またの例

（前半欠）

五十余に罷成候以上

此のもの御せんさく可レ被レ成候

南部

助三白状　　九左衛門

同子　まん

此者盛岡に罷在候をや子共にきりしたんにて御座候。年四十四五に罷成候。九左衛門女房も類門にて御座候。八年以前南部御せんさくの刻野部沢江欠落仕、二三年過盛岡に女房有之に付、忍候而参候。我等継父は切にすすめ申候。以上

此者御せんさく可レ被レ成候。げに／＼無之候者村中町すみ清左衛門子まん事にても可有之儀も候はんや。

右白状之御書付、昨日従二井上筑後殿一御越被レ成、此者共御せんさく候而、其元に而籠舎に御申付めん〳〵の様子一々御書付為二御登一候而、筑後共へ越候へと筑後殿被レ仰候間、左様に御心得候而白状と相違之処又は其居不レ申候か、前々御せんさくに出申者にて候か、それ〳〵に具に御書付為二御上一可レ被レ成候。則其書付筑後殿江上げ可レ申候。妻子等之儀あと〳〵出申きりしたん妻子同前に可レ被二申付一候。以上

卯月十三日

美濃部甚左衛門
松岡　藤右衛門
（略）

檜山　五左衛門殿

（略）

南部藩も他藩同様、島原の乱以後、切支丹信徒は影をひそめて衰滅していったのである。なお奥羽地方の切支丹布教者として著名な後藤寿庵は寛永元年（一六二四）南部領に去ったが、その行衛については審かでない。寛永十二年（一六三五）の南部キリシタン文書中、寿庵弟子なる名がしるされておることより、逃亡後も布教を続けたものであろうか。

むすびとして「南部領内きりしたん宗旨改人数之覚」を鈔録。

一　壁塗善兵衛　生国伊勢のもの
一　同女房
一　同子善九郎
一　下人仁右衛門　大阪のもの、大阪にてキリシタンに成由
一　やねふき市助　大阪のもの、伊達領水沢寿庵弟子
一　やねふき左助　おはりのもの
一　同女房
一　やねふき清衛門　淡路のもの、江戸にてきりしたんに成由
一　十三日町左次衛門　町人
一　同女房同男子一人

（略）

一　大工藤右衛門　伊達領葛西之者

（略）

一　新衛門　小山田村之百姓、伊達領伊沢の内三宅三郎兵衛弟子

一　同女房

一　同母

一　男子二人

一　女子二人

一　同継母

（略）

一　瀬川五郎左衛門　侍、水沢沢寿庵弟子

一　遠山道安　侍

一　同女房　同娘一人

一　同嫁一人

（略）

一　戸来次郎左衛門　侍、遠山道安弟子

一　同女房

一　同男子二人

一　同女子二人

一　同嫁一人

（略）

侍十人此妻子廿九人内男十四人女十六人

職人八人此子七人内男二人女五人外に下人一人

町人十三人此妻十二人内男四人女八人

百姓三十一人此妻子五十一人内男二十一人女四十人

金ほり十二人此妻子二人内男一人女一人

合計百七十六人内男百八人女六十八人

附　本稿は旧仙台領・一関に関わるものについてはふれず。

山形の切支丹

榎本宗次

一　伝道の開始

慶長十九年（一六二四）に行われた切支丹の大追放は、先年幕府がその直接支配下にある旗本や大奥及び直轄地に対して行った局部的な弾圧にくらべて極めて大規模なものであった。即ち幕府は大久保忠隣を京都に派遣し、京阪の切支丹を逮捕して、棄教を強制し、応じない信者を遠国に追放したが、その中には奥州外ガ浜（津軽）に流された七十余名の武士があった。一方、高山右近・内藤如安などの有力な切支丹や宣教師など三百余人は長崎からマニラに追放されたのである。

山形地方（庄内・最上・米沢の各地方を含む）の伝道は他の東北諸藩におけると同様に、この慶長十九年の大追放、特に津軽への追放を契機として開始されたようである。これ以前にも伝道の痕跡がないわけではないが、やはり慶長十九年を劃期とすべきかと思われる。即ち山形地方の伝道は上方や九州で迫害が熾烈に行われつつある頃、津軽訪問の宣教師等によって開始されたのである。

ゼスイット会のジロラモ・デ・アンゼリス等は津軽の切支丹を訪問し、その告解を聴いてやり、ミサ祭式を修してやるために、仙台から水沢を経て出羽の仙北に出て、慶長二十年（一六一五）の春、津軽に入ったのであった。彼の報告書には当時の苦難の様が、まざまざと語られている。

「私は十八日間（仙台に）滞在して、信者たちの告白を聴き、それから後藤寿庵の処へ行きましたが、ここはアラビアの沙漠のようです。旅行の困難と食物の欠乏とについては何にも申上げません。人の棄てたものでも拾って食べたい位です。……（津軽へ参るには）二つの嶮岨な山を越え、怖ろしいほどすべっこい山路、日本で未だ曽て見たこともない程の山路を進まねばなりません。おまけに雪は深く臍までもぬかり、足下は危く、時には転げ落ちて谷底に葬られはしまいかと思われた位です。山頂には一軒の荒屋もなく、食物にありつくことも、宿をとることも出来ません。」

このような困苦と危険を冒して宣教師等は毎年津軽流人の訪問をつづけたのであるが、これが契機となって東北伝道の道が開け、津軽以外の地にも宣教師が頻繁に往来するようになった。元和九年（一六二三）のゼスイット会の報告書には、奥州と出羽には宣教師が四人おり、伊達・蒲生・佐竹の城下に駐在し、毎年米沢や最上の領土を訪問していることを記していることによっても、この間の事情を知ることができる。したがって山形地方の伝道もゼスイット会の宣教師ジロラモ・デ・アンゼリス等によって先鞭をつけられたことは疑のないことであろう。

しかし本格的に根をおろした伝道はフランシスコ会のフランシスコ・ガルベスとディエゴ・デ・サンフランシスコ等によってなされたといえよう。しかしてディエゴ・デ・サンフランシスコ等の伝道の様子は、彼の送った報告書（浦川和三郎氏が「東北キリシタン史」中に紹介された）により、かなり具体的に知ることができるので、しばらくこの報告書にもとずいて伝道の跡をたどってみることにする。

ディエゴ・デ・サンフランシスコはスペインの生れ、一六〇五年フィリッピンに渡り、修錬院長を勤め、一六一二年、日本へ派遣され伝道に従事していた。慶長十九年の大追放の際には長崎の山中に逃れていたが、翌年逮捕されて投獄された。元和二年（一六一六）追放されて一たん国外に出たが、元和四年（一六一八）日本フランシスコ会管区長として再び日本に潜入したのである。彼は、はじめ主として長崎・大阪・江戸において伝道に従事していたが、東北地方の信者等の切なる要請に答えんがため、東北の伝道を決意したのである。それにはフランシスコ会が当時置かれていた立場にもよるものであった。というのは長崎を中心とする西国地方はゼスイット会の根拠地であったから、この地方での派閥争いを避けて、東国に新天地を求めようとしたのである。彼は報告書の中で次のように記している。

「東国の伝道は我会が日本に入ってから始めたのであるから、早く仕事を進め、そしてゼズス会のじゃまをしないようにいたしたい。長崎地方はゼズス会の布教地で、ここで働くのは、彼らと日本の司教との意に反し、彼らに迷惑をかけるばかりである。平和の時に我会の働きは我らの働きとは見えず、ゼズス会の働きとしか思われない。我らは彼らの網を曳くべく頼まれてはいない。かえって禁止されている。それを禁止したのは日本の司教と司教の部下たる司祭たちとである。自分に頼みもしない人の網を曳き、そして自分の網には一尾の魚も入っていないという塩梅である。我らの網を曳いているのは、ただパアデレ・フランシスコとパアデレ・ディエゴだけであって、しかも自分だけはその網を曳き得ないで、助手として我らを呼んでいる。そのためにまた他の理由のために私は東国へ行くべしと決心し、他の修道士をも同伴することにした。旅行は海陸とも困難で、長い日子を要し、特に未信者の間を通過せねばならないので、四カ月の間は毎日デウスに祈り、また他の修道士たちにも祈を頼んだ。」

かくてディエゴ・デ・サンフランシスコは長崎から十三里を隔てた七釜という村に三人のパアデレとその他の乗客とが落ち合い、一六二六年四月八日に首尾よく乗船し、翌朝東国にむけて出帆したのである。

二　荘内地方の伝道

ディエゴ等は、それより一隻の粗末な和船に身を托して四百四十里の海路を突破し、七十三日を費して、当時酒井忠勝の支配下にあった酒田（現在酒田市・羽越線酒田駅）に到着したのであった。酒田に到るまでのコースは次のようであった。長崎―平戸―名護屋―相の島―地の島―肥中―通―萩―浜田―宇龍―美保関―網掛―モロイソ―稲の浦―若狭―小浜―敦賀―アミクニ―福浦―皆月―輪島―蛸島―直江津―出雲崎―新潟―瀬波―酒田。この間七十三日もかかったのは、禁制の切支丹宣教師を乗船させるという危険な仕事の性質上、一たん引受けた日本人の水夫や召使が恐怖心から手を引きはしまいかとあやぶみ、南風の吹き出す一ヵ月も前に出帆したためであった。船中でも水夫等は、大声で話さないようにとか、他の船のものに発見されないようになどと絶えず注意をうながすので、宣教師等の船中での窮屈さは大変なものであった。

酒田に着くと、ディエゴ・デ・サンフランシスコは、まずレオ四郎兵衛を最上につかわして様子を見させ、案内者を送るように頼んだ。案内者がくるまでの六日間は、未信者に発見されないように船内に潜んでいなければならなかった。三人の案内者が到着したとき、ディエゴはベルナルド・デ・サンホーゼと共に夜中、酒田のトマスという信者を訪れ、そこでミサを献げた。そして翌朝夜明けとともに乗船し、酒井忠勝の城下鶴岡（現在の鶴岡市）に向った。鶴岡に着くと、ディエゴもベルナルドも和服こそ着てはいたが、白昼公然と、そこに参集していた信者・未信者の前で下船した。それより、マテオ弥兵衛の家におもむいた。信者の大部分は、まだパアデレに接したことがなかったので、大いに喜び、歓待した。一同はデウスに感謝し、讃美歌を誦え、デウスが彼らに抱かしめ給うた希望を達成することができるように祈った。

鶴岡は当時、藩主の迫害により二百人以上の信者が追放されたばかりであったので、五十人程しか残っていなかったが、ディエゴらの伝道の結果、未信者三十人が「公教要理」の勉強をはじめた。講義は、説教者として、ディエゴにしたがってきた盲人のコスモによって行われた。コスモの講義をきいた三十人の中で、洗礼を受けたのは十六人だけで、残りの十四人は、当時の迫害のはげしさにたじろいで、生命に危険が及ばない時にまでと云って、洗礼をうけることを延期した。

パアデレ・ディエゴは、聖パウロの祝日にミサを献げたあと、ベルナルド・デ・サンホーゼを残して、鶴岡を去り、内陸の伝道へと向ったのであるが、ディエゴは報告書の中で「鶴岡の界隈には大きな村落が沢山あり、デウスの御助によりて多くの信者を得ることが出来よう」

と述べ、鶴岡地方が切支丹の伝道に適した地方であると指摘している。

ディエゴの去ったあと、鶴岡の切支丹はいかになったであろうか。徳川家光が三代将軍を襲職し、各方面にわたって幕政が強化されるに応じて、東北諸藩の対切支丹政策も峻厳化していったのであるが、酒井の荘内藩でも寛永六年（一六二九年五月）迫害をおこして、フランシスコ会員たりしトマス茂助をはじめ、二十人の切支丹を投獄した。彼らは五月から九月までの間に逮捕されたのであったが、威嚇《いかく》や説得にも屈せず信仰を守りとおしたので、信者らは種々の残酷な刑に処せられた。まず酒田において十人の殉教者を出した。その中の一人トマス茂助は焚殺の刑に処されたのであるが、ディエゴ・デ・サンフランシスコら四人が酒田に上陸し、最初に止宿したのが彼の家であった。トマス茂助の妻マリアとその子フランシスコ及びいま一人の幼児との三人は斬首の刑をうけ、またリノ弥助は火刑にされた。弥助の妻とその二子は斬首された。また鶴岡の西二里にある大山（現在大山町、羽越線羽前大山）でも、五人の切支丹が殉教した。即ちディエゴ六兵衛は牢死し、その子ディオニジオ与八は火焙りとなり、与八の妻テクラ、娘コリンタとその弟とは斬首された。

鶴岡城下において信仰に殉じた切支丹は九人であった。その中の一人ステオ弥兵衛（あるいはマテオ）は焚殺された。パアデレ・ディエゴらが初めて鶴岡を訪れたときの宿は彼の家であった。またベルナルド・サン・ホーゼを一カ年間もかくまったのも彼弥兵衛であった。ジョキアムもまた焚殺され、彼の娘で寡婦になっていたマグダレナとその子のシモン及びマンショはそれぞれ斬首された。またジョアン・ハクザエモンとその子ら三人も斬首された。

ところで説教者の盲人コスモはどうなったであろうか。寛永六年（一六二九年五月）荘内における迫害が開始されるや、庄内藩の支配下にあった酒田の奉行も、多くの切支丹を逮捕したが、布教に活躍しているコスモには手をかけなかった。それは彼が医術の知識を持ち、酒田奉行の病や、藩主の叔父の病を癒してくれたため、見てみぬふりをし、棄教した一信者の家に長く隠れていることを許したのであった。ところが、コスモが、その家に隠れているとき、パウロ弥市なるものが山形より酒田におもむき、コスモをより安全な場所に移さんがため、最上にともない行き、かつてパアデレ・ディエゴが住んでいた中野村に庇《かくも》うたのである。しかしこのパウロ弥市とその妻カララは山形の奉行に投獄されることになった。コスモは自分故にパウロとカララをはじめ多くの信者のものが苦しんでいるのをみて、自ら山形奉行所に行き、自首した。酒田の奉行に送致されたコスモは水責の刑を受けて、彼が切支丹に入信させたものの名を白状することを強要された。コスモは奉行自身が、すでに切支丹たることを知っている者以外の名は口外しなかった。よって奉行はその人々を処刑したが、コスモだけは入牢のままにしておかれた。

一方、パウロ弥市とその妻カララは、一たん放免されたが、数日後、山形藩主鳥井忠恒の命により再び捕えられ、棄教を強制された。しかし両人とも、これに応じなかったので、パウロをしたたか打ちたたき、あるいは高く吊りあげてから地上に落すなぞして苦しめた上で、町内を引廻した。カララも腰から上を裸にされて同じく引廻された後、再び両人は投獄された。

三 山形の伝道と迫害

さて、鶴岡を去り、内陸へと向ったパアデレ・ディエゴらのその後の活動はいかがであったろうか。鶴岡より馬に乗って、六里ばかり隔てた清沢という村へ行き、それより舟で清水という村へ行った。この村はかなり大きな村であったが、信者は、ある豪農の未亡人の家夫を勤めているジュアンというもの一人だけであった。その家の召使は皆未信者であったにもかかわらず、ジュアンは、ディエゴと三人の同行切支丹とを宿泊させた。関所通過のために、ジュアンは関守あてに証明書を書いてくれた。

ジュアンにともなわれて五里ばかり馬を馳らせ、船形手形を返さなければならなかった。ところで、パアデレ・ディエゴのこの地方についての興味ある観察記録を報告書中に記している。

「この地方は土地が肥沃で、米と麦を多く産し、高い雪を戴いた嶺から流れ下る大小幾多の河岸には、梨、林檎、胡桃、桃、梅、榛樹、薔薇などが茂っている。最上以北は非常に寒い。国人は尚武的で、農民までが武器を携えている。信者はまた熱心である。土地の人と話をしても、私が外人たることには少しも気づかないらしい。ここでは少し日本風をし、日本語をしゃべれば、日本人と思われるので都合がよい。住民は色が白い。彼らは自国と他国との差別については、さまで注意を払わない。外国人を見たことがないからであろう。」

（奥羽線船形駅、新庄市の南）まで行った。ここで関所

ディエゴ・デ・サンフランシスコは船形より中野村へ行き、ここでディエゴ・デ・ラ・クルスと一緒になった。中野村は山形の二里手前にあるが、山形に入る前に、彼らはここで山形城下の様子をさぐったものと思われる。

ディエゴ・デ・サンフランシスコは、早くから自分の伝道区域として山形を中心とする最上地方を選んでいた。それは最上が、庄内地方と米沢地方及び仙台地方との中間に位しており、他のパアデレたちを援助するにも好都合と考えたからである。即ち山形のディエゴを中心として、酒田にはフランシスコ・デ・サン・アンデレスとフランシスコ・デ・ヘズス、鶴岡にはベルナルド・デ・サン・ホーゼまた、仙台領にはフランシスコ・デ・バラハスとフランシスコ・デ・サン・アンデレスを配置したのである。しかし当時さすがのディエゴ・デ・サンフランシスコもパアデレたちとはなればなれになったことを淋しく感じていたようである。それに大部疲労が重なったらしく、常に息がはずみ、目まいがすると報告書の中に記している。しかし彼の伝道に対する熱意は、いささかも衰えなかった。寛永三年（一六二六年六月）最上に入ってより、翌年の十二月二十六日までに三千人に洗礼を授けたと彼は云っている。しかしこの間、藩主の迫害は

絶えず行われ、生命の危険は至る所に横わっていたのであり、報告書を書きつづけること自体が非常な困難をともなったようである。なお、ディエゴは寛永四年（一六二七）頃の当地の大名の暴政ぶりを次のように報告している。

「当地方大名等の暴虐ぶりと云ったら恐ろしいほどで、農民から十分七を取り立てる上に、種々の賦役を割りあて、その賦役に服する間にも、食物を給しない。ために農民は非常な窮乏に苦しみ、常に殆んど野菜と大麦のみを食し、米や小麦は全然口にすることが出来ない。彼等の土地も家も、残らず大名のものである。子供や妻を四十及至五十レアルで売りとばしているのは毎日のことである。どうしても納税ができない時は――それは屢々のことである――数日間裸体にして、屋外の雨雪中にさらされる。最上及びその附近の国々では十二月から三月の今日この頃までは到る処に雪を見る。何処でも三四パルマは積んでいる。」

この報告書の内容は、国内史料に照合してみても当時の農村の状況の一面を適確にとらえているようである。ディエゴらの伝道はかかる情勢の中でつづけられたのである。

ディエゴ・デ・サンフランシスコは、その後、東北地方で入信させた一万三千人の信者をフランシスコ・デ・バランス、ディエゴ・デ・ラ・クルス、フランシスコ・デ・サン・アンドレス、ベルナルド・デ・サン・ホーゼに割りあて、年長者のフランシスコ・デ・バラハスを一同の首領と定め、寛永六年（一六二九年九月）、三年四ヵ月の間伝道に専心した最上を引き上げて長崎へと向ったのであった。

その後、最上地方の切支丹に対する迫害はさらに熾烈になっていったのであるが、ディエゴの去った翌年の寛永七年には、先に盲人コスモをかくまったため投獄されていたパウロ弥市とその妻カララ、それに六十歳の老人ジョアキムは山形において火刑に処せられた。その時の状況を宣教師の報告は次のように伝えている。

「三人は四ヵ月間入牢し、凛烈なる寒気、その他の不自由を堪え忍んだ揚句、一六三〇年一月十日火刑の宣告を受け、大なる喜びをもて町中を引廻わされ、信者にも未信者にも感嘆された。刑場は市外で、庄内へ通ずる道路の傍に在り、そこに三本の柱を立ててあった。殉教者たちはそれを見て跪き、頭を地にすりつけて敬礼した。獄卒等は三人をそれぞれの柱に縛ってから火をかけた。彼らの体は焼けて、その聖なる魂は求遠の報を忝うすべく天に昇った。この殉教を見物するがために、無数の人々が群集した。ちょうど最上に来ていたフランシスコ・デ・サン・アンデレス師も現場に居合せて、三人の殉教者がデウスへの愛のために苦しむのを親しく目撃した。」

また、これより前、ジョアキムと同じく、中野村に住んでいた盲女のカタリナは、切支丹宗門のすすめを行っていたところを役人に発見され、斬首の刑に処せられた。また山形城下では寛永七年（一六三〇）九人の切支丹が火刑に処せられ、二十六人が斬首されたと云う。この当時山形城主は鳥居忠恒であったが、寛永十三年（一六三六）忠恒が卒し、鳥居氏は山形より信州高遠に転封され、そのあとに保科正之が封ぜられたのであったが、たまたま翌十四年、かの島原の乱がおこり、幕府の切支丹弾圧はさらに峻烈となり、各藩の取締も強化されたのである。特にディエゴ・デ・サンフランシスコが去ったあとこの地方で活躍していたベルナルドとフランシスコ（バラハスかアンデレか不明）の両名を探索すべきことを幕府より厳命された出羽の藩主らは、その詮索に懸命になったのである。ベルナルドは寛永十九年（一六三九）山形で捕えられ、江戸に送られてフランシスコと共に火刑に処せられたのであった。「契利斯督記」にはこのことについて「其後、フランシスコ孫右衛門、ベルナルド市左衛門と申南蛮伴天連二人もかみ（最上）より召とりまいり候、此二人はフラテ（フランシスコ会）にて御座候、是は度々筑後守所にて穿鑿いたし候へども是も出砌未仕様不功者にてころばせ不レ申芝にて火あぶり被二仰付一候由」と記してある。

その後山形における切支丹については、外人宣教師の報告もなく詳細なことは判明しないのであるが、正保元年（一六四四）松平直基が山形藩主となるや、全領内にわたって徹底した切支丹探索を行い、多数の切支丹を投獄したようである。美濃部道義氏が山形地方に現存する切支丹類族帳、切支丹類族死骸請取証によって集計した「正保年間切支丹入牢一覧表」（山形 天主公教会 史）によってみただけでも約四十人の切支丹が正保二年から四年にかけて投獄され、棄教を肯んじないものは一生を牢獄で送ったのであった。なかでも船町村の三右衛門の悴の如きは正保三年（一六四六）投獄されてより貞享五年（一六八八）牢死する迄、四十余年を暗黒の牢の中で送ったのであった。なおこの一覧表により各村毎に入牢者の数を見ると次のようになる。上柳渡戸村四名、六沢村一名、船町村二十五名、楯岡村二名、江股村二名、中野村二名、下東山村一名、双月村六名、陣場村二名、飯塚村二名、山形六名。この中で柳渡戸村・六沢村は、延沢銀山（現在の村山市の東北約十五粁にある）に近接した村である。延沢銀山は康正二年（一四五六）に発見されたと云うが、一時衰頽し、慶長頃より再び抬頭し、寛永の頃には隆盛をきわめたのであった。鳥居氏が藩主であった寛永九年（一六三〇）頃、諸国から集った採鉱人夫その他は二十万人と称され、出羽地方の各藩でも農民が田畑を放棄して銀山に出稼に行くことを禁ずる法令をしばしば出さなければならないほどであった。切支丹の宣教師が鉱山に潜入して布教につとめたことは各地にその例が見られるのであるが、この延沢銀山においても、伝道がすすめられ、多数の信者が生れたのである。正保四年（一六四六）投獄された上柳渡戸村、六沢村の吉蔵・助惣・与八郎らの他にも多数の切支丹が潜伏し、信仰を堅持していたことは、当時の米沢藩の奉行記録である「寄合帳」の正保五年（一六四八）二月五日の条に「きりしたん延沢之改可出との相談」とあり、また「契利斯督記」の「吉利支丹出申す国所の覚」にも「山形多数侍四五人　延沢多数」とあることから知られる。

次に当時、戸沢政盛の領国であった新庄地方についてみよう。パアデレの報告書には、

「本城（陸羽東線らぜんむかいまち）という所で、ジュ

アンとその母マリア、ジュアンとその妻マリア、ジョゼフとその妻マグダレナが同じ日に十字架にかけられ、その子は斬首された。国内の信者はすべて迫害を受け、棄教しないものは追放され、口先きだけで棄教したものも逃げて他領に隠れた。」と記している。この報告書の事柄は果して何年何月のことかは判明しないのであるが、「最上郡史」に「寛永十四年十月、肥前国嶋原に一揆蜂起、政盛の領内耶蘇宗門を改るの処、小国郷百姓一村仙台に立退く、戸沢甚兵衛を使者として遣し、伊達政宗（忠宗の誤り）に托して誅戮せしむ」とあり、宣教師の報告書と通ずるところがあるから、これらの迫害は寛永十四年（一六三七）当時のことを指しているものであろう。

四　米沢地方の切支丹

米沢は上杉氏が、慶長六年（一六〇一）この地に移封される以前、切支丹大名として有名な蒲生氏郷の支配下におかれたことがあったから、領内に切支丹信者が、かなり生れていたと推量される。だが宣教師による伝道は、他の東北諸藩におけると同様に、慶長十九年（一六一四）以降と思われる。元和五年（一六一九）のゼスイット会の年報には「出羽」についての記録があり、また、元和八年（一六二三）の報告には、「奥州と出羽には我会の教師四人あり、三人はパアデレで一人はイルマン、その地方の主なる大名伊達政宗、蒲生飛弾殿、佐竹殿の城下に駐在し、毎年景勝（上杉景勝の領地米沢）、最上の領土及び越後と佐渡のキリシタン、また信仰のため津軽に流されたキリシタンをも訪問している」とあるように、元和年間米沢には未だ宣教師が常駐していなかったが、伝道は行われつつあった。ついで、寛永三年（一六二六）、パアデレ・ディエゴと共に東北に入ったオグスチノ会のフランシスコ・デ・ヘズスが米沢地方に伝道を開始し、この地方の信者の数は急速に増加していったようである。フランシスコ・デ・ヘズスが寛永四年（一六二七）米沢から管区長に送った書簡には、「実際私たち四人がこの地方へ参りましてから六千人近くの人に洗礼を授け、私だけでも千五百人をキリシタンとなしました」と述べている。この記録に照応するかの如く、寛永初年頃、米沢領内には武士と農民を合せて三千人ほどの切支丹がおったと、当時の奉行志田修理義秀が人に語ったと伝えられる。

ところで越後数百万石の領主たりし上杉氏は、慶長三年会津百二十万石に削封され、更に関ヶ原の役後、慶長六年（一六〇一）には米沢三十万石に転封されたのであった。上杉景勝は削封のうらみから二代将軍秀忠の禁教命令があっても切支丹詮索には手を入れず、「当領内には切支丹一人も御座なく候」と答えたと云われているが、削封のうらみもさることながら、幕府権力が未だ東北の諸藩にまで貫徹していなかったゆえに、切支丹対策も手ぬるかったものと思われる。ゼスイット会の報告書にも「上杉景勝は在命中、キリシタンを平穏裡に過させ、将軍の禁教令が下っても、それを励行して家臣を失い、領国を弱体化させようともしなかった」とある。だが元和九年（一六二三）家光が三代将軍を襲職し、各方面にわたって幕制が整備強化されるに応じ、東北諸大名にも切支丹検索の厳命が下り、米沢藩においても、もはや黙認は許されなかったであろうが、「奥州政宗佐竹の領内に残虐なる迫害が猖獗を極めつつある間にも、景勝の領民は天下泰平を謳っていることが出来た」のは、志田修理の如き切支丹に対するよき理解者が藩の上層部におったためであろう。しかし米沢の切支丹の平穏無事も長くつづいたわけではなく、志田修理等の擁護の甲斐もなく、弾圧が開始されようとしていた。フランシスコ・デ・ヘズスの米沢における布教活動は、まさにこの頃にあたっていたのである。

ここで米沢藩における最初の切支丹迫害について述べる前に、フランシスコの書簡により、彼が米沢地方に潜入した当時の苦労をうかがってみよう。一六二七年三月二十六日の書簡には次の如くある。

「この地方は寒気が甚しく、御ミサを行う間に葡萄酒がカリスの中にも瓶の中にも凍る位であります。高い峰は年中雪をいただき、風は氷の様で、また嵐の如く吹きすさびます。私たちの疲労と不自由とは大したものです。巡廻する時はつかまらぬよう、隠れ忍び、警戒を厳にせねばなりません。風雨をよく妨げない、吹きさらしの処に退いて眠につくことも往々あります。私たちが生き延びているのも不思議と思われる程です。」

年中雪をいただいている高い峰とは、飯豊連峰や吾妻の山々を指しているのであろう。さらに書簡は米沢地方の住民について述べ、迫害が眼前に迫ったことを訴えている。

「住民は善良で、洗礼を授けた人々は皆大なる熱心もて救いを求めます。私がキリシタンになした人々は大抵一ケ月で、すべてのオラシヨ（祈禱）を覚えてしまいます。彼らが誤謬を抛棄して聖教を信奉するに至る熱誠を見ますのは浅からぬ慰です。最近将軍は、この地方の諸大名に、霊的盗賊を捜索せよと厳重に命令しました。願わくば、デウスはこうした危険の際、迫害のさなかに我らを助け護り給えかし。でもデウスの御奉仕が要求しますならば、私のアニマ（霊魂）にも、私の生命にも暴君が発見し得るすべての烈火、すべての刑戮をば堪え忍ぶべしと覚悟しています。」

さて寛永四年、奉行の志田修理（寛永八年分限帳によれば知行千石、侍組の三番衆）は藩主定勝より切支丹穿鑿の命を受けたが、日頃から切支丹信者をかくまってきた彼は、かつて景勝が幕府に進言したように、一人の切支丹も見当らないと報告したが、今一人の奉行広居出雲（知行千石、御年寄衆）は家臣中の主だった切支丹を定勝に訴え出たのであった。かくて寛永五年（一六二八）、米沢切支丹に対する迫害は開始され、甘糟右衛門ら六十余名に及ぶ切支丹が、北山原・糠山・進藤ケ台・花沢等で処刑されたのである。甘糟右衛門は当時三百石の知行をうけていた、いわば中堅クラスの武士であり、また切支丹としては、「公教要理」の説教者であり、米沢切支丹の中心人物であった。迫害のおこる前、家老の志田修理をはじめとして幾人かの武士が、「名誉の役に就かしめ、豊富な知行を得させんものと」あらゆる手段を尽して、彼に棄教することをすすめたのであったが、彼の確固不抜な信仰をゆるがすことはできなかった。右衛門の二子ミゲル甘槽太右衛門・ビセンテ黒金市兵衛も親戚や同輩から、何度棄教をすすめられても父と同様に信仰を守りとおした。この寛永五年（一六二八）の殉教については米沢に潜入していたゼスイット会のあるパアデレから同会の日本及び支那の巡察師アンデレアス・パルメリウスに対して送られた報告書「一六二八年上杉弾正より米沢及びその他領内で、キリシタンに対して起された迫害物語」により、かなり詳細に知ることができる。この報告を送ったあるパアデレがマテヰ・アダミかボルドリノか、それともイルマンのジュアン山であるかは判然としない。それはともかくこの報告書によって甘槽らの北山原（米沢市内、奥羽線米沢駅下車）における殉教のありさまをうかがってみよう。

「殿（上杉定勝）は右衛門（甘槽）にもその子供にも断じて容赦しないと決定した上で、各町の頭たちに命じて、既に用意を終り、キリストの名誉のために死ぬべき幸福の時を待っているキリシタンを呼び出させた。……検使は先ずキリシタンの旗手たる右衛門宅へ行った。時は日の出二時間前であった。皆縄に括られ望みの時を待ちつつ、喜びに小躍りしているのを見出した。彼らはこの縄を以て救主の装飾とも見做して欣喜雀躍しているのであった。……右衛門は槍の穂先に聖母マリアの御絵を旗の如く掲げているのであったが、戦が迫ったと見るや、その用意せる旗を取り上げた。一同はその前に跪き、天使の元にてまします聖母に向い祈った。その祈を終るや、十二歳の小姓太右衛門（右衛門の子）にその旗を渡して奉持させた。今一人の小姓には竹のさきに立てて火を点じた蝋燭を持たせ、彼ら両人に命じて一同の先頭へ進ましめた。第三は右衛門の召使の一人、第四はティモテオ・エリジョウエの妻ルシア、第五はミカエル太右衛門の妻ドミニカ、第六はウィセンテ市兵衛の妻テクラで幼女を抱いている。第七はドミニカの女中マリア・イトで、主人太右衛門の幼女を腕にしている。第八は右衛門の女中マリア・ショウボ、第九は右衛門の子ウィセンテ市兵衛、第十はティモテオ・ワバサマ《(大峡)》・エリビョウエ、第十一はミカエル太右衛門、第十二はマチヤス彦助、第十三はペトロ弥兵衛、第十四と第十五は右衛門の召使、第十六はジュアン五郎兵衛……婦人たちを除き何れも首にロザリオを掛けて居た。婦人たちは縛られていなかったので皆手に手にロザリオを携えている。各の慎ましさといったら感動に余るほどで、一同右衛門の命に従い、おなじ間隔をとって進むのであった。右衛門はこのめでたい部隊の殿をし、首には海馬の骨で造った立派なロザリオを掛けていた。……右衛門と血縁または親交があるか、あるいは何とかして知己になっていた多くの武士たちは路のまわり角や家の門に立ち、この珍らしい光景に驚きの目を見はり、右衛門が目の前に来る毎に、これに敬意を表するのであった……刑場北山原は町を距ることさまで遠くはなかった。一同がそれに到着した時、日は早や高く昇っていた。福なるキリストの勇士たちは場内に入って、聖母マリアの聖絵を中心に跪いた。この部隊が列を正して行進するさまに、わきについて来た二人のキリシタンの中の一人が尊い聖体の御姿を刻んであるメダイを取り出して、各人に接吻させ、一同を合わせて三たび、至聖なる秘蹟《サクラメント》は讃美せられさせ給え、とくりかえすように命じた。それから刑吏は彼らを四列に分け、高い声で種種のいのりを誦えた上で、刀の鞘を払い、先ず婦人を、次に男子を斬った。右衛門は一番先に刑を宣告されたが斬られたのは最後であった。」

かくてまず甘槽右衛門等の第一団が、殉教したのであるが、この中には途中から行列に加った和田村の百姓ジョアキム三郎兵衛なるものもいた。また行列の先頭に立っていた二人の子供は刑を執行されなかったので、「キリストのために死ぬことが出来なかったにつけて非常な悲みに沈みつつ家へ帰された」という。

甘槽らについで処刑された第二団は、ジュアン板斎カスイ（数右衛門）、その妻アウレア、その子アントニオ・オコス、その聟パウロ三十郎、その妻ルフィナ、五歳の幼児パウロ、当歳のマルタの七人であった。ついで、第三番目に殉教したのは、シモン高橋周左衛門（忠左衛門）

北山原殉教趾

とその娘テクラであった。テクラは二、三の異教者によって監禁され、棄教を強要されたが、彼らの手から脱して、父の跪いている所にかけつけて共に首を刎ねられた。第四番目はパウロ西堀式部であった。彼は甘槽右衛門と親交のあつかった上級武士であり、米沢の切支丹の中でも指導的な人物であった。彼もまた家老・親戚及び同輩等から棄教を再三再四すすめられたが、信仰はいささかもゆるがなかった。最後には藩主の定勝自身が式部の舅を招いて棄教を命じたが、これも徒労におわり、舅はついに親子の縁を切ったという。また彼の妻マグダレナも熱心な信者であり、夫と共に処刑されて「殉教の冠」を戴くことを切に願ったが、父が、中に立って劃策したので望をとげることができなかった。西堀式部が刑場におもむく時の様子について、パアデレの報告は次のように記している。

「パウロはただ一人刑場へ出発した。身は武士の家に生れ、顔には何とも知れぬ威厳があり、身長は長く、年は若く、花盛りで、立派な晴着をつけ、一筋の縄もかけられず、心の快活さは顔にまで溢れ、天から新たな装飾でも加えられたかのようで、大に皆の目を引いた。」

彼は刑場につくと、殉教者たちの首級の前に跪いて暫く祈った。あたり一面の雪が同志の血で染っていた。彼はそこからやや離れて、首を刀の下にのばした。

第五番目に斬首されたのはルイス・インエモンとその妻、マンショ吉野左衛門とその妻ジュリアであった。かくて甘槽右衛門をはじめ二十九名の切支丹が雪の北山原において、処刑されたのであるが、迫害はそれだけに止まらず、米沢周辺の南原糠山・花沢・進藤ヶ台（森堂ヶ台）の切支丹にも及んだ。

＊糠山の殉教者

アントニオ穴沢半右衛門（太右衛門）
パウロ　穴沢重三郎（兵三郎）（半右衛門の長男）
アンデレヤ山本七右衛門
イグナチオ飯田惣右衛門
ジュアン　有家（江）喜右衛門
ペトロ　有　家（江）円　蔵（喜右衛門の長男）
以上　北山原にて斬首

クレッセンシア（穴沢半右衛門の妻）
マンショ要左衛門（米三郎・伊予左衛門）（半右衛門次男十四歳）
ミカエル　治（与左衛門）（半右衛門三男十一歳）
マリア（山本七右衛門の妻）
ウルスラ（七右衛門の娘）
ルシア（ルチア）（飯田惣右衛門の妻）
マグダレナ（有家喜右衛門の妻）
以上、糠山に於て斬首

＊進藤ヶ台の殉教者

アレキショ（（アレクシス）佐藤清助
ルシア（右の妻、アントニオ穴沢の娘）
イサベラ（右の娘）
パウロ佐藤又五郎（清助の弟）
七左衛門
マグダレナ（七左衛門の妻）
七左衛門の娘五歳
七左衛門の娘三歳

＊花沢村の殉教者

アレキショ庄右衛門（二十六歳）
カンディド（庄右衛門弟十四歳）
イグナチオ（カンディドの甥）
レオ出雲
ディエゴ清吉（レオ出雲の長男）
マリア（清吉の後妻）
霊名不明三兵衛（清吉先妻の子十四歳）
アンシイ（十歳）

マリアナ　（七歳）
サビーナ　（一歳）
＊法要塚において磔刑に処せられたもの
ヨハネ美濃　（八十歳の老人、豪農）
アンナ　（美濃の妻）
ヨハネ孫右衛門
マルタ　（孫右衛門の母）
ヨゼフ伊左衛門
マグダレナ　（伊左衛門の妻）
伊左衛門の子四名
＊その他、北山原で処刑されたもの
ヨアヒム皆川　（八十歳）
ヨアヒム庄一　（盲人、フランシスコ会伝道士）

かくて寛永五年（一六二七）十二月十八日から二十二日にわたって五十余名のものが北山原において十数回にわたって処刑されたが、正月が近づくと共に中止され、これらの殉教者の首は三ヵ所にさらされた。二十人は最上に通ずる街道の北山原に、残余は他の二つの街道にさらされ、その傍には、禁制を犯して切支丹宗門を奉じたるにつき斬首に処する旨の高札が立てられた。

この寛永五年の殉教以後、切支丹に対する迫害が継続されたか否かについては記録の徴すべきものが日本側にも残存してないとされてきたが、現在米沢市立図書館に所蔵されている「寄合帳」（寛永十五年＝一六三八から慶安三年＝一六五〇にいたる奉行所の記録）によってみると、その後の迫害の状況の一端を知ることができるのである。もっとも、この時期は、かの井上筑後守が宗門改役となり、厳刑のみでは、殉教者を増し、それが却って信者の志気を鼓舞することを反省し、極刑にすることを止めて、牢獄に入れて、徐々に棄教させる政策に転換した時期に相当していたので、北山原におけるような殉教は二、三の例を除いてはみられないのであるが、多数の切支丹が投獄されたことが、この「寄合帳」によって判明するのである。以下年次を追って、「寄合帳」及びその他の藩史料によって、寛永十二年（一六三五）以降の米沢地方の切支丹についてうかがってみよう。

山形大学附属博物館所蔵の十字架
（称名寺のそれと殆んど同型）

○寛永十二年十月、佐藤内匠、同妻、同子、百姓五人、同妻三人、同姥一人、町人一人、河原のもの三人、計十六人の切支丹を幕府に注進。

○寛永十三年二月、切支丹「から」なる女を逮捕してつるし殺し。

○寛永二十一年（一六四四）十一月十五日、すでに投獄されていた茶売長右衛門、桜井長蔵の両人を拷問にかけることを江戸より命じ来る。

○正保二年（一六四五）十二月十一日、佐野原村（現在の白鷹町、国鉄長井線荒砥駅下車）の隼人なるもの召捕られる。白状の結果、隼人は最上の将監という者の手引で寛永五年（一六二八）八月切支丹となったが、迫害の厳しさに耐えかねて同年十二月棄教、荒砥代官青木彦左衛門、肝煎山口掃部の眼前にて切支丹宗門の道具を焼捨、真言宗称名寺（西置賜郡十王寺村、佐野原村から納められたキリストの像のついた十字架を蔵している）の檀家となったことが判明。そこで肝煎の請状と称名寺の寺請状を奉行より江戸に差出し、隼人の妻子は投獄された。

○正保三年（一六四六）六月十四日、岡崎丹波なるものの召換、投獄。訊問の結果庄内にて座頭のすすめにより切支丹となり、洗礼名は「せろうにも」（ゼロニモか）と名づけていたことが判明したというが、座頭とは先に述べた盲人コスモのことかもしれない。また同日、佐野原村の藤八郎も召換される。白状によれば、藤八郎は"八歳の年に切支丹となり、三十歳の時、代官寺嶋喜左衛門の立合のもとに棄教、宗門の諸道具も焼捨て、それ以後切支丹宗門には傾かなかったし、それに訴人の酒井河内の足軽右馬充については面識がないのことであった。同年八月八日、隼人・藤八郎の両人が、陣場村の藤右衛門、山川次右衛門が切支丹なることを白状した。

○正保四年（一六四七）八月十七日、段母衣《だんぼろ》組の武士高野九郎右衛門は切支丹の故をもって、同年四月投獄されていたが、この日、欠所処分をうけ、諸道具、家屋敷を召上げられた。しかし未信者の妻子は連座しなかった。井上筑後守の切支丹対策の変更はここにもあらわれている。

○慶安二年（一六四九）三月一日、広河原の弥左衛門は切支丹の疑で取調べをうけたが、切支丹改を三度とも拒否して捺印しなかったので、四月十二日成敗された。

○慶安三年三月二十三日、筑茂村の切支丹五人が投獄され、うち三人は翌二十四日拷問されたが棄教を拒否。

○慶安三年十一月六日、山口村の源左衛門をはじめ、七人が切支丹の疑で投獄された。源左衛門は老体のゆえに拷問をまぬかれたが、助七郎・勝九郎・助三は拷問にかけられた。しかし、他の切支丹については頑として口を割らなかった。

「寄合帳」には、この他にも切支丹関係の記録が散見するのであるが、省略し、最後に公卿の殉教者として注目すべき猪熊光則について、主として「寄合帳」にもとづきながら述べてみよう。光則が迫害を逃れて、京都より米沢に下ったのは寛永十二年（一六三五）九月であった。光則は猪熊中納言秀郷の二子にして、上杉景勝夫人の甥にあたり、上杉定勝とは従弟の間柄であったから、定勝はこれを遇すること厚く、一千石を与えて御一族中に加え、内証では御礼奉行中の上席にすえていたという。しかし定勝も、たとい従弟であっても切支丹の光則を公然と抱えておくことができなくなった。それは寛永二十一年（一六四四）四月讃岐国高松の玄碩なるものによって、光則の切支丹なることが訴えられたからである。かくて寛永二十一年十二月、協議の結果、米沢の西北二里の玉庭村大舟にかくまったのである。また猪熊光則の名をはばかって、山浦玄蕃・磯野九兵衛と変名したのであった。その後、光則は玉庭より立山へと移ったのであるが、慶

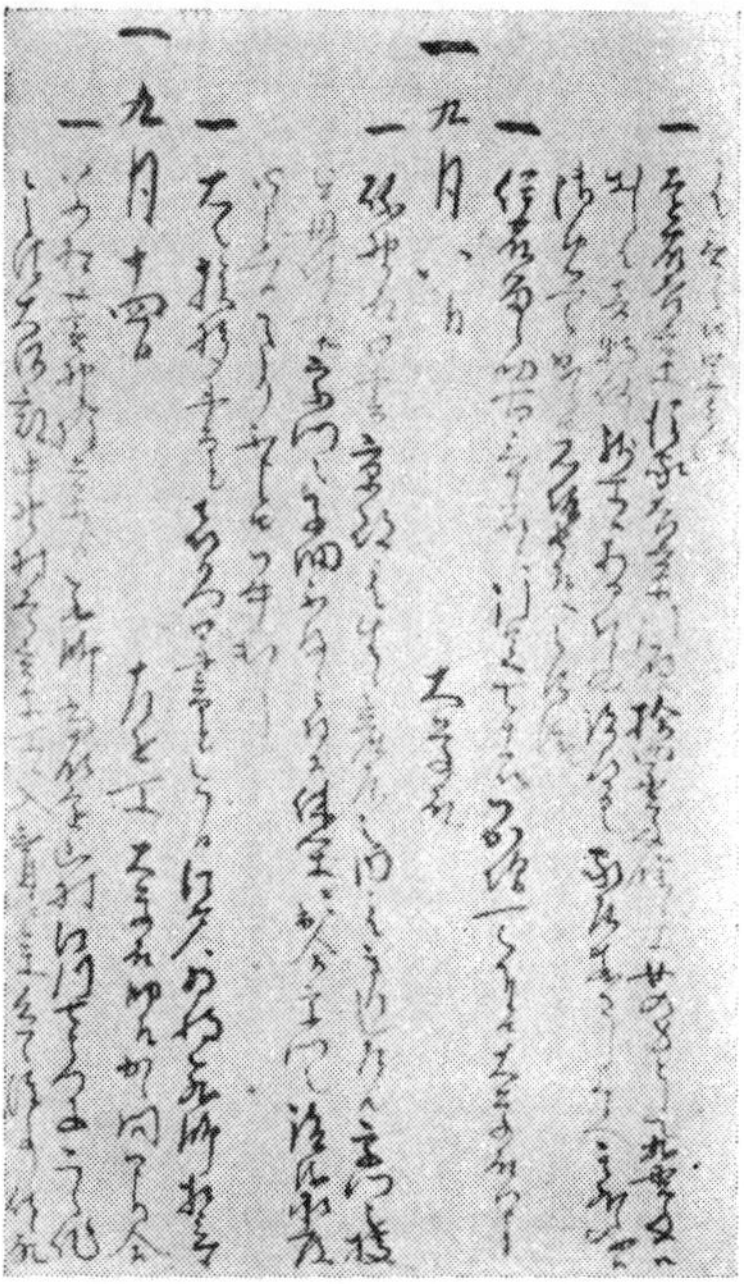

「寄合帳」の一部
“九月八日　磯野殿口書
京都にて生れ候，産衣の内にてきりしたん宗門の授けを……”

安二年（一六四九）八月には、またまた広島の医師休閑が光則の切支丹なることを白状したので、ついに奉行所も黙認することができず、光則を逮捕することに決った。幕府の詮索の厳しかったこととあいまって、光則の最大の保護者であった定勝が正保二年九月に没したことが、時態をここまで追いこんだのであろう。

光則は「訴人出候上は、とにもかくにも是非なき次第に候、此上の儀は、何分にも殿様御為候よきように各相談次第にこれあるべく候」とて、脇差を奉行にあずけ、刀は立山村よりうけとらせ、ひたすら恭順の意を表したのである。また光則は「京都にて生れ候、産衣の内にてきりしたん宗門の授を母仕候へども、宗門の仔細存んぜず候につき、休閑に出合い、宗門の談義承り申したく候へば、かたり申さず候」と白状書の中で述べているが、これをみると、光則が生れながらの切支丹であったことが判明する。

かくて光則は大峡屋敷裏に設けられた牢につながれ、承応二年（一六五三）十二月、斬罪に処せられるまで、ここで過したのであった。光則が処刑された十二月二日の模様については「慶承日帳」に詳しいが、それによると、光則の処刑は酒井雅楽頭・松平伊豆守・阿部豊後守の連署による奉書に従って執行されたものである。斬首された場所は極楽寺（米沢市内）、刻限は卯の刻（午前六時）で

聖母マリヤ像

子安観音

あった。大刀取は、くじ取の結果、与板組の鈴木五郎右衛門があたった。光則に対する敬慕の念が諸士に処刑執行をちゅうちょさせ、抽せんによって執行人を選んだと云われている。同日、米沢町の鈴木清蔵も「きりしたん照前」につき成敗された。

以上、見てきた如く光則は寛永十二年より承応二年（一六五三）まで、その間十八年も米沢藩においてかくまわれていたわけであるが、藩主との姻戚関係もさることながら、藩主の切支丹対策が他藩よりも緩かったが故に、かくの如き保護がつづけられたものであろう。

五　切支丹の遺物と遺蹟

竜泉寺の子安観音

東根市高崎（奥羽本線東根駅）にある龍泉寺の子安観音は、キリストを抱く聖母マリアの坐像であって、木彫一尺三寸、昭和三年に発見された。潜伏切支丹が仏像に擬装して、ひそかに祈りを捧げたものであろう。ここは仙台に通ずる関山街道の要所にあるので、仙台方面から将来されたものともいわれている。

聖母マリア像

紙製押出しの聖母像であって、山形市楯山（仙山線たてやま駅）の某家で発見されたもので、現在は山形市三浦氏の所蔵である。この像もまた観音と呼んで仏壇に掛けられていたものという。楯山もまた二口峠を経て仙台に連なる線にある。

称名寺の十字架（第四節にて紹介）

切支丹塚

山形市宝沢、新山から旧山形市、鈴川を結ぶ線にも切支丹に関する遺跡が少くない。宝沢新山の山中には、無縁仏となっている石塔で切支丹墓が多くあるという。また鈴川には切支丹塚と称するものがあり、また盃山（馬見崎河畔）の麓には切支丹の斬首された伝説が残っている。この線も笹谷峠を越えて仙台に到る道であり、山形地方の潜伏切支丹が仙台地方と密接な関係にあったことをうかがわせる。

参考文献

姉崎正治著「切支丹伝道の興廃」
〃　「切支丹宗門の迫害と潜伏」
〃　「切支丹迫害史中の人物事蹟」
浦川和三郎著「東北キリシタン史」
レオン・パジェス「日本切支丹宗門史」（岩波文庫・吉田訳）
村上直次郎訳註「耶蘇会の日本年報」
浦川和三郎訳「元和五・六年度の耶蘇会年報」
米沢市立図書館蔵「寄合帳」
〃　「慶承日帳」
「山形県史」
佐藤吉蔵著「公卿の殉教」昭和六年
美濃部道義著「山形天主公教会史」昭和十年
丸山　茂著「山形県文化史」第一巻
川崎浩良著「山形の歴史」出羽文化史料

秋田の切支丹

今村義孝

秋田藩は近世初期のキリスト教伝道について後進地である。この期における日本のキリシタン宗門の歴史を、第一期―天文一八年（一五四八）より天正一五年（一五八七）、第二期―天正一五年（一五八七）より慶長一九年（一六一四）、第三期―慶長一九年（一六一四）より寛永鎖国前後（一六四〇頃）までの三期に区分するならば、秋田藩領への伝道は、その第三期に始まるものであった。

秋田藩領がこの時期まで、キリスト教伝道の処女地として残されていたのは、その伝道が西から東へと進められていたことと、天正一五年（一五八七）の豊臣秀吉の伴天連追放令以来、しばらく潜伏伝道を忍ばなければならなかったので、その伝道圏の拡大が意にまかされなかったことによるものであった。しかしながら、関ケ原の戦の後、徳川政権が成立してくると、その黙視政策のために、急激に伝道は伸びて、フランシスコ会によって江戸にも開教され、慶長一七年（一六一二）までには、イエズス会も駿府・江戸に伝道を開始したのであった。ここに東北地方への伝道も熟してきたのであって、事実、慶長一六年（一六一一）には仙台藩に江戸からフランシスコ会のルイス・ソテロ（Luis Sotelo）が迎えられ、始めて仙台でキリスト教の伝道が始まったのである。

一　秋田のキリシタン

秋田藩内には、慶長一九年（一六一四）まで伝道が行われなかったといったが、このことは、その頃以前にキリシタンがいなかったという意味ではない。

織田信雄《のぶお》と大友義統《よしむね》

天正一九（一五九一）頃、織田信雄が豊臣秀吉の怒りにふれて、秋田実季領の秋田に流されてきた。信雄は天正一六年（一五八八）京都でキリシタンに改宗受洗していたので、秋田における最初のキリシタンということができるけれども、滞在一年にしてゆるされ、伊勢の朝熊《あさま》に遷っている。慶長六年（一六〇一）になると、大友義統が同じ秋田実季領の秋田に流されてきた。義統は豊後のフランシスコ大友義統（宗麟）の嗣子で、朝鮮の役の時、秀吉に除封されたが、関ケ原戦に西軍に組して、家の再興をはかったけれども、敗れたため徳川家康によって流されたのである。義統は背教者であったが、流される時にキリシタンに立ち帰り、秋田にきたのであるけれども、翌慶長七年（一六〇二）秋田氏が常陸宍戸《しど》に転封になると共に、そこへうつされたのであった。

この二人は共にキリシタンであったけれども、共に配流者であって、秋田に滞在したのも一年にすぎないので、個人的な信仰はともかくとして、それに接触する人々に強い影響力を持っていたとは考えることができないのである。

ペードロ人見（Pietro Fitomi）

秋田藩領でキリシタンの生れてくるのに、力となった始めての人はペードロ人見であった。一六一三年（慶長一八年）の日本年報によると、ペードロ人見は数年前伏見で洗礼を受けた一人のキリシタンで、京都をはなること二二日行程の出羽の国に往き、二〇〇人以上に洗礼を授けたとみえるが、一六一五、一六年（元和元、二年）の日本年報では、その頃出羽の国の伝道に従事したジロラモ・デ・アンゼリス（Girolamo de Angelis）の手紙を引用しながら、

あるパードレは出羽の国の佐竹殿領仙北地方を巡回して、二〇〇人の切支丹を発見した。このキリシタン達は七年前にペードロ人見という、高貴で古い伏見のキリシタンによって洗礼を受けたのである。ペードロ人見はこの大名に仕えに来て、とどまったのであるが、信仰について良く判っていたので、同じ家中の上級武士に信仰を説き、多数の者に洗礼を授けた。神の聖寵の働きにより、パードレ（Padre 師父）を一度も見たこともなく、告白も聖体も拝領しないのに、神の掟をりっぱに守っていたので、パードレは此の二つの秘蹟

を授けたら、いい知れぬ喜びを示したのであった。

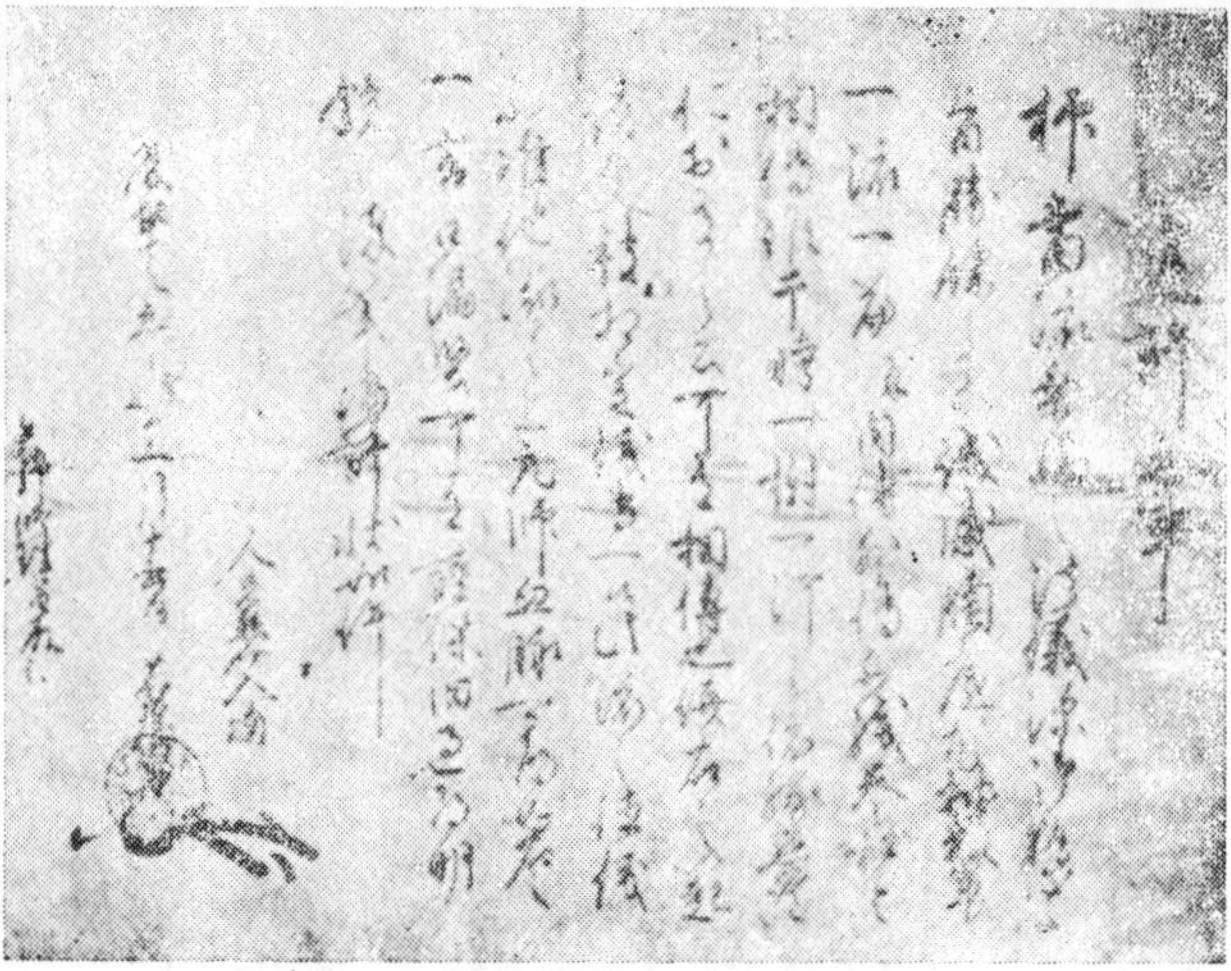

人見宗次の馬術定許状（角館町故武藤鉄城家所蔵）

これらから考えるなら、ペードロ人見は伏見のキリシタンであって、元和元年（一六一五）より七年前、すなわち慶長七、八年頃、佐竹氏の出羽移封の後、間もない時に、佐竹氏に召抱えられた武士であったのである。その出身と名から、摂津国（大阪府）高槻発見のキリシタン文書に見えるポーロ人見と親子関係があるのではないかとの意見もある。

角館（仙北郡角館町）に残されている角館佐竹氏家中のキリシタン武士矢野主殿にあてた慶長一八年（一六一三）一一月一六日付の馬術定許状に、人見熊介入道藤原宗次の署名がある。その印は明らかにローマ字印であって、アゴスチ（AGOSTI）ともサンチャゴ（S. TIAGO）とも読まれるところから、人見宗次はキリシタン武士と推定され、それがペードロ人見にあたる者と考えられている。C・R・ボクサー氏がペードロ人見について「明らかに馬術師範として地方大名に仕えていた」とするのは、そのことを示すものである。それにしても、その霊名が異なることと、一六一三年（慶長一八年）の日本年報によると、ペードロ人見について、さらにくわしく伝えている。

と、その年の一〇月以前に出羽で迫害が始まり、ペードロ人見は追放されたとあることからすれば、両者の間にはまだ問題がありそうに思われる。

しかしながら、その問題があるにしても、佐竹氏が出羽に移封されてきた慶長七年（一六〇二）より間もない時に、ペードロ人見の手によって、仙北地方に二〇〇人といわれるキリシタンが生れてきていたことは、注目すべきことである。この頃、仙北地方というのは、今の仙北・平鹿・雄勝三郡を含めたものであった。その仙北地方の二〇〇人のキリシタンの分布や、階層は明らかでない。しかしペードロ人見が家中の武士たちに洗礼を授けたということは、前に述べた矢野主殿とのつながりで関係があったと思われる角館佐竹氏の家中に、キリシタン武士のいたことや、その頃院内銀山（雄勝郡雄勝町）の山奉行であった梅津正景の慶長一八年（一六一三）四月の日記の中に、ペイトロ（Pedro）、ミケル（Miguel）、シュアン（Juan）、アンナン（Anna）などキリシタン武士と考えられる人々との文通が記録されていることからも裏付けることができる。もちろん、それらの人々がペードロ人見と関係をもっていたかどうかは明白でない。

鉱山とキリシタン

寛永元年（一六二四）三月一一日付で佐竹義宣が江戸から梅津憲忠に送った書状の中に、

秋田仙北金山に居候者の中タイウス宗旨（キリスト教）の者これある由、他国の者に候間、私に成敗致すべき儀、如何これあるべく候。

と、書いていることは、ペードロ人見の影響を受けた者のほかに、仙北地方の諸鉱山にはキリシタンである他国者が鉱夫として、多数働いていたことを示している。

近世日本における金・銀山の開発に対する熱意は、秋田藩でも高く、慶長年度以来元和年間にかけて、院内銀山をはじめ各地に金・銀山が開発されてきた（附図1参照）。そのために、多数の稼ぎ人をこれらの山に吸収することになった。この時期は関ヶ原戦の後をうけ、敗れた西軍の大名で除封されたり、減封されたりした者が多かったので、多数の武士が牢人となって放出された。反対に大名に成り上がったり、増封された大名たちは家臣団の拡張に努めたので、牢人の中には、新たに主取りできた者も多かったが、食を求めて流浪する者も多数あった。

慶長一二年（一六〇七）院内銀山で始めて山仕置奉行が置かれた時の調べによると、全国各地から牢人や山師が多数おり、その中には備前浮田氏の重臣田太市右衛門もいたことが知られる。寛永元年（一六二四）院内銀山で捕えられたキリシタンについて、その負える国名や地名を見ると、仙台・関東・越後・越前・駿河・尾張・伊勢・播磨・備前・石見などが知られ、そのことを裏書している。いかに院内銀山が栄え、そのために各地から人口集中が行われたかは、一六二五年（寛永二年）の日本年報の中に、

出羽国の仙北と呼ばれる地方に、院内（Ianai）という土地があって、きわめて豊富な銀山であって、日本全国から人が集まっている。

と、あることや、開山された頃、山小屋千軒、下町千軒、数二千軒の銀山町ができたことでも知られるであろう。

善知鳥の鉱山址　仙北郡千畑村善知鳥にある。この鉱山にキリシタンが潜伏したとの伝説がある。開山の時期は不明。今日は廃山になっていて，ただ横坑を残している。

滅び去った大名の中には有力なキリシタン大名たちもあって、多数のキリシタン武士がその禄を失っている。西日本では慶長一九年（一六一四）以前早くからキリシタンの迫害が行われ、そのために追放されたり、亡命したりして禄をはなれた武士たちもあったので、仙北の金・銀山に集まる稼ぎ人の中に、そうしたキリシタンがいなかったとは断言できない。むしろ、院内銀山のキリシタンたちの中には、そのような各地のキリシタンの中で、安住の地を鉱山に求めて、集まり住んだものもあったにちがいない。

農村のキリシタン

江戸幕府が全国的な禁教政策をとって、ますますそれを強化してくると、キリシタンの移動の傾向は一そう強まってくることはいうまでもない。そうなれば、追放や亡命は武士だけに限らず、農民や町人の中にも郷里を追われ、秋田藩領に流れこんで、鉱山や、農村・都市にも住み着く者がいたのである。

近世の初期はどこの大名でも藩の経済を豊かにするため、新田の開発に着手していたので、牢人や百姓を受け入れることが多かった。秋田藩も例外ではなく、時代は下るけれども、寛永八年（一六〇三）には増田村（平鹿郡増田町）に住んでいた小原縫殿助の願出によって、仙台藩領水沢居住のその旧友が一一人と共に秋田領にきて、新田一一二石八斗八升五合の新田を開発するのを許されている。このような例は他にも多かったにちがいない。

そうすると、他領からの移住民は鉱山にかぎらず、領内各地に広く分散して住んでいたのである。寛永元年（一六二四）院内のキリシタンと共に久保田で殉教した二五名のキリシタンは、領内各地で捕えられた者たちであったが、その中に関東・伊豆・越後・加賀・筑前・越前などその出身国名を負うていて、移住民であることを示しているものがある。これらのキリシタンがどこで捕えられた者か明白でないけれども、その中にフランシスコ・ウスイ・オミ（Francisco Usui Omi）のように薄井村（平鹿郡大雄村薄井）生れの者も加えられているので、農村に住むキリシタンも含められていたのではないかと思われる。もちろん、院内以外の鉱山のキリシタンもいたことも考えられる。

万治二年（一六五九）にキリシタンの疑いで捕えられた者たちは、久保田（秋田市）と農村にわたり（附図1参照）、その出身地は領内を除いて、尾張二人、伊勢一人、和泉堺一人、最上（山形県）一人を含み、来住以前の身分は武士一、町人三、農民一であり、それぞれ医者一、町人二、農民二と転身していた。このように、広く分布する移住民がさまざまな階層の中にはいりこんでいたことが明らかであって、そのなかにはキリシタンがいたことも知られる。しかし、鉱山や農村・都市に移り住んでいたキリシタンは、イエズス会の伝道以前に移住してきたものか、移住後改宗した者か明らかでない。しかし、当時の一般的な傾向からすれば、キリシタンとして移住してきた者も多かったものと思われる。

二　伝道とコンフラリヤ

ジロラモ・デ・アンゼリス（Girolamo de Angelis）

このように教団による伝道が行われる以前に、キリシタンが住んでいたのは、秋田藩ばかりでなく、東北地方各地に見られることであったと思う。慶長一九年（一六一四）の頃、エゾ地（北海道）ですら、堺出身のキリシタンがいて、伝道の望みあることを報じたので、イエズス会では伝道を企てたことが伝えられている。すでに仙台では慶長一八年（一六一三）以来フランシスコ会の伝道が行われていたけれども、出羽及びそれ以北の地方には伸びていなかった。そうした中に、出羽に伝道が始められる要因が生れてきた。慶長一九年（一六一四）江戸幕府は全国的なキリスト教禁教令を公布すると共に、京阪地方の主要なキリシタンを津軽（青森県）外ケ浜に追放した。そのキリシタン等はそこで貧困な状態のうちに開墾に従事し、物質的にも精神的にも救済を求めていた。

一方において、その年の一〇月キリシタンの大追放が行われ、各教団の宣教師の多くが国外に追われたため、その要望にこたえることができなかった。その時イエズス会では二二名のパードレ（師父）と七名のイルマン（修練士）を潜伏させ、宗門の維持を企てたのであった。その中で津軽キリシタン救済のために、九州の信徒の集めた金と布施とを持って、元和元年（一六一五）東北地方に赴いたのがパードレ・ジロラモ・デ・アンゼリスであった。その時以来、信仰の自由が認められていた仙台を根拠地として、東北地方に伝道の旅をつづけ、特に出羽・津軽・エゾ地における開教者となったのである。その東北伝道は命を受けて江戸に去った元和七年（一六二一）までの六年間であった。

ディエゴ・カルバリオ（Diego Carvaglio）

アンゼリスに次いで秋田藩領の伝道に最も深い関係を持ったのはパードレ・カルバリオであった。カルバリオが東北にきたのは元和三年（一六一七）であって、それ以来出羽・津軽及びエゾ地の伝道に従事した。その伝道は寛永元年（一六二四）に仙台領下嵐江で潜伏中捕えられるまで七カ年つづけられたのである。

アンゼリスにしてもカルバリオにしても、その目的は信徒を慰問し、精神的救済を与えると共に、宗旨をひろめるにあったが、その場合に問題になるのは、外国人宣教師としての言葉の障害や困難な風習の理解と、潜入伝道のむずかしさであった。元和三年（一六一七）秋田領から津軽に潜入したヤコモ・ジュウキ（Iacomo Giuchi ディエゴ結城師父）のように、日本人の場合は問題はなかったと思われるけれども、外国人として未知の地方へ伝道するのに、アンゼリスは「善く日本語に通ず」といわれ、カルバリオは「少しく日本語を解す」とあっても、日本人同宿の援助が必要であった。いわば、同宿はパードレと同行し、その手先となって伝道に力をつくした人たちであった。秋田藩領でも、寛永元年（一六二四）に捕えられて殉教した寺沢（雄勝郡雄勝町寺沢）のキリシタン・ジョアンニ・オマイ（オマチ）・ロクザエモン（Giouanni Omai Rocuzaiemon）はイエズス会の同宿として奥（陸奥）や仙北で働いたとあるから、パードレの仙北地方伝道に働いた者であったにちがいない。

それにもまして、伝道をさまたげたものは伝道の自由がなくて、潜入伝道以外に道がなかったことである。それ故に元和元年（一六一五）津軽に潜入したアンゼリスは医者をよそおい、元和五年（一六一九）カルバリオは仙北の鉱山地帯に伝道する時や、その翌年（一六二〇）秋田から松前（北海道西南半島部）に渡る時には、鉱山の監督として潜入したり、鉱夫の服装をして渡海している。山師・金掘りに偽装したのは、この頃の金・銀山開発の奨励のため、それらが諸国鉱山を自由に遍歴し得る特権が与えられていたのを利用したものである。またその年秋田から津軽へ潜行する時にはカルバリオは商人の服装をして、ワタ・カンエモン（Vata Canyemon 和田勘右衛門）と名のり、同行の同宿はイタヤ・キヒョーエ（Itaya Chifioye 板谷喜兵衛）と改名して、共に津軽の番所を通過している。その帰りに秋田から仙北地方のキリシタンを訪問する時には百姓の服装をしていたというように、それぞれの場合に応じて偽装潜行しなければならなかったのである。

寺沢キリシタンのマリヤ観音
（雄勝郡雄勝町横堀，祥雲寺蔵）寺沢村のキリシタンが持っていたと伝えられている。

潜入の道

潜入伝道の基地は仙台であって、そこから秋田領にはいり、津軽や、エゾ地に行くには、境界の奥羽山地を越えなければならなかった。旅は時に冬道にかかった。アンゼリスも、カルバリオも冬の峠越えの苦難を伝えているけれども、峠道の困難さは冬だけではなかった。伝道当時の峠越えの道は余り明らかでないが、一七世紀

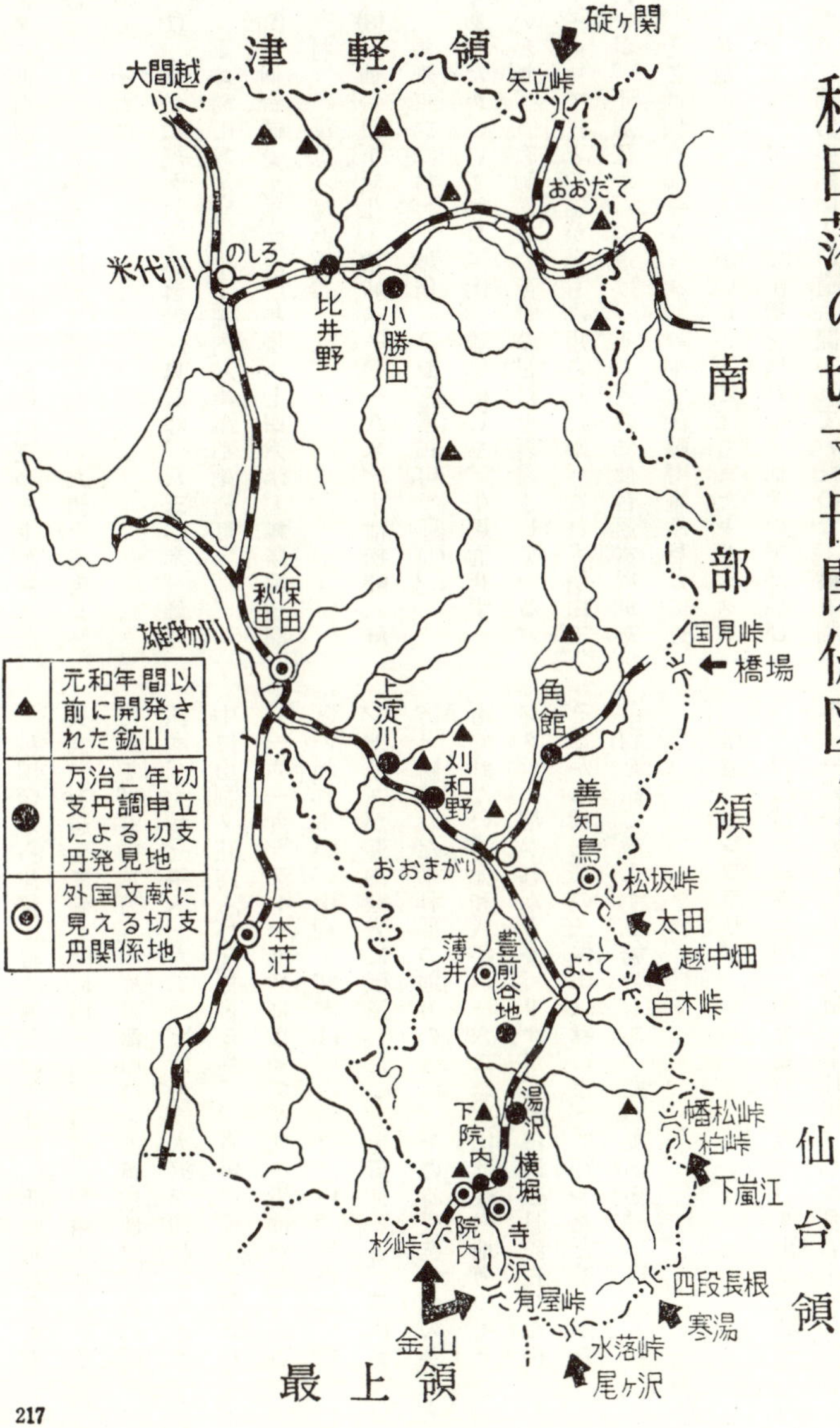
碇ヶ関
津軽領
大間越り
矢立峠
おおだて
のしろ
米代川
比井野
小勝田
南部領
久保田
（秋田）
雄物川
国見峠
橋場
元和年間以前に開発された鉱山
万治二年切支丹調申立による切支丹発見地
外国文献に見える切支丹関係地
上淀川
刈和野
角館
善知鳥
おおまがり
松坂峠
太田
越中畑
本荘
薄井
豊前谷地
よこて
白木峠
湯沢
下院内
横堀
幡松峠
柏峠
下嵐江
仙台領
院内
寺沢
杉峠
四段長根
有屋峠
寒湯
金山
水落峠
尾ヶ沢
最上領

秋田藩の切支丹関係図
〔附図1〕

後半に仙台領から秋田領にはいるには三つの道があった。おそらく、それがそれ以前に開かれていた道とも考えられる。それは、

(1) 仙台領尾ヶ沢—水落峠（鬼首峠、八三〇米。雄勝郡雄勝町秋ノ宮）—下院内（雄勝郡雄勝町）。

(2) 仙台領寒湯—四段長根（七四六米。雄勝郡皆瀬村）—湯沢（湯沢市）。

(3) 仙台領下嵐江《おろしえ》—柏峠（一〇一八米）—幡松峠（雄勝郡東成瀬村）—増田（平鹿郡増田町）（附図1参照）

であったが、いずれも「山坂難処にして、牛馬通ぜず」といわれ、宣教師たちの苦難の記録を裏書きしている。その中で、どの道が最も利用されたか、これも明白でないが、下嵐江からの道は、その東端に仙台領水沢があり、そこは仙台藩キリシタンの中心後藤寿庵領見分に近く、多数のキリシタンがいた。下嵐江もまたキリシタンの村であり、峠を下って山道を出れば、仙北の平野がひろがり、周辺の鉱山入の道も開かれていたので、最も利用されたものとも思われる。

秋田領から津軽に行く通路は矢立峠（北秋田郡花矢町矢立）を越えて碇ケ関に出る羽州街道が利用されたようである。荘内地方（山形県酒田市・鶴岡市地方）との関係は、元和七年（一六二一）仙台領水沢で殉教した者の中に由利ノ荘内（Yurinoxonai）の者がいて、元和五年（一六一九）アンゼリスによって洗礼を受けた者であるといわれるが、由利ノ荘内は明らかでない。しかし、アンゼリスが荘内地方に伝道したことを考えると、荘内地方と隣接した由利郡の地方の者が、その時受洗したのかも知れない。元和八年（一六二二）には荘内地方のキリシタンに招かれたカルバリオが、酒田に三日滞在した後、そこから秋田藩の久保田（秋田市）に行ったとあるから、由利を経て潜入する場合もあったのである。

伝道とコンフラリヤ

その伝道の範囲は明らかでない。カルバリオは元和五年（一六一九）仙北と秋田で半月間、その翌年（一六二〇）には久保田（秋田市）のほかキリシタンの地七箇所、

銀山一箇所を廻り、その伝道の旅は三カ月にわたったといわれるけれども、その範囲は不明である。イエズス会の記録にあらわれているのは院内（雄勝郡雄勝町院内。奥羽線院内駅下車）、寺沢（雄勝郡雄勝町寺沢。奥羽線横堀駅下車。秋宮温泉行バス一〇分）、薄井（平鹿郡大雄村。奥羽線横手駅下車。横荘鉄道館合駅下車）、善知鳥（仙北郡千畑村善知鳥。奥羽線大曲駅下車。羽後交通バス黒沢行一丈木下車。徒歩一時間）、久保田（秋田市）の五箇所であって、これに万治二年（一六五九）キリシタン調べにあらわれている、下院内（院内の一部）、横堀（雄勝郡雄勝町。奥羽線横堀駅下車）、湯沢（沢湯市）、豊前谷地（平鹿郡浅舞町地内。横荘鉄道浅舞駅下車）、角館町（仙北郡角館町。奥羽線大曲駅乗換え、生保内線角館駅下車）、刈和野（仙北郡西仙北町刈和野。奥羽線刈和野駅下車）、上淀川（仙北郡協和町。奥羽線羽後境駅下車、東南二粁）、比井野（山本郡二ッ井町。奥羽線二ッ井駅下車）、小勝田（北秋田郡鷹巣町小田。奥羽線鷹巣駅下車。西南約四粁）の九箇所を加えると一四箇所となり、広範な地域に伝道されたことがわかるのである（附図1参照）。

秋田藩のキリシタン数については、寛永元年（一六二四）に武士を除いて各地で捕えた者は二〇〇名以上であったと記録されているが、それに、その後院内・寺沢・薄井・善知鳥で捕えられたキリシタンを加えると二五〇名以上となり、さらに、その年成人受洗者が三〇〇名にのぼったということからすれば、領内にかなりのキリシタンがいたことが知られるのである。

パードレ（師父）たちは伝道してキリシタンの種子を蒔くと共に、キリシタンをコンフラリヤ（Confraria 講）又は信心の会（Congregatione）に組織していった。久保田の聖母の会（Congretione della Beatissima Vergine）の会長はジョワンニ・カワイ・キエモン（Giouanni Cauai Chyemon 河井喜右衛門）であり、院内ではルイジ・オーツ・サブロエモン（Luigi Volsu Saburoyemon 大津三郎右衛門）と、ジョワンニ・サンダユウ・イワミ（Giouanni Sandayu Iuami 岩見三大夫）の二人がそれぞれ会長であったと報ぜられている。そのような組織は久保田や院内ばかりでなく、他のキリシタンの多く住む地方にもつくられていたのではないかと想像される。

聖母の会という信仰集団は、キリシタンが信仰を維持し、お互に救済しあい、激励するための組織であったから、パードレが常時いないような秋田領内のキリシタンにとっては必要な組織であったのである。元和七年（一

キリシタン灯籠　秋田市寺町青体寺の境内墓地にある。いわゆるキリシタン灯籠（織部灯籠）である。所伝不明。

六二一）仙台藩のある村では、迫害に抗して、聖母の会の三〇〇名以上の者が領主に抵抗するほど、迫害に対して団結を固くし、信仰集団の力が政治の面にまであらわれるように、強化された場合もあったのである。

その組織はまた、お互に結ばれていたにちがいない。寛永元年（一六二四）院内のキリシタンで久保田で処刑されたロレンゾ・イセ・ソジュヨ（Lorenzo Ixe Sogiuyo 伊勢宗十郎）は洗礼を受けたいと思ったが、迫害のため延期するよう忠告されたので、最上（山形県）まで行って洗礼を受けたとあり、寛永一九年（一六四二）の角館キリシタンの発覚は南部藩の座頭の訴人によることからして、それぞれ、最上や南部地方との連絡を推察できるのである。

このような聖母の会が組織されていたからこそ、伝道の自由のない時にイエズス会員は秋田領に潜入し、また他領へ往来できたものと思われる。カルバリオはしばしば佐竹氏の城下町久保田に潜入している。久保田の聖母の会の会長河合喜右衛門は大阪陣にも参加した有力な武士であったようで、元和七年（一六二一）ローマ法王の大赦布告に対する陸奥・出羽キリシタンの奉答書の署名を求めて、パードレ・ジョアン・バプティスタ・ポルロ（Padre Joam Baptista Porro）が巡回した時、その奉答書の署名人ともなっていて、秋田キリシタンの頭領と見るべきものであった。喜右衛門はパードレが久保田に潜入した時の宿主であったので、カルバリオはそこにかくまわれ、おそらくその手引きで、佐竹義宣の側室西ノ丸殿（Onichama ともある）に近づき、その女中数名と共に改宗させることができたのであろう。

キリシタンの村々を潜行する時、変装したとしても、結ばれたキリシタンの手引と援助がなければ、困難は数倍したにちがいない。とくに、秋田領に来たり、そこから他領に行く場合、出入国の手形なしには容易でなかった。元和三年（一六一七）にディエゴ結城が秋田領から津軽領に行く時、番所で番士が入国手形を要求したことは、そのことを物語っている。たとえ仮装したとしても、手形なしに番所を通過出来たとは考えられない。元和六年（一六二〇）カルバリオが津軽の関所を通って秋田領にはいる時、キリシタンの役人の計いで通過することができたとあるように、キリシタンの援助や、その紹介で手形を得てはじめて、行動の自由が得られたのである。

このように見てくると、イエズス会のパードレは秋田領内に潜入して、伝道しながら、聖母の会のような組織をつくっていった。その組織は迫害の進展につれて、継続的に救済し、慰安することのできないキリシタンたちが、自から団結して信仰を支えるためにつくられたものであった。しかしながら、その組織がつながりを保ちながら、パードレの潜行と生活を支えていたともいい得るのである。このように、伝道が禁止され、迫害が強化されて行く時期に、その組織で信仰を支え、また伝道を助ける基盤をつくっていたものと思われるのである。

三　迫害と殉教

迫害のはじまり

秋田藩の迫害は一六一三年（慶長一八年）の日本年報によると、その年に始まっているようである。慶長一七年（一六一二）駿府（静岡市）における徳川家康のキリシタン法度に関係して、国々御法度の通知が秋田に連絡されたのは慶長一八年（一六一三）四月三日（陽暦五月二二日）のことであったので、迫害が起ったのは、それ以後のことであろう。しかし、その迫害はペードロ人見が追放されたにとどまって、重大な結果は起っていない。

おそらく、伝道の自由は認めなかったけれども、キリシタンの存在には余り関心を払わなかったものであろう。しかし、豊臣氏の滅亡にともなって、江戸幕府の大名に対する統制は次第に強化されてくるにつれ、その禁教政策に無関心ではあり得なかった。元和三年（一六一七）に二〇名のキリシタンが棄教を強制されたが転ばなかったので、追放されている。ほかに一名のキリシタンは死刑に処せられたが、それは藩が禁制する鉛を持っていた疑いによるものであって、まだ棄教が強制される段階であっても、死の弾圧は加えられていない。そうした状態が大体元和七、八年（一六二一、二二）頃までつづいていた。

しかし、元治二年（一六五九）のキリシタン調にあらわれた転びキリシタンの棄教の時期を、明らかなものについて見ると、元和七年（一六二一）から寛永元年（一六二四）までに八名を数えることができ、この時期に迫害が強化され、転ぶ者も相当数あったことを暗示している。事実、元和七年（一六二一）の頃は秋田藩のキリシタン政策の転機であった。元和六年（一六二〇）伊達政宗が禁教に転じたような幕府の圧力が、同じ外様大名としての佐竹氏にもひしひしと感ぜられてきたことによると思うが、それに拍車をかけたものは、内部的な事情によるものと思われる。

その一つは佐竹義宣の側室西ノ丸殿がキリシタンの宗旨に傾倒し、仏教への帰依を拒んだことに激怒したこと、第二には、元和八年（一六二二）仙北地方に起った大眼宗事件にうながされて激発したもののようである。西ノ丸殿は城中を追われ、側近のキリシタンの女中たちもまた宿元に帰された。大眼宗は鉱山地帯で多く信仰され、その宗旨は神仏を信ぜず、太陽と月とを崇拝し、奇蹟を行ったとあるから、一つの民間信仰として発達したものであろう。大眼宗事件とは、その信徒と横手城士との衝突事件をいうのであって、この事件のため、信徒六〇余名が捕えられ、処刑されたが、その中に二人のキリシタンがいたため、大眼宗とキリスト教とが混同され、迫害がキリシタンの上にはねかえってきたのである。カルバリオはその直後仙北地方を訪れたのであるが、その時、四家族三〇名のキリシタンが家財を奪われて追放されていたと伝えている。

しかし、決定的な迫害が始まり、キリシタンの殉教者を出すにいたったのは、寛永元年（一六二四）以降のことであった。佐竹義宣が国家老梅津憲忠に書を送って、領内のキリシタンを調べ、転宗を申し出た者も皆捕えて投獄することを命じたのは、寛永元年正月一八日（実は元和一〇年、陽暦の一六二四年三月七日）であった。それに先きだって、元和九年一〇月一三日（陽暦、一六二三、一二月四日）江戸で捕えられたキリシタン五〇名が火刑にされ、ついで一一月三日（陽暦、一六二三、一二月二四日）には宿主であった異教徒一三名を含めて三七名の者が、キリシタンの故をもって、火刑・はりつけ・斬首の刑に処せられ、江戸の人々の耳目をおびやかした。そのきびしい弾圧に加えて、元和九年一二月七日（陽暦、一六二四、一月二六日）に将軍家光は伊達政宗を江戸城中に招き、キリシタン禁制について、精神的圧力を加えた。政宗は自らを保つために、その翌日、キリシタン迫害の命令を国元に送っている。佐竹義宣は当時江戸にあってキリシタンの処刑を見聞し、今また伊達政宗の重圧を知っては、心理的にも恐怖感がわき立ってきたにちがいない。それが秋田領での迫害となって現われたものであろう。

その命令はただちに実施され、キリシタンの藩士と各地で二〇〇名以上のキリシタンが捕えられ投獄された。しかし、その年の三月一一日（陽暦、一六二四、四月二九日）の義宣の書状を見ると、鉱山に住むキリシタンの他国者の処置について、幕府の意志を伺い、その結果、自領民と他領民とをとわず、キリシタンは皆藩において処罰すべきこと、捕えられる時棄教する者はゆるすべきことを、土井大炊頭より指令されているので、迫害の方法はたしかめられ、全領内での弾圧が進行したものと考えられる。

春になって寛永元年五月一日（陽暦、一六二四、六月一九日）義宣は帰国し、間もなく取調べが行われたものであろう。やがて大処刑が行われることになった。

久保田の殉教者たち

義宣が領内キリシタンの迫害を決意したその反映であろうか、江戸詰めの藩士に仕えていたルイジ・タロウジ(Luigi Tarogi 太郎次 一六二五年の日本年報には Luigi Vsiyoie ともある)及びマテオ・シチエモン(Matteo Xichyemon 七右衛門 一六二五年の日本年報によれば Giouanni xiyemone とある)の二人が、キリシタンの故をもって放たれ、久保田に帰郷して、なお改宗をきかないために、三月二八日(一六二四、二月九日)斬首された。

こえて四月二日(一六二四、二月一四日)西ノ丸殿の侍女で、カルバリオより洗礼を受けたモニカ・オイワ(Monica Oiua お岩)が親元で殉教した。西ノ丸殿の追放と共に城中を下がったお岩は親元に帰った後、棄教しないために斬首されたのである。時に二七歳であった。

当初捕えられた者は多数の武士と二〇〇名に余る各地のキリシタンといわれていたけれども、説得や脅迫が加えられて転んだ者も多かったにちがいなく、処刑前久保田の獄中に捕えられていたのは四三名に過ぎない。この時一五歳未満の子供は除外された。婦人はその家に監禁されるか、別の家に留置されて、これもまた、家族・親類・知人によって棄教するよう強制されたけれども、天主に命を捧げ、信仰のあかしを殉教に期して、迫害に負けない婦人もあったのである。

梅津政景の日記六月三日(陽暦、一六二四、七月一八日)の頃に「キリシタン衆三十二人火あぶり」とあって、この日、信仰を貫いた武士たちが、夫や子と共に天国に永遠の生命を得ようと望む婦人を含めて、処刑されたのである。その人々は、

ジョワンニ・河井喜右衛門(Giouanni Cauai Chiyemon)
ペートロ・河井清蔵、その子(Pietro Cauai Xeizo)
トマソ・河井喜太郎、その第二子(Tomasso Cauai Chitaro)
ジョワンニ・加倉井九郎右衛門(Giouanni Cacurai Curoyemon)
ヤコモ・加倉井次郎右衛門(Giacomo Cacurai Iiroyemon)
ジョワンニ・勝田采女(Giouanni Catta Uneme)

マリヤ、その妻（Maria）
ヨワキノ・鯨岡仁右衛門（Gioachino Cugirauoca Niyemon）
トマソ・与左衛門、その子（Tomasso Yiozayemon）
シモン・菊地甚兵衛（Simone Chicuci Iimbiòye）
エリザベタ、その妻（Elisabetta）
ポーロ・沼田縫右衛門（Paolo Numata Nuyemon）
ペートロ・中野大学（Pietro Nacano Daigacu）
レヂナ、その妻（Regina）
アレッシオ・近江三右衛門（Alessio Omi Mòyemon）
サビナ、その妻（Sabina）
フランセスコ・大野又左衛門（Francesco Ono Matazayemon）
ルカ・小松太郎兵衛（Luca Comatzu Toròbioye）
テクラ、その妻（Tecla）
ポーロ・小松市兵衛、その子（Paolo Comatzu Icibiòye）
マリヤ、その妻（Maria）
ジュリアノ・安藤弥兵衛（Giuliano Ando Yañòye）
カンディダ、その妻（Candida）
マルタ、その母（Marta）
トマソ・芳賀善右衛門（Tomasso Fanga Ienyemon）
サビナ・アシァシァ（Sabina Aciacia）
フィリッポ・三浦惣次右衛門（Filippo Miura Sociemon）
ヤコモ・佐々木三助（Giacomo Sarachi Sansuche）
マダレナ、その妻（Madalena）
ビンセンゾ・萩原喜左衛門（Vincenzo Fanguiuara Chizayemon）
モニカ、その妻（Monica）
セコンド・佐藤太郎兵衛（Secondo Satò Taròbiòye）

の三二名で、うち婦人は一一名、子供一名であった。子供は当時一三歳の河井喜太郎であって、父及び兄と共に殉教を望んで死んだのである。刑場に着くと、皆柱にくくられ、とろ火でやかれた。三二本の柱からは「主よあわれみたまえ」の声がとどろくように聞えてきたという。

越えて六月一日（陽暦一六二四、七月二六日）には、前の人々のように身分の高い武士ではなく、各地で捕えられて久保田の獄中にあった、

シモン・大谷与左衛門（Simone Itani or Oia Lozayemon）
カテリナ、その妻（Caterina）
ディエゴ・望月九左衛門（Diego Mocizuchi Cuzaiemon）
マダレナ、その妻（Madalena）
レオン・清野次兵衛（Leone Chiòno Gifioye）
カテリナ、その妻（Caterina）
ジョワンニ・井上幾左衛門（Giouanni Inouye Icizayemon）
ペートロ・酒井九郎右衛門（Pietro Sacay Curòyemon）
ロレンゾ・加賀九郎兵衛（Lorenzo Canga Curòbiòye）
レオン・筑前仁左衛門（Leone Cicugen Nizayemon）
コスモ・柴田作右衛門（Cosmo Xibata Sacuyemon）
シモン・関東佐太夫（Simone Quanti Sadayù）
ディエゴ・越前太郎兵衛（Diego Yecigen Daròbiòye）
マルチノ・貝沼八郎右衛門（Martino Cainuma Faciròyemon）
レオン・加賀良玄（Leone Canga Reòguen）
ヨハキノ・越後彦右衛門（Ioachino Yecigo Ficoyemon）
ミケレ・伊豆国九蔵（Michele Icunocuni Cuzo）
フランセスコ・薄井近江（Francesco Vsui or Viuino Omi）
ポウロ・杢之助（Paolo Mocunosuchi）
ポウロ・赤沢文右衛門（Paolo Acaiaua Bunyemon）
マテオ・忠三郎、その子（Matteo Chiuzaburò）
アンドレア・忠次（Andrea Chiugi）
グレゴリオ・赤沢次郎左衛門（Gregorio Acaiaua Giroxayemon）
フランセスコ・次郎兵衛、グレゴリオの兄弟（Francesco Sirobiòye）

ビンセンゾ・大作、その子（Vincenzo Osucu）の二五名と、院内で捕えられ、久保田の獄に送られて来た院内のキリシタン二五名、

ルイジ・大津三郎右衛門（Luigi Votzu Saburoyemon）
ジョワンニ・岩見三太夫（Giouanni Sandayu Iuami）
ヨハキノ・仙北大学（Gioachino Xembocu Daigacu）

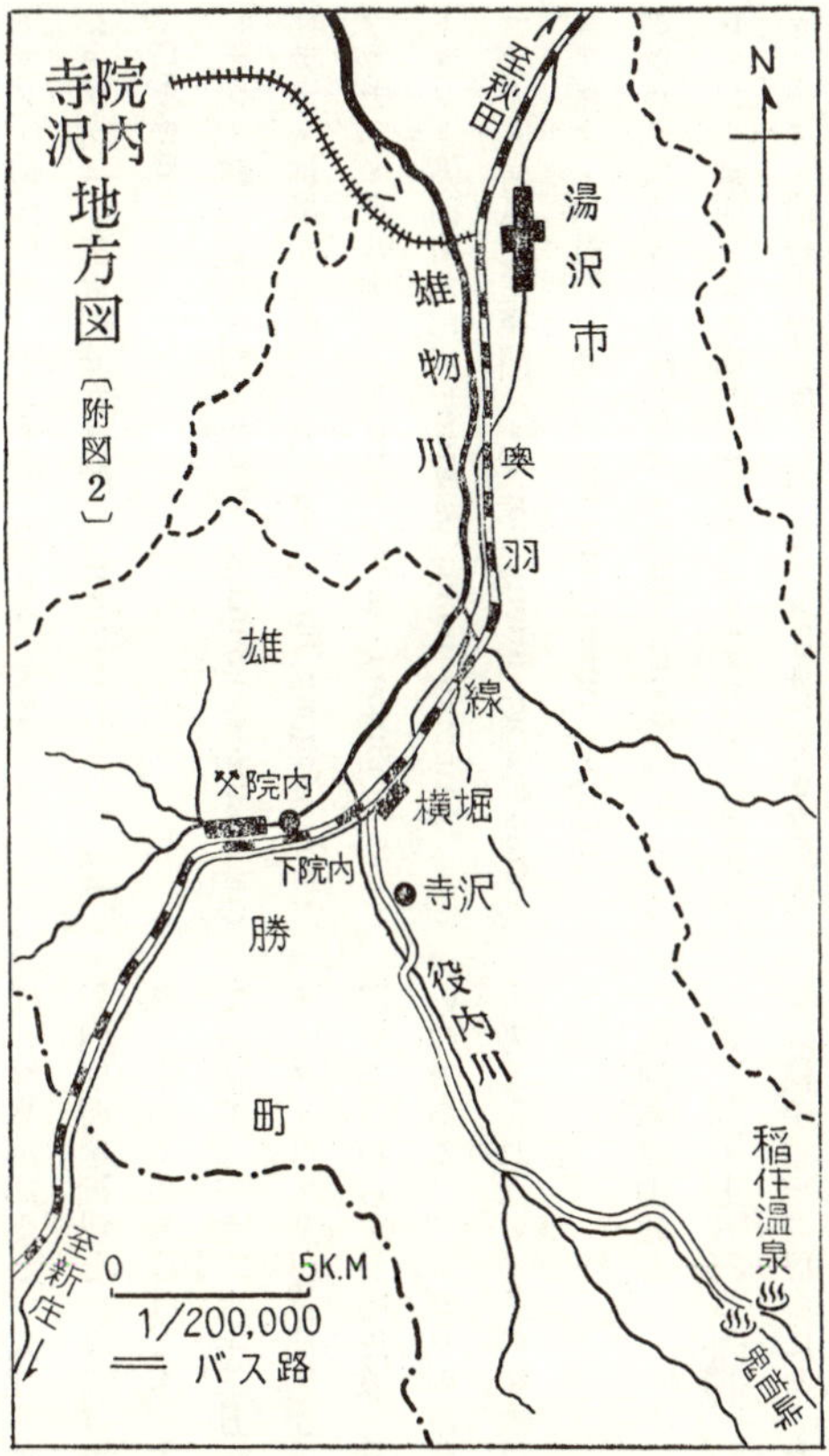

ガスパル・関東次郎左衛門（Gaspar Quanto Iirozayemon）
シモン・岩見如憲（Simone Guami Gioquen）
ジョワンニ・岩見伊兵衛（Giouanni Siuami Ifioye）
ヨハキノ・荒木和泉（Gioachino Arachi Izzumi）
ジョセッペ・弥右衛門、その子（Gioseppe Yaemon）
ロレンゾ・小坂七兵衛（Lorenzo Ozoca Xichibioie）
フランセスコ・備後喜左衛門（Frencesco Bingo Chizayemon）
ロレンゾ・播磨甚四郎（Lorenzo Farima Ginxirò）
ダミアノ・尾張清左衛門（Damiano Ouari Xeizayemon）
ドミニコ・越前九兵衛（Domenico Yecigen Cuñoye）

トマソ・越後孫蔵（Tomasso Yecigo Mangoso）
ジョワンニ・左近司助右衛門（Giouanni Socoij Sucheyemon）
レオン・駿河五左衛門（Leone Surunga Gozayemon）
マテオ・越後助右衛門（Matteo Ycilg Sucheyemon）
マッチア・長井弥吉（Mattia Nagai Yachigi）
トマソ・備前清九郎（Tomasso Bigen Xeicuro）
マテオ・岩見七左衛門（Matteo Iuami Sicizayemon）
ヨアキノ・岩見武兵衛（Gioachino Iuami Bufioye）
ポウロ・岩見茂兵衛（Paolo Iuami Mafiòye）
レオン・越前五郎右衛門（Leone Yecigen Goroyemon）
マッチア・仙台市郎兵衛（Mattia Xendai Icirobioye）
ロレンゾ・伊勢宗十郎（Lorenzo Ixe Sogiuro）

が共に、久保田の刑場で斬首された。

この二回とも、その殉教の地は谷内佐渡（秋田市）といわれていたけれども、内外の史料ともそれを確認しうるものがない。久保田の町から三レグワの地で、近隣の地方から見物にきた人々が道路も丘も広場のまわりも一ぱいつめかけたと、大体の地形が想像されるだけである。谷内佐渡を刑場というのはヤナイ（Ianai）という地名に負うものであるけれども、ヤナイは院内（Innai）の誤りであって、一六二六年三月一五日付の年報を書いたバッチスタ・ボネリ（Padre Battista Bonelli）の明らかな誤記であるから、谷内佐渡を殉教地とする根拠はなにもないのである。三レグワの距離も正確なものをあらわすとも考えられない。その場所は不明である。

善知鳥《うとう》の殉教者

同じ年の七月三日（陽暦、一六二四、八月一六日）には、捕えられて横手（横手市）の獄中にあった三名の知美鳥のキリシタンが、横手で斬首された。その名は伝えられないけれども、太右衛門と彦兵衛というキリシタンが成敗されたと記録されているから、その中の者であったであろう。

寺沢の殉教者

寺沢のキリシタンは捕えられて後、久保田に送られ、

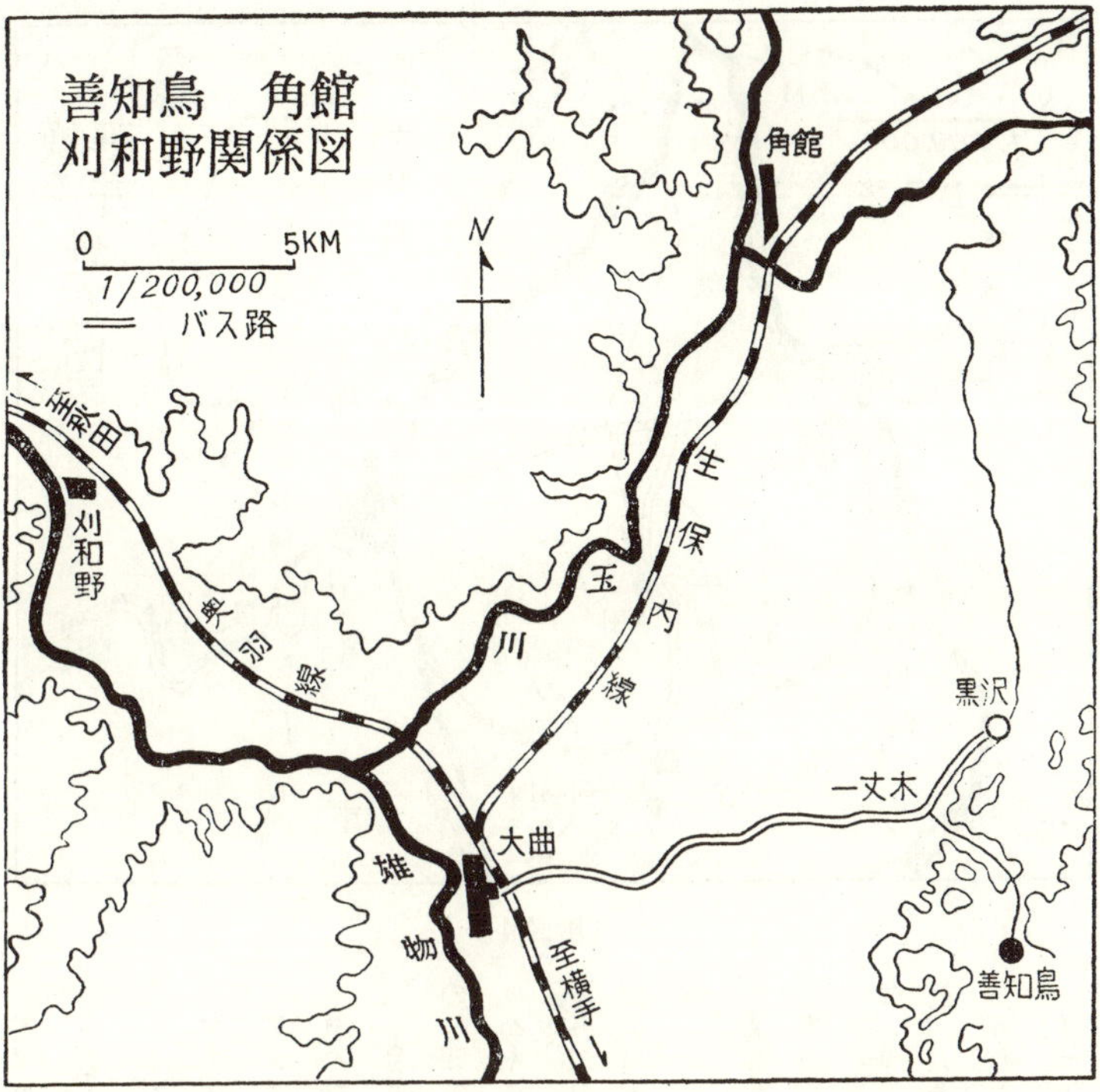

〔附図3〕

七月二〇日（陽暦、一六二四。九月四日）に斬首された。その人々は、

ジョワンニ・馬井六左衛門（Giouanni Omai Rocuzaiemon）

マダレナ、その妻（Madalena）

ポウロ・四郎兵衛（Paolo Xiròbiòye）

ヨアキノ・寺沢与兵衛（Gioachino Terazaua Yobioye）

シスト・加左衛門、朝鮮生れ（Sisto Cazzayemon）

カテリナ、その妻、朝鮮生れ（Caterina）

トマソ・孫十郎（Tomasso Mangogiùrò）

ヨハキノ・林太郎右衛門（Gioachino Fayaxi Taròyemon）

マリヤ、その妻（Maria）

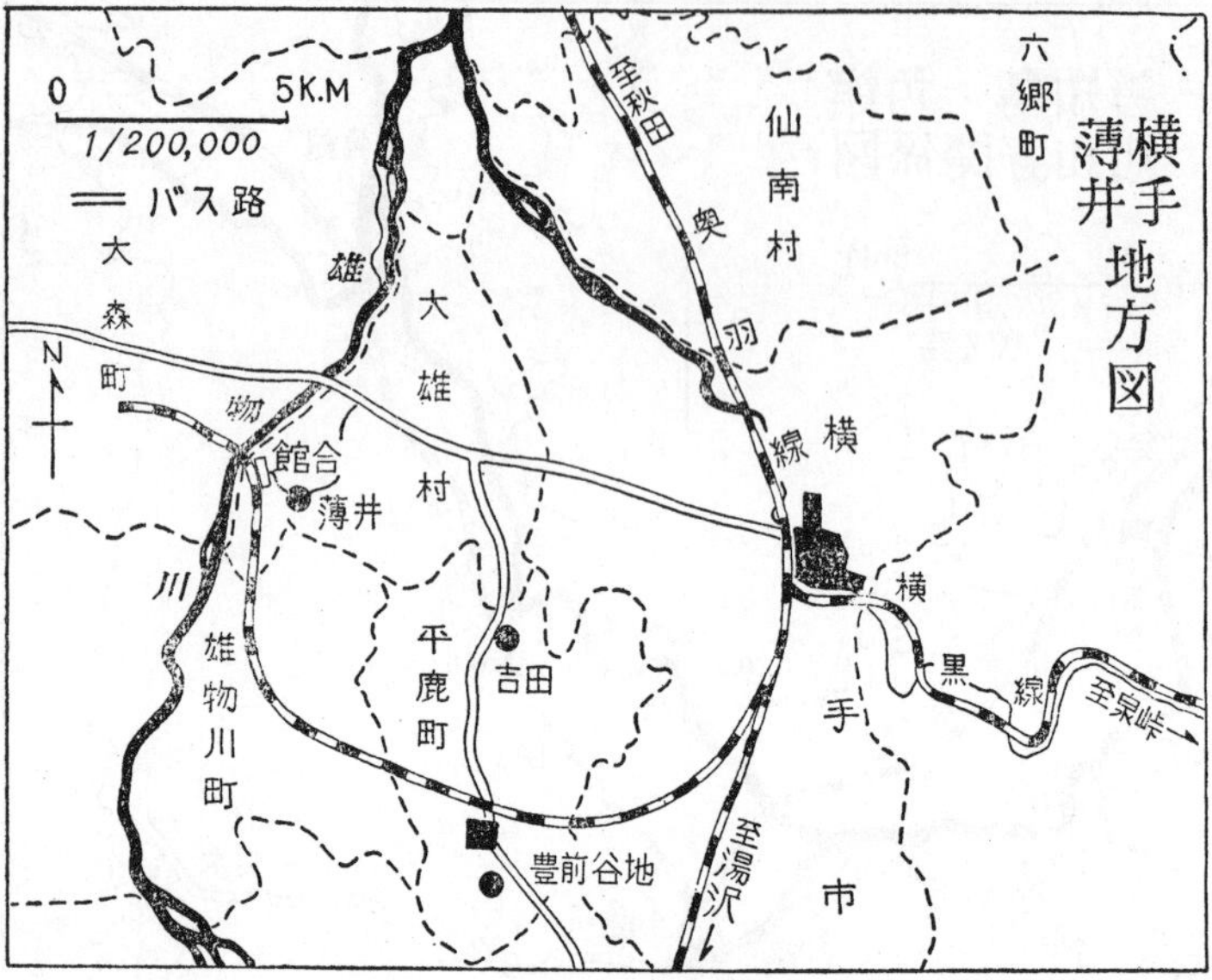

〔附図4〕

マッチア・寺沢太郎右衛門（Mattia Tirazaua Taròyemon）
ルイジ・弥三郎（Luigi Yasaburò）
マテオ・源五郎（Matteo Gungorò）
アンナ、その妻（Anna）
ヨハキノ・小林若狭（Gioachino Cabuyazi Vacasa）

の一四名であった。このほか、獄中の苦難のため、ヨハキノ（Gioachino もう一人の）は五月二八日（陽暦、一六二四、七月一三日）、エリザベッタ（Elithbetta）という婦人は七月八日（陽暦、一六二四、八月二一日）死んだのであった。

薄井の殉教者

善知鳥のキリシタンが横手の獄中で迫害されている時、仙北地方薄井のキリシタンがまた投獄され、八月六日（陽暦、一六二四、九月一八日）に、
ヨハキノ・下野（Gioachino Ximosu）
トマソ・清助（Tomasso Xeisuche）

ミケレ・馬之丞（Michele Vmanoion）
シモン・平右衛門、ヨハキノの子（Simene Hiyemon）
の四人が横手で斬首された。善知鳥と薄井のキリシタンの刑場は、今の平鹿町吉田の一本杉といわれている。

さまざまな殉教

殉教者たちの妻子の中には獄中から帰された者もあったが、院内のキリシタンで六月一一日に殉教した岩見如憲の妻マリア（Maria）のように自ら名乗りでて処刑された者もあった。中には院内のキリシタンが久保田の獄に入れられる時、捕吏に抗言して捕えられた者もいた。この二人は八月一二日（陽暦一六二四、九月二四日）斬首された。

あるいは、マリヤ（Maria）とシスト（Sisto）のように、迫害の始めに追放され、山中をさまよい歩き、信仰を守って凍え死んだ者もいた。このように色々の地方で、さまざまな仕方でもって迫害され、追放されて死んだ者は寛永元年（一六二四）中で一〇九名に及んだといわれるけれども、その数は更に多かったかも知れない。

四　潜伏と終末

キリシタンの潜伏

寛永元年に各地で行われた迫害は、専制的なきびしさをもっていたけれども、キリシタンを狩り取ることはできなかった。中には薄井村のある異教徒のように、その村で生れ、殉教したフランシスコ・近江（Francesco Vomi）の霊に導かれて洗礼を受けた者、寛永二年（一六二五）秋田で受洗したポーロ・沼田縫右衛門（寛永元年六月三日の殉教者）の子供たちのように、改宗者もあったのである。

秋田市鍛冶町に残る元文二年（一七三七）の類族扣《ひかえ》之帳を見ると、現在の鍛冶町・上鍛冶町・五丁目横山町に四人の転キリシタンが記録されていて、当時の下町、すなわち町人町にもキリシタンがいたことが明らかになる。

それら、いろいろな階層のキリシタンは寛永元年の迫害にも捕えられなかった者がいたのである。久保田での殉教の時、刑場の廻りに集まった群集の中には多くのキリシタンがいたと伝え、また久保田の殉教者の死体はキリシタンによって埋葬されたといわれるのは、そうしたキリシタンの存在を物語るもののようである。

それに応じて、藩の態度も硬化してきたようである。

今、万治二年（一六五九）幕府の宗門改め役北条安房守におくられたキリシタン調申立によって整理してみると、

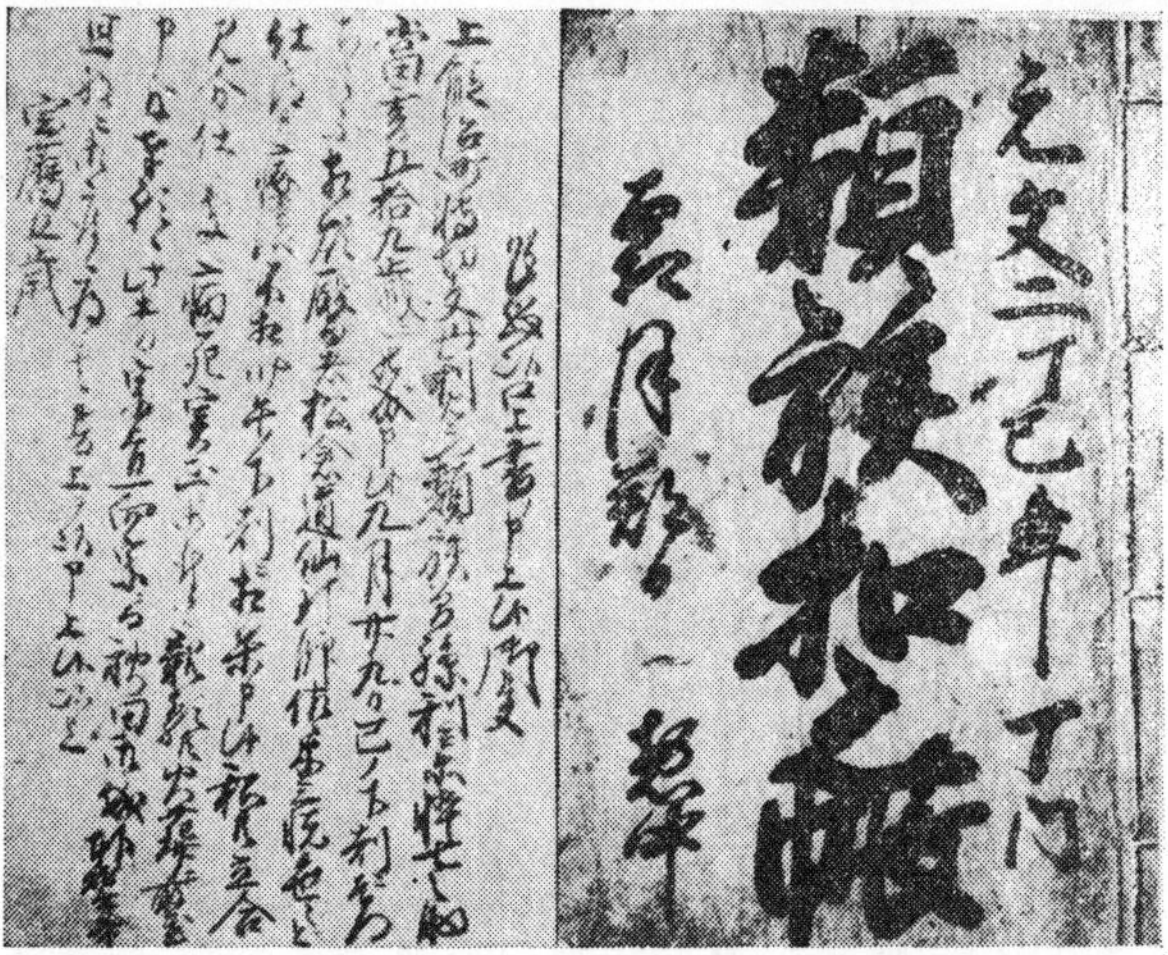

類族扣之帳　秋田市鍛冶町に残る元文二年（1737）十一月一日付の類族ひかえの帳である。左に内容の一つを示した。ころび切支丹利右衛門の類族利兵衛の子七之助が宝暦五年九月二十七日病死の時の書上げである。

人名	入牢の年	ころび宗旨	出牢年月日	在牢年数	管理様式	身分
小林十郎左衛門	寛永一九年江戸に召され、ころびてゆるさる					佐竹、河内家来
矢野総太郎下男忠右衛門女房	右同					
長左衛門	元和七年	ころび禅宗	寛永廿年一二月廿日	二二年	町あずけ	久保田川端大工
左之助	元和七年	ころび禅宗	寛永廿年一二月廿日	二二年		秋田比井野百姓
治右衛門	元和七年	ころび禅宗	元和七年		新関村あずけ	仙北下院内百姓
清蔵	元和八年	ころび一向宗	慶安三年一二月一二日	二八年	町あずけ	仙北刈和野町人

三六	元和九年	ころび 浄土宗	寛永廿年一二月廿二日	二〇年	村あずけ	仙北上淀川百姓
善右衛門	寛永元年	ころび 禅宗	承応二年六月晦日	二九年	村あずけ	仙北豊前谷地百姓
喜四郎	先年	ころび 法華宗	正保元年正月一六日		村あずけ	仙北横堀村百姓
永田権兵衛の子 永田半左衛門	寛永四・五年頃権兵衛ころぶ時に入牢		万治二年いまだ牢中に在り	三二・三三年		湯沢佐竹美作家来
同人二男 永田小兵衛	右同		右同	右同		右同
七兵衛女房	七兵衛成敗の時ころぶ					仙北刈和野
同人女房の姪	きりしたんにあらず				組あずけ	右同百姓
了徳	右同					秋田医者
二郎兵衛女房	右同				村あずけ	秋田比内小勝田村百姓
右二郎兵衛男子とん	右同					百姓
同女子留す	右同					右同
同男子あか	右同					右同
嘉平次女房	右同	禅宗	慶安四年	出牢	湯沢あずけ	仙北刈和野町百姓
糀屋与吉後の女房	右同	禅宗	慶安四年五月朔日	出牢	荒屋村あずけ	仙北刈和野町百姓
彦右衛門後の女房	右同	禅宗	慶安三年三月五日	出牢	鍋倉村あずけ	仙北刈和野町百姓
右同 継子男へん	右同	禅宗	承応二年閏六月四日	出牢	川能目村百姓あずけ	仙北刈和野町百姓
右同 継子茂吉	右同	禅宗	承応二年閏六月五日	出牢	湯沢町あずけ	仙北刈和野町百姓

となって、大迫害後における藩のキリシタン政策が良く出ているのである。殉教が行われた前後に捕えられて転《ころ》んだ者も、転べばゆるす方針にかかわらず、中には二〇〜三〇年の間、獄中にあって、痛苦をなめ、出牢しても、町、村あずけとして監視されたのである。湯沢の佐竹の分家、佐竹美作の家来永田半左衛門・小兵衛兄弟の如きは、父親権兵衛がキリシタンとして、江戸に召しのぼさ

れた後、転んでゆるされたにもかかわらず、兄が八、九歳、弟五、六歳の時、寛永四、五年頃から万治二年まで三二、三年を獄中に過していたのである。キリシタンにあらずといっても、年次は不明だが入牢し、ゆるされた後も監視されていて、疑惑があれば徹底した処置がとられたことを物語っている。そのほか、すでに大迫害の頃から転びや、非キリシタンを確認するため、寺請制度がとられていたことも知ることができる。

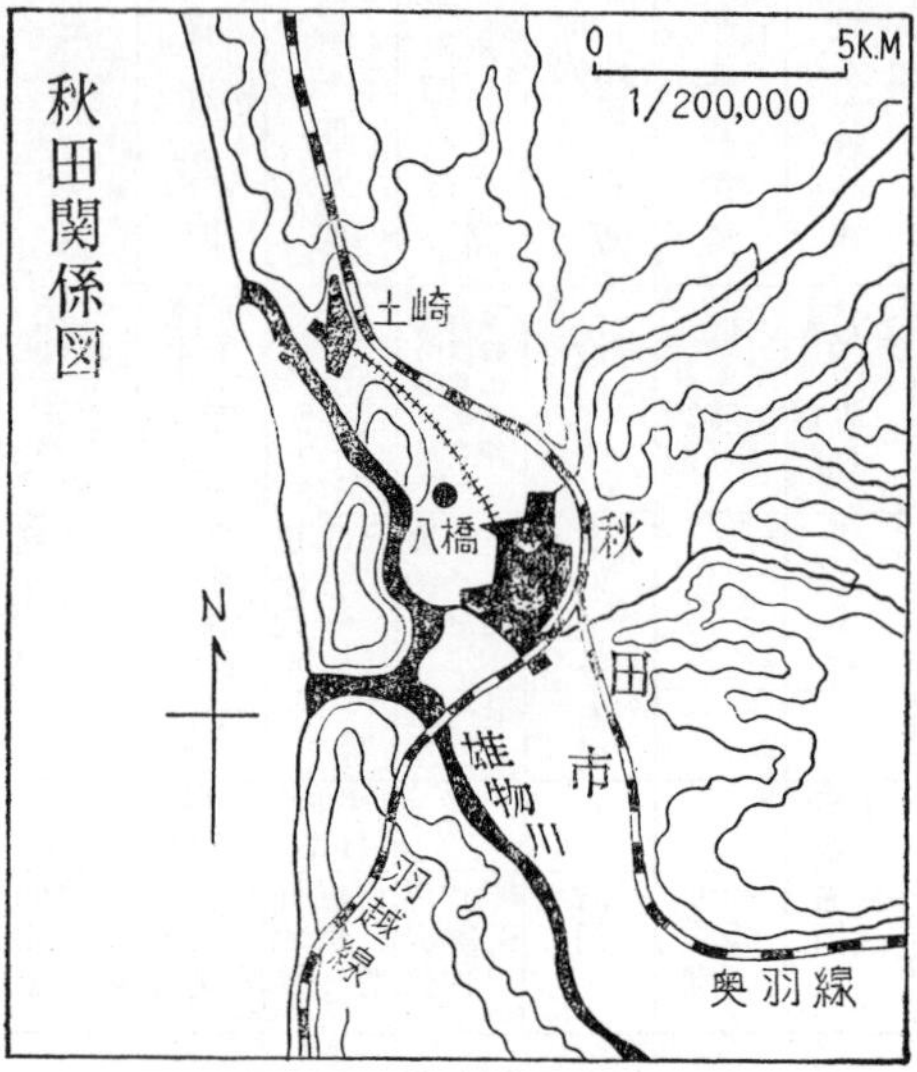

〔附図5〕

これらの方針は、三代将軍家光の時代になって、幕府の基礎も固まり、その禁教政策が諸藩に徹底してきたことに応ずるものと思われるが、そのような重圧が加重されるにつれ、キリシタンは沈黙を守り、潜伏し、表面的には棄教をよそおわなければならなかった。

本荘の殉教者

捕えたキリシタンに棄教をうながすと共に、新たな潜伏したキリシタンの捜索も続けられた。このことは秋田藩だけでなしに、隣藩の本荘（本荘市、秋田駅乗かえ、羽越線本荘駅、約一時間）でも同様であって、寛永六年一月九日（陽暦、一六二九、二月四日）ジュアン美濃、その妻アンナ、ジュセフ井佐衛門、その妻マグダレナ、その娘イネス、ジュアン孫右衛門、その母マリア（又はマルタ）の男女七名が捕えられ、十字架上で殉教したのである。

湊・草生津の殉教

寛永一二年（一六三五）になると、秋田藩のキリシタンが湊（秋田市土崎港町）で火あぶり、草生津（秋田市八橋町）で斬首されている。その人数は明らかでないけれども、潜伏していたキリシタンが探し出され、転ばないために処刑されたものと思われる。

角館・久保田のキリシタン

キリシタンの捜索は、潜伏が顕著になってくると、嘱託金制度に見られる訴人政策もとり上げられてきたのであろう。秋田藩で、いわゆるキリシタン高札が領内各地に立てられた時期は、この時期かどうか明らかでないので、そのことを断定することはできない。

それにしても、訴人によって角館と久保田でキリシタンの疑獄が起ってきた。寛永一九年一一月（陽暦、一六四三年一月）南部の座頭やす市の南部キリシタンの訴えに関係して、角館の北家（佐竹氏の分家）の家中にキリシタンがいるといわれた。それは矢野主殿、七左衛門（小野崎）、八兵衛（矢野）母、太田新兵衛、小林十郎左（右）衛門、それに万治二年（一六五九）のキリシタン調中立に見える矢野総太郎下男忠右衛門の女房等であった。みな江戸に送られて取調べられることになったが、八兵衛母は取調べ前に、太田新兵衛は江戸の獄中で共に死んだ。その他はみな転んでいたために、取調べの結果、北家に帰された。しかし、なお疑いが持たれていたものか、万治二年当時、八二歳で生きながらえていた小林十郎左衛門はキリシタン調に登録されて、注意が払われている。

矢野主殿は人見宗次から馬術定許状を受けた人物であり、この事件で取調べを受けた人たちはみな一族であった。もし人見宗次をペードロ人見と同一人とするならば、矢野主殿と馬術の関係だけでなしに、信仰の面においても、その一族と共につながりをもっていたものでないかと思われるのである。

同じ年の六月には久保田に訴人する者があって、水野了徳、大森二郎兵衛の二人がキリシタンの疑いでもって取調べられ、二郎兵衛は座敷牢に入れられたが、その子与惣兵衛は切腹し、その組の者石井嘉左衛門親子、益子某、小沢正八の三人は改易された。九月になって二郎兵衛は切腹を命ぜられ、了徳はゆるされた。水野了徳は尾張国内海の侍の子で秋田に移住してきて、医者を業としていた。この時ゆるされたけれども、再び訴人する者があって取調べを受けた。万治二年のキリシタン調にある了徳はそれである。

キリシタンの終末

この角館と久保田のキリシタン事件は、その処分の仕方から判断すれば、多くは転キリシタンであったであろう。しかし、きびしい探索によって、キリシタンが山林に逃避したり、鉱山に潜伏したりしているにちがいないとの疑いは、秋田藩でも幕府でも持っていたようである。寛永一六年（一六三九）には南部境の山中にキリシタンがひそむとて、両藩で山狩りを行うことになったが、山狩りを受持った秋田藩の大館の武士と南部藩士が衝突し、幕府の裁決を受けるさわぎにまで発展している。寛永一九年（一六四二）になると、奥羽山脈の中にキリシタンが潜伏するといって、その捜索が江戸から東北諸藩に下ったり、慶安年間（一六四八—五一）になると再び秋田領の山地の取調べが秋田藩に命ぜられたりしているけれども、その目的は果されてはいない。

一七世紀も後半になると、キリシタン改めについての諸制度が完備されてくる。水ももらさぬ網の目がいたる所にはりめぐらされてきた。これに対して秋田領内における伝道の歴史は浅く、キリシタンの存在から、寛永元年の大迫害まで数えても、約二一年に過ぎず、伝道開始からすれば九年に満たなかった。しかも、寛永元年（一六二四）の一月パードレ・カルバリオが仙台領下嵐江で捕えられて後、キリシタンを救済し、信仰をひろむべき宣教師の潜入も絶えてきた。秋田キリシタンの伝統は浅く、層は薄かったし、コンフラリヤが組織されたにしても、それが強化されるには歴史も短かった。それなのに迫害の嵐は厳しかったので、キリシタンの芽は次第につみ取られていった。万治元年（一六五八）の井上筑後守が北条安房守に宗門改役を引継ぐときの宗門改め記録の中の「吉利支丹出て申す国所の覚」の中に「出羽国久保田、多数、内侍四五人」とあるけれども、それは転びキリシタンの記録に過ぎないであろう。そのことは翌年のキリシタン調申立の中で明瞭である。類族（キリシタン又は転キリシタンの一族子孫）の調べが受けつがれ、監視されたにしても、それらはキリシタンではない。秋田領のキリシタンは継続的な弾圧の嵐の中に次第に埋没して、消え去って、その跡を残すことがなかった。

参考文献

(1) Lettera Annva di Giappone Scritta nel 1601 e mandata dal P.Francesco Pasio V.Prouinciale. In Roma. M.DCIII.

(2) Lettera Annva del Giappone del M.DC.XII… Scritta dal P.Giouanni Roderico Giram. In Roma. 1615.

(3) Lettera Annva del Giappone del M.DCXIV… Scritta dal Padre Gabriel de Mattos della medesima compagnia di Giesv. In Roma. M.DCXVII.

(4) Lettere Annve del Giappone, China, Goa, et Ethiopia…Da Padri dell' istessa compagnia ne gli anni 1615. 1616. 1617. 1618. 1619. In Napoli. M.DCXXI.

(5) Relatione di Alcvne cose cavate dalle lettere scritte ne gli anni 1619. 1620. 1621. dal Giappone. In Milano 1625.

(6) Lettere Annve del Giappone de gl'anni MDCXXV. MDCXXVI, MDCXXVII.…In Roma, et in Milano. MDCXXXII.

(7) 純心女子短期大学、紀要　第三集

(8) 「義宣公家譜」（秋田図書館蔵）

(9) レオン・パゼス著「日本切支丹宗門史」吉田小五郎　訳

(10) 武藤鉄城著「秋田キリシタン史」（昭和二十三年、角館時報社）

津軽の切支丹

松野武雄

文禄頃（一五九二〜一五九五）、堀越城下（津軽為信城下四万五千石、弘前から東方十町位）において切支丹信仰の武士を、日頃不仲の武士が、私怨をもって殺害して逃走した。領主為信はその利刑であることを怒って封内に令し、直ちに下手人を追捕せしめたが、ついに行方を逸している。

慶長元年（一五九六）、為信は、その二男信堅と十一歳になる三男信枚《のぶひら》とを洗礼せしめ、且つ教理に明るい盲人をともない京都から帰った。信枚は領主となるに至ってローマ字の印章を使用している。時に国元にいる世子信《のぶ》建《たつ》は、自ら改宗した。あわせて美麗なる教会堂建立の望みもあったが、果さないで終っている。

慶長十九年（一六一四）四月初旬、徳川家康のために、計七十一人の士族信者たちが、監視役人にともなわれて船で来国した。これは当津軽における切支丹流謫の始まりらしく、以来数次にわたって送られてきた。

この人たちは備前安芸領主浮田秀家家中の人々が多く、しかも女子供を混えた貴族級の一行である。領主二代信枚は、その行状にいたく同情して、そのまま信仰を許し、城（弘前城）外の広い荒地を与えて開墾せしめたが、この地はおそらく鰺ケ沢港（弘前西方七里鉄道に添う）と弘前の城下との中間に位して、道路に添うた鬼沢村（弘前市西方二里）であろう。鬼沢村は昔備前村と称せられたのを見ても、この一行はここに住んだものと見られている。当時弘前城内三の丸に秀家の浪人どもが、召抱えられて、備前町という一町をなしていた。なおさらに津軽家の江戸邸に勤めていたものもある。またここの城下には備前屋と称する商人たちも居る。後にはこの同国人たちは、士庶互に相通じ相婚していた。

慶長十九年（一六一四）より翌二十年（一六一五）にかけて、津軽では前代未聞の大飢饉が襲来して、目もあてられない哀れなさまであった。ときに江戸市中に隠れていたエロニモ神父（国籍不明）は、この凶荒の信者たちを慰さめるために、多くの救助品を携えて入国したが、この間における津軽信者の忍耐謙遜の状況を報告している。土地の記録にも信枚は、この慶長十九年大阪表に出陣、翌二十年十二月末に下着しているが、封内街道筋には死人累々としておびただしく、これを飛越え飛び越え御通り、とある。また藩は財政窮迫中のこととて、その救済の如きもいと心細いものであった。

このときジュジェット会の神父デ・アンジェリスが、江戸からこれも津軽と松前にきて、親しくこの有様を見て、見渡す限り家もなく、畑も見当らず、盗賊の横行さえあったと述べているが、いかにも当時の有様がよくうかがわれる。

元和二年（一六一六）十一月二十六日、弘前において、若い士族マチヤス勘蔵が磔刑に処せられ、同時に男女六名の信者が火刑に処せられた。この勘蔵夫婦は、同じ仏教徒の武士を改宗せしめた罪により、特にいましめられて、背に死刑の小旗を背負わされ、弘前の往来を駄馬にのせて引廻された。その刑場では、柱にしばり、少し離して火炙りにして苦痛を与え、午前八時にはじまった火炙りが、十時に冥目したと記述されているが、しかも目撃者である仏教徒は、感動し、神として拝礼したという。この火刑の場所は、あとあと幾回も信者の刑場に使われている。

元和三年（一六一七）、結城という日本人の神父が、津軽の農耕信者の見舞にきた。さきの凶作以来、わずかな収穫で、信者の境遇はなおも気の毒の限りである。神父は、京都で得た義捐金を分配した。このとき、津軽の切支丹は五団体であり、その二団は流謫人、三団体は改宗の土着人であったという。

領主津軽信枚は、もと父為信以来、切支丹信者をよく理解して、比較的寛大に取扱っていた。しかし、改宗はしなかった。その罪のために次々と流謫される者、また、ここを安全の地として自ら潜入した者などの様々な活躍には、さすがに信枚も手を焼いたらしく、従って幕府の目も特に光っていた。そこで信枚はやむなく型通り所刑して、都度いちいち報告の実を示していた。しかし信者の数は次第に殖えて、その活動には、眼を放すことのできない危険なものがあった。

元和四年（一六一八）、津軽藩は初めて、領民に寺判取立の掟を布告した。

元和五年（一六一九）、この年の夏、イエズス会のガルバリオ神父（ポルトガル人）は、坑夫として秋田に入り、十五日間滞在、さらに商人を装うて和田勘右衛門と名を改め、従使である日本人伝導士は板屋善兵衛と称して、矢立（青森・秋田両県境）の嶮を越えて、高岡城下（弘前のこと）に入り、十八日間信者の慰問と伝道につとめ、さらに松前に赴いた。

元和七年（一六二一）ガルバリヨ神父は、またまた松前出帆、日時不明、弘前へ一里半程の港に着港したという。油川（青森から北一里半位）らしい。この時の師の記述に、京・大阪・越前・越中・能登・加賀などの信者になつかしく逢ったとある。この諸国から集まった信者たちは、商人として弘前の街にそうとう入込み、しかもすでにかなりなおちついた生計を立てていた。しかし商業に適さない農耕武士たちの生活は、寒国の農業法に馴れないため、甚だ不仕合せなものであったと思われる。また士族農耕者の外に、ここに集まった信者の大半は、やはり百姓となったが、藩の方針も専らこれが奨励に努めていた。

かくて、岩木村方面（弘前西方二、三里、駅よりバスあり）、大光寺方面（弘前東方一里半、二里、駅より電鉄あり）、目屋方面（弘前南西方三四里駅よりバスあり）などの比較的土地の肥えた方面に集まっているが、その他、海岸に出て半漁半農の暮しをする者、及び目屋の尾太金山（弘前南方七、八里、バス途中まで）、虹貝金山（弘前東方三里位、途中まで電車あり）などに潜入して、坑夫となったりなどして、おのおのそこを永住の地として生計にいそしんでいた。

とりわけ鉱山の如きは、山中深く目立たない場所であるから、諸国の世をはばかる信者たちが集まり、相寄り、時ならぬ繁昌振りであった。

この人々の多くは暖国に育っていて、その労力よりも、むしろ土地の寒さに閉口していた。神父たちは、そのどの隅々にまでもまめに訪問して慰さめたので、信者たちには、どれほどの喜びであったろうか。

そのために仏教徒でありながら、この際切支丹に改宗した者が、相当あったことも合点せられる。ガルバリヨ神父は、ここを去って碇ケ関（弘前より東方五里位、鉄道沿線）の難関を越えたが、幸い切支丹である関所役人の心ある取計いによって、無事に通過している。

元来この碇ヶ関は古名を嗔《いかり》ノ関といって、徳川の中期においてすら、「秋田より入るも碇ヶ関口より行くも、何れ嶮岨なる上下一里余の道、山高く谷深く、左右老木にて日は影を漏さず。初夏までも雪を見、二人並び行くこと叶わず。天嶮無双、箱根の関などの及ぶ所にあらず」と記されているが、況んや遠い当時の悪道を旅行く苦労はまことに計りしれなかったものと思われる。

寛永二年（一六二五）十二月二十七日、大和の人トマス助左衛門は、その改宗せしめた藩の名不詳の小姓とともに所刑せられた。助左衛門は薪とわらとで囲まれ、同時に刑を長引かせて苦しめるために、頭から足まで雪で埋められて火炙りとなり、その煙で窒息した。

同時に斬首になった小姓はキリストの名を唱えながら殺されている。この人たちの死骸は同じ切支丹信者たちによって運ばれたが、役人はそれを敢て引留めようともしなかった。

寛永三年（一六二六）イエズス会の一司祭が、これも秋田津軽の国境である、日本海に添うた大間越口より、厳重な津軽藩の関所を無事通過して、通り筋の信者たちを訪ね、さらに高岡城下（弘前のこと）に入って、ここの信者を訪ねたが、その毎日の訓戒の修業を見てひどく感嘆している。そしてなおこの他の信者たちをいちいち尋ね、幾日か滞在の後、南部方面であろう方へ立去った。

寛永三年（一六二六）一月十日、播摩の人イグナチオ茂左衛門が、さきに弘前にきて、ここで求めた妻を改宗せしめた罪により、火刑を宣告され、直ちに刑場に引かれた。この時折しも吹雪があったが、処刑中吹雪は止み、その後また勢いよく吹きはじめたという。この時に弘前には播摩出生の商人は三軒定住していたが、茂左衛門はその中の一人であろう。そして同国人たちが早速信者等と、彼の遺骸や鎖や柱の燃え残りを持ち去った。

此度切支丹之者共十一人引捕へ牢屋に押込置候之処今日於御会所御評定有之候然に右十一人之中に丹後豊後と申浪人御座候此者は江戸表浅草前亀屋と申宿にて笹

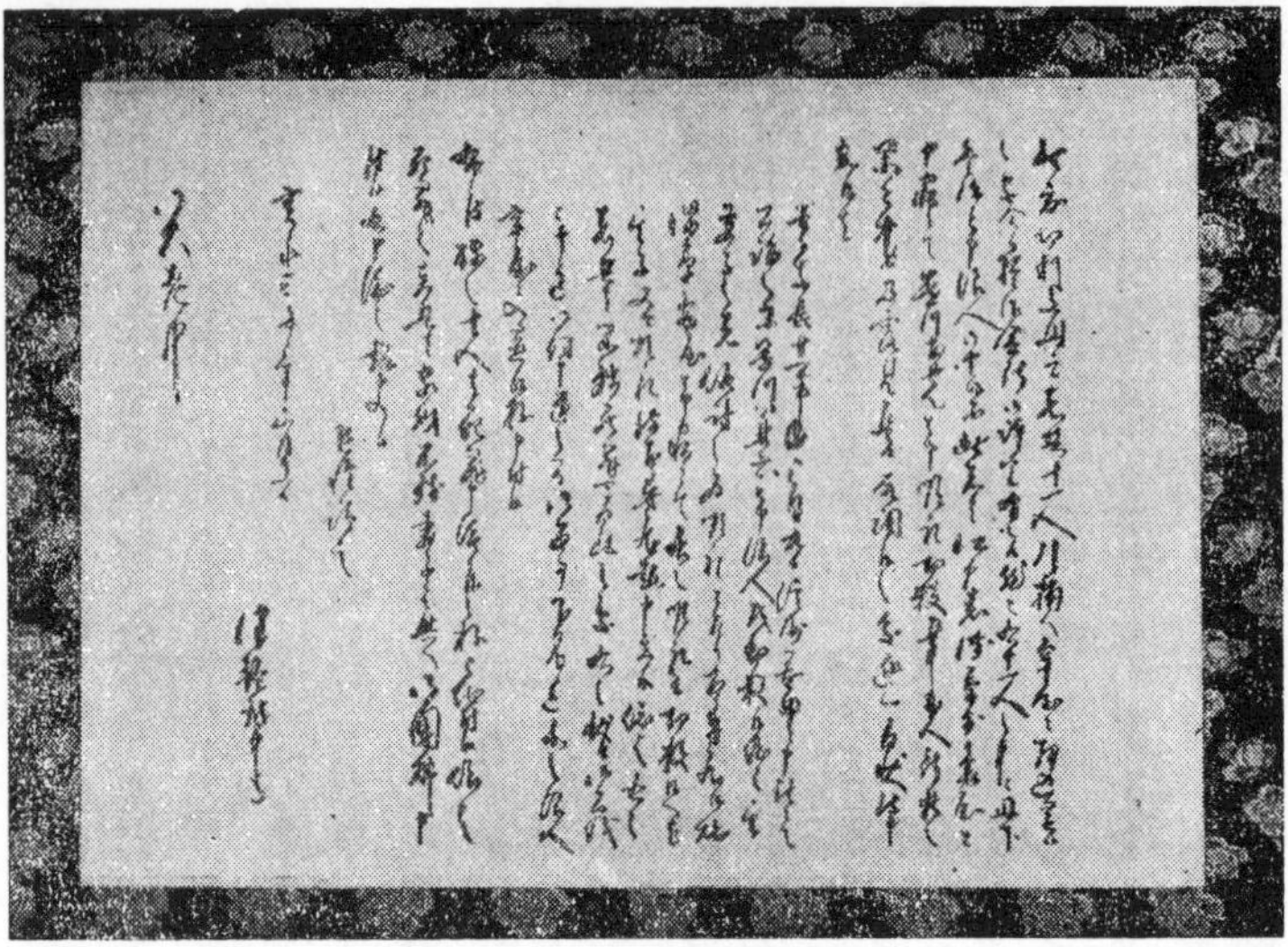

津軽信枚書状（筆者所蔵）

川おせんと申順礼切殺候事本人所持之品々中より及露見段々取調候之処逐一白状致申立候は
去る慶長十一年三月九日信州巻田と申所にて口論之末笹川兼六と申浪人を切殺候依之其妻子者仇討之為順礼となり相尋居候砌浅草亀屋と申宿にて右之順礼も切殺候へば其子又々順礼致相尋居趣申立候依之右之者共は不残死罪可為致之処右之状々御公儀に申達御伺申遣之間御返事下着迄右之浪人牢屋に入置候様申付候
右に付残之十人は死罪申渡候之様被仰付候依之死罪之者共は家財不残妻子え与へ御国払申付候右申渡之趣申入候

恐惶謹言

寛永三寅年正月十一日

津軽越中守

御大老中

寛永三年（一六二六）一月十一日、津軽信枚より幕府大老へ差出した自筆の書状によると、この度切支丹信者を十一人逮捕して入牢せしめ、これを奉行所において取調のところ、その内に丹下豊後と名のる浪人があった。この者の所持品によってその凶状持であることが発覚した。豊後の白状によれば、江戸浅草前旅宿亀屋で、女巡礼笹川おせん母娘を斬殺したという。この起りは、去る慶長十一年（一六〇六）三月九日、信州巻田という所で口論の末、笹川兼六と申す浪人を斬殺し、そのまま遁走したので、笹川の妻娘は仇討のために巡礼となり、探ね廻りまわって、江戸浅草前亀屋という宿で、はからずも同宿することになった。しかし妻娘は油断したため、かえってあわれにも返討ちにされたあげく、所持品すら奪われた。豊後はまたここを逃れ、切支丹信者にまぎれて偽信者になりすまし、同じく津軽に潜入したところ、この度一同とともに召捕られたもののようである。それにしても慶長十一年からこの文書の寛永三年（一六二六）までは、実に二十一年という永い日月である。然るにその次の娘が又々巡礼のため旅立ったことは、豊後の白状によってこれもわかった。されば豊後は入牢、この者の所置を伺うための書である。なお同時に、召捕の切支丹十人は、早速死罪申付、家財は妻子に引渡しの上、国払申付けたとある。

なお、この状とともに女の仇討免許状もあった。されば巡礼である豊後の娘は、幕命によってはるばるこの地にきて、届出のうえ仇討の本懐をとげ、帰国したものと思われる。

それにしても、この巡礼娘は、生れたばかりで父を失っても二十一歳になる。おそらく父母の顔も仇の顔も知っていなかったであろう。また所刑された信者の家族たちも、はるばるこの津軽にどうにかおちついたばかりなのに、その杖とも柱とも頼む父親を失って、その上あてどもなく国払いになるとは、ただただ気の毒の一語につきる。切支丹、偽切支丹、凶状持、仇討、返り討、この日本国の果て津軽に、すべて善悪とりまぜ、それぞれ集まった当時のさまが、よくうかがえる。

定

幾里したん宗門は累年

御禁制たり自然不審成
もの有之は申出べし
御褒美として

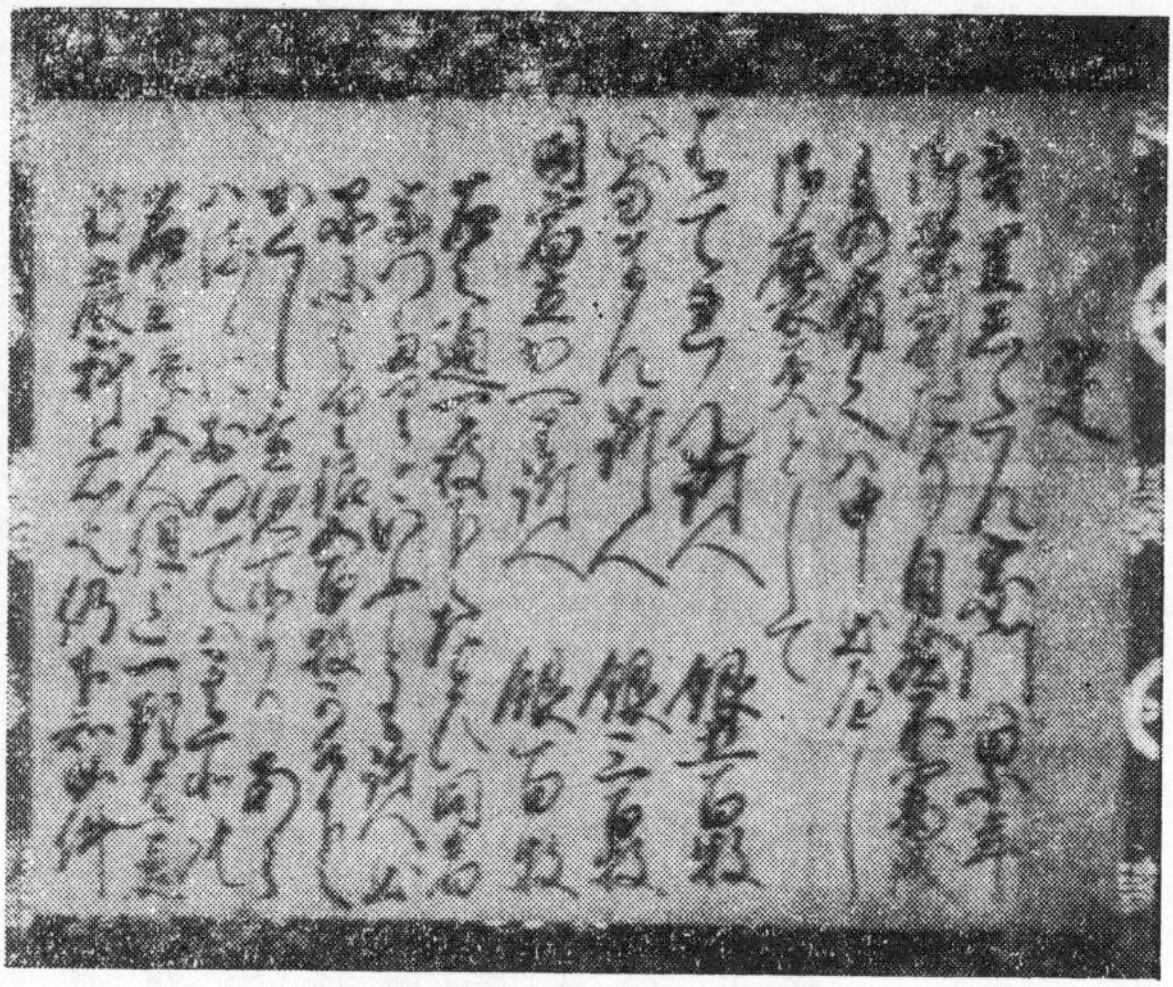

ばてれん門徒停止の令（筆者所蔵）

はてれん訴人　　　　銀五百枚
いるまん訴人　　　　銀三百枚
同宿立かへり訴人　　銀　百枚
右之通可被下也たとひ同宿
宗門たりといふとも訴人出
所により銀五百枚可被下之也
かくし置他所よりあら
はれ候におゐては其所の
名主幷五人組迄一類共可処
被厳科者也仍下知如件

寛永七年（一六三〇）六月、津軽藩は、初めて賞金をかけて、ばてれん門徒停止の令を布告している。

寛永十五年（一六三八）二月島原の乱鎮定。このとし月日不明、弘前において切支丹信徒が七十三人処刑された。七十三人とは実に多い数である。武士・町人・百姓・商人・男・女・老人・子供・土地の者・遠来の者、つまり種々の国籍取交ぜてであろう。しかし遺憾ながら、転ばずに終ったこの壮烈な人びとについて、その何事もわ

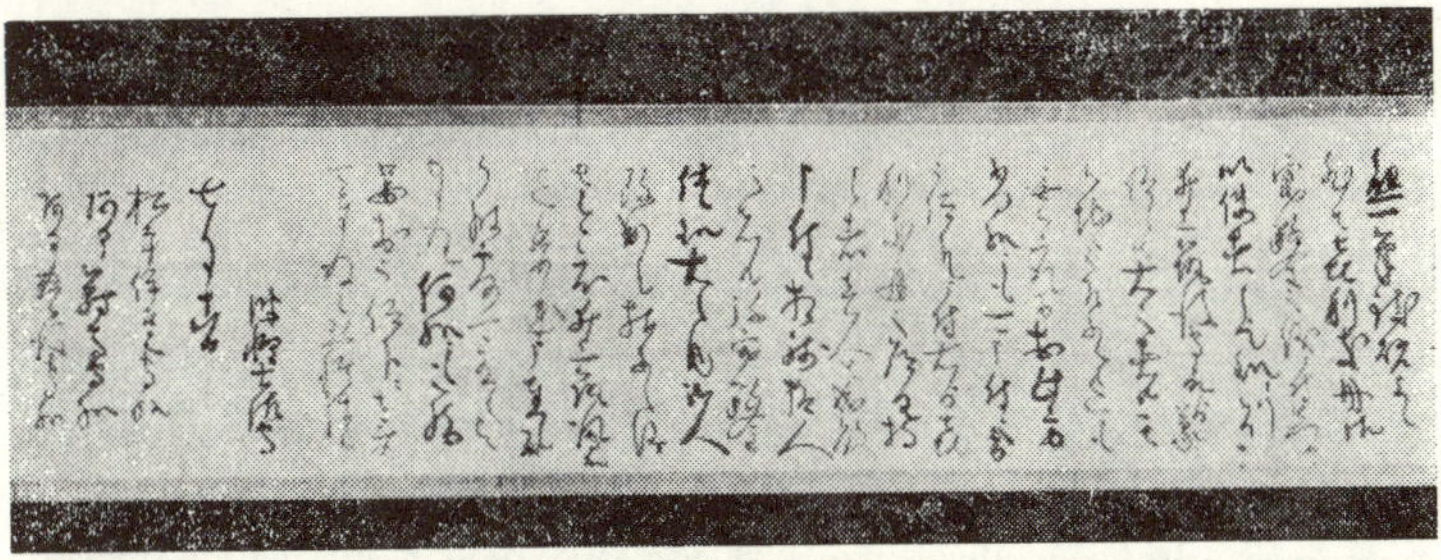

津軽土佐守信義書状（筆者所蔵）

かってはいない。

当時、弘前在住の武士たちにも中央での敗戦者があり、商人の如きはその屋号が示す如く、おびただしく雑多な国々の人びとであった。従って百姓の如きも、およそそのようなものと推察される。時あたかも、島原乱後のこととて、その煽りをうけて、ここでも比較的リーダー格の信者たちが、すかさず狩り出されて、ぎせいになったものなのか。それにしてもこの乱後、ここに遁れてきたという家もあり、また逆にここから島原へ入国したという家のことも聞いている。

態一筆致啓上候然ば喜利支丹御穿鑿之儀に付先日以使者申上候処に則井上筑後守殿より蒙仰候は右之者共其御地へ令差登候迄も無御座候間於此方如何様にも可申付之旨被仰候に付右より喜利支丹之道具持之者壱人を成敗申付候相残拾人之者共弥穿鑿仕候処右之内弐人改出申候様子之儀は今度井上筑後殿迄悉曲申達候間御披露可有之と奉存候何様にも御指図於被仰下には忝可奉存候　恐惶謹言

津軽土佐守

七月十八日

松平伊豆守様

阿部対馬守様

阿部豊後守様

寛永十七年（一六四〇）七月十八日、津軽三代土佐守信義から幕老にあてた書状によると、この年もまたこの

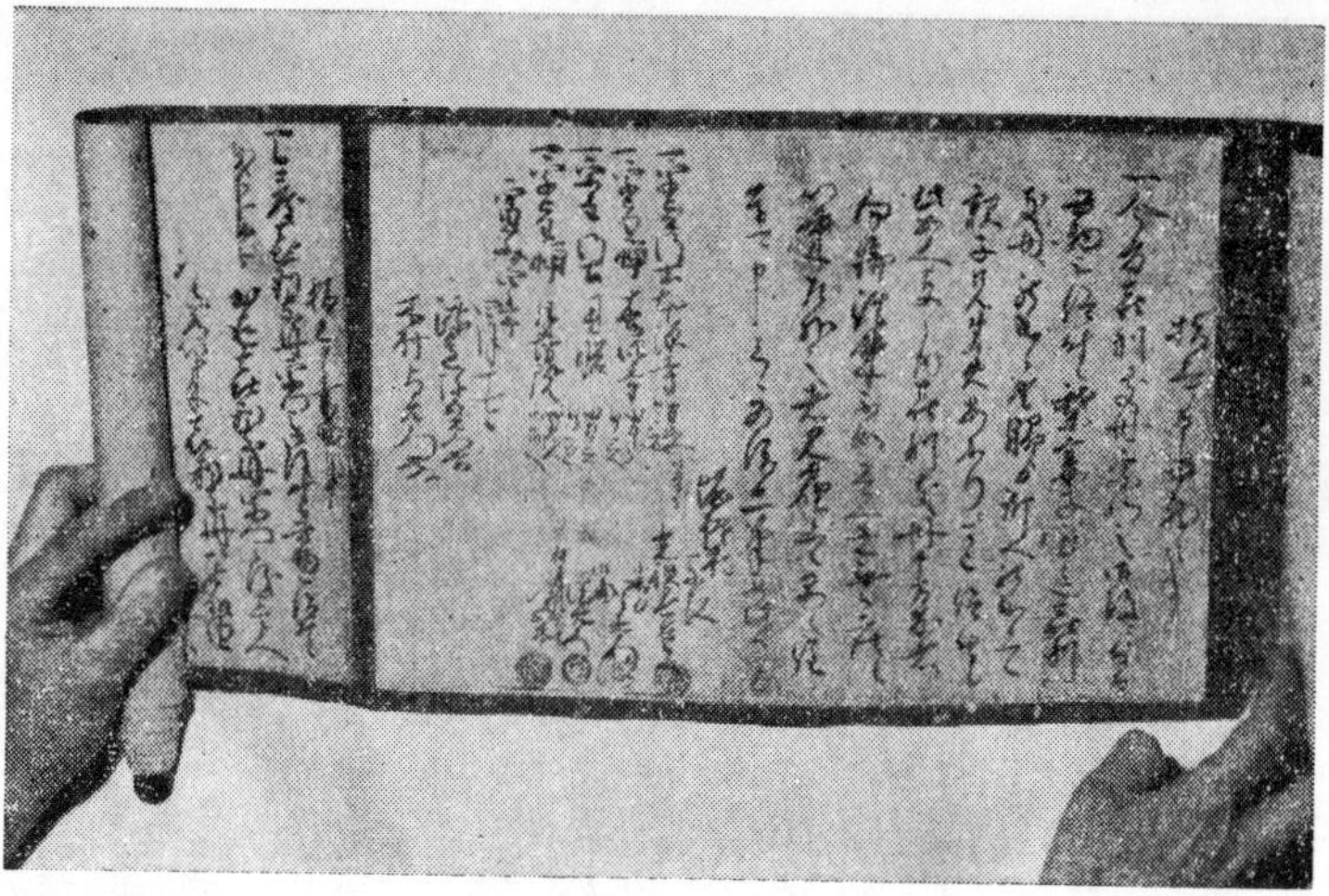

津軽堀越村百姓記証文（筆者所蔵）

地で切支丹信者十一人の逮捕について、先般井上筑後守（名正重、遠州横須賀城主五万二千五百石、幕府切支丹総取締役）まで上申し、それが所置を仰いだところ、其者共は敢て上せに及ばず、其地にて勝手に所置あるべきの許可あり、しからば早速拷問の処、内切支丹道具所持の者一人は成敗、さらに二人は転宗、残る八人に対して改めて今一応老中まで所置をうかがうといった念入の文面であるが、この切支丹たちは、おそらく型の如く火刑になったと思われる。

寛永二十年（一六四三）月日不明、津軽青森町（青森市のこと）理左衛門、同町忠三郎、この二人は切支丹であることがわかって召捕られ、拷問の処、転宗を誓ったので、その旨井上筑後守まで伺った処、共に赦免されて、理左衛門は禅宗に、忠三郎は真宗の門徒になった。

寛永二十年（一六四六）月日不明、生国伊勢国商五左衛門は、その切支丹であることから、柱に縛りつけて遠あぶりの拷問にかけられると、せんすまるを唱えて、全くこれを改める様子もないので、井上筑後守まで上申されて、その許可によって火刑にされている。その家族は追放にもならず転宗して、なお類族としてつづいていた。
寛文四年（一六六四）三月二十六日、津軽藩は領内諸港に令して、旅船の船頭から宿主の請人まで、邪宗記証文の差出しを命じ、これが組別の役人を定めている。

指上ヶ申書物之事

一今度喜利支丹宗門之御改ニ付而書物被仰付候我等妻子ニ至迄喜利支丹ニ被成候由脇より訴人被出候は親子兄弟火あぶりニ可被仰付候此五人与之内喜利支丹ヶ間敷者勿論往来不知壱人者無御座候以来左様之者見届候て早々可申上候為後日一筆如此候以上

一宗旨門土本源寺　男五人 女三人　小知行　光保長太郎〇
一宗旨禅　松源寺　男弐人 女三人　小知行　宇左衛門〇
一宗旨門土　用膳　男三人 女弐人　御蔵　徳右衛門〇
一宗旨禅　月坊院　男弐人 女弐人　耕春院百生　次五右衛門〇

寛文四年四月十七日
渡辺弥五右衛門殿
木村与右衛門殿

寛文四年（一六六四）四月、津軽藩は領民の一切に、邪宗記証文の差出しを命じている。今、堀越村（弘前市内駅より東方十町位バスあり）百姓記証文の残るもの三通の中から、一通を引例した。即ち五人組頭をもって、家族の人数と旦那寺とを明記の上、火あぶりの刑にも従うという厳しい制式をとらしめている。

寛文五年（一六六五）一月六日、津軽藩は切支丹の取締につき、まぎらわしいので、領内に諸芸人・医者・山伏・行人などの渡り者を一切、入国法度の令をしいた。

寛文五年（一六六五）、この年三月に至って、領内切支丹改帳が、ぞくぞく上納されていた。

寛文五年（一六六五）十二月二十七日、津軽藩は、真宗修験方の、切支丹取締を、大円寺（弘前新寺町）と大行院（弘前新寺町）の両寺へ命じた。

延宝元年（一六七四）津軽藩は、切支丹人別帳、記証文とも、三年に一度ずつ、同文のものを二通ずつ、差出しの命を下した。

天和二年（一六八二）八月、津軽藩は切支丹法度の制

マリア観音を礼拝する武士絵馬（筆者所蔵）

札建札の制を定め、領内に大札を七カ所、小札を七十カ所建てしめ、同時に寺社奉行をして、切支丹は春秋年二回取調の制を布かしめた。

元禄八年（一六九五）六月より、津軽藩は領内に布告して切支丹類族調の帳を徴集させた。

享保十二年（一七二七）九月一日、この日付の奉公人の証文の残るものに、寺証文と邪宗門の誓文をさせていた。

享保頃（一七一六〜一七三五）、津軽尾太金山（弘前より西南八里位、目屋村の山奥、弘前駅より近く砂子瀬村までバスあり）を役人、切支丹人別改の処、切支丹、生所不明、津軽の者家族三人、南部藩の者、津軽賀田村（弘前より西方一里半、駅よりバスあり）の者一家五人の名をあげていた（断片一葉）。

宝暦五年（一七五五）、津軽大光寺組（南津軽郡大光寺組諸村、弘前より二里、三里半、弘前より電鉄あり）切支丹人別改帳の中に、男女三千七百六十二人、内切支丹三千百六十三人、その他の宗旨五百九十五人とある。これによって当時なお静かな信者が多数いたことが判明した。

嘉永六年（一八五三）十月十九日、弘前藩士羽賀善蔵は、秘かに市内新寺町十一面観音堂に、自分がマリア観音を礼拝する図を、絵師に描かしめて奉納している。

明治六年（一八七三）十二月二十四日、青森県第一七中学区取締、松尾紋左衛門・北村礼次郎の二人が、文書を草して青森県権命池田種徳まで、耶蘇異教の害を説いて、速かにこれを県外に放逐するよう建言した。

思えば津軽は切支丹流滴の地であった。そしてここを天国とばかりに、ぞくぞくと信者は集まり、強靱な切支丹の根が生えた。しかしここにも禁令があった。召し捕っては所刑に処し、斬っても焼いても、根絶するところとはならなかった。すでに判明した所刑者のみで百十一人を数えているが、ほとんどは火刑である。所刑の場所は、弘前市内西方岩木川岸組屋町の田圃、通称四ツ堰であることは、大体間違いのないところである。しかも、ここに終戦後、偶然にも基督教の修道院が建設されたことは、まことに不思議なめぐり合せである。

さて、はじめ津軽藩は比較的切支丹には寛大であった。当時の人口は稀薄であったし、切支丹たちは従順でよく働いたから、これは当然の態度であったと思われる。

降って四代信政の、寛文五年（一六六五）の条令は、よくこの間の事情を裏づけている。切支丹も軽いものは、たとえ露見しても罪にしなかった。信仰を広めるような強い者だけは出さぬようにすること、このような者は深くかくれてあるはずで、それにはいささかも油断をするなと戒しめているが、これは代々津軽藩における、切支丹取締の大要と思われる。

されば強い者は捕え、温和なものは撫するというこの気長な政策によって、さすがの信者たちも年を経、代を替え、生活も次第に苦難を脱するにしたがい、加うるに旦那寺を持たされて、ついに完全なる仏教徒と俗化するに至った。かくて元禄頃から、藩にはさしたる厄介もなくいよいよ明治を迎えるのであるが、明治八年（一八七五）本県宗教界の偉人本多庸一氏の如きは、まず卒先して洗礼を受け、これが伝道につとめ、以来幾多の後輩を生じて再び今日の盛を示している。

参考書

弘前藩日記、青森県史、青森市沿革史、日本切支丹宗門史、大光寺村菊池氏文書、小野慎吉氏筆記、櫛引忠三氏文書、松野武雄文書

以上

蝦夷の切支丹

永田富智

はしがき

蝦夷地の切支丹史は日本切支丹史の迫害の縮図ともいわれる。慶長末年（一六一四年ごろ）日本中央部を中心として行われた切支丹の迫害に際して、追放・弾劾された信者たちは幕府取締の目のとどかぬ辺地を求めて四散して行った。その最後が天草であり、時を同じくして松前と、殉教の最後のあがきが日本の北と南で行われたのである。天草の殉教はあまりに有名であるが、蝦夷地での百六人の惨殺について知る人は少ない。当時の蝦夷地はようやく日本史の中に松前氏、松前藩というものが登載され出して、日本の北に蝦夷地という広大な島があるということが、世人の噂に上るようになった時代で、ようやく蝦夷地の和人の数も二万人程度の人口になった時である。このような和人創業期の初期、草深い蝦夷地の山中で追いつめられた切支丹が教えに殉ずることを最大の栄誉として、百六人の信者が最後の祈りを捧げつつ、従容として散華したということは夢物語のようで、信じられないことである。この蝦夷切支丹史についての研究は内地府県に比べてきわめて立遅れ、昭和二十二、三年頃よりぼつぼつ始められ、未解決のことがらもずいぶん多い。しかし最近に至って当時来往した外人神父の報告書の解読や、新資料の外国からの廻送、松前藩内資料の新発見などにより、わずか十年位の間にその研究は急速度に進展している現況であるが、蝦夷の切支丹について概況を列記する。

一　切支丹宗の蝦夷地での芽ばえ

外国人切支丹神父によって蝦夷地が初めて外国に報道されたのは、天文十七年（一五四八）ヤソ会士ニコロ・ランチロットが日本の北東方にある非常に広大な国が蝦夷地であると発表したものである。その後京都駐在院に通訳を兼ねて居住していたルイス・フロイスが慶長元年（一五九六）「蝦夷を松前島と称び、蝦夷人は韃靼《ダッタン》の本土より来り住し、その距離は津軽を距ること十里か十五里に過ぎない。彼らは魚類、獣皮、日本人の食する或種の海草その他之に類似したものを売って服地、武器、その他の器具類を買うのである。彼等は甚だ野蛮未開の民で、膚は褐色をなし、モスコー人の如く頭髪と鬚《ひげ》とを伸ばし、狩猟と漁業とを以って生活し、農耕はいやがるという」と報告している（一六一七年ゼズス会会報）。

この報告に刺激されてか、キリスト教の布教配置が、幕府の切支丹禁制発布寸前である慶長の末年ごろには、日本の中央部から北へ北へと移行する傾向があった。日本のキリスト教の布教はローマ法王庁の法令によってヤソ会（ゼズス会）が中心主力となって行うことに決定されており、後援国ポルトガルの援助を受けて活動しているとき、ルソン島を足場にスペインの後援を受けたフランシスコ会が、慶長三年（一五九八）江戸に開教したためヤソ会は重大な危機に当面し、両者の宗教勢力争いが行われ、その最尖端が東北地方であった。

仙台藩主伊達政宗がフランシスコ会の神父ルイス・ソテロを自領内に招き、布教活動をたすけたことは有名である。

堺駐在院の神父カミロ・コスタンゾ師は、慶長十八年（一六一三）蝦夷地を統轄している松前藩が藩医を招聘しているのを知り、蝦夷地開教の足場にするため医師を派遣することを決め、切支丹である一人の信者を布教活動ができるように教育して松前藩に送った。この信者は松前城下に渡航し若干の人に洗礼を授けたとコスタンゾ師に報告しているが、この切支丹医師が誰れであるかは不明である。しかし慶長年間より召抱えられている古い家柄の松前藩の典医としては桜井氏よりないので、桜井家の氏祖の桜井隆三でないかと考えられるが、確固とした証拠はない。このカミロ・コスタンゾ神父の派遣した医師が文献上に表われた最初の切支丹であった。

二　津軽の流刑信者

慶長十八年（一六一三）十二月二十三日幕府は突如として切支丹禁教令と迫害令を発布した。その原因は布告文に見ると、

「キリシタンは徒党を組み日本に来って、みだりに邪宗を広めて正宗を惑わし、以って城中の政号を改めて己が有となさんと欲す……」とあるが、この禁教・迫害令の発布によって翌十九年（一六一四）実質的な迫害が京都・大坂を中心として行われたが、この切支丹迫害は実は東北・蝦夷地のキリスト教発展に重大な足掛りとなることになった。

京都所司代板倉勝重は家康の命を受け、京都・大坂・伏見・堺を中心として各奉行に命じて切支丹名簿を作製させたが、勝重は温健な人で積極的な迫害はしなかったので、約七千人の切支丹中わずか千五百人位より名簿登載者はなかった。勝重の温健主義に対抗させるため、家康は手伝いという名で小田原城主大久保忠隣を切支丹処置のため派遣した。慶長十九年（一六一四）二月二十六日兵三百を率いた大久保忠隣は直ちに京都に上り、教会を毀し、切支丹の棄教について暴虐の限りをつくして強要するなどの行為を敢てし、京・大坂の住民をふるいあがらせた。しかし教に殉ずることを最大の光栄と信ずる信者の抵抗は強く、棄教者が少ないので、忠隣は幕府の許可を受けて、これらの信者のうち主なものを日本の北の果、津軽に流刑することを決定した。信者を逮捕して空俵に入れて六条河原に積み上げ、晒し者にした上で投獄した。このように京都・大坂で暴虐の限りをつくしていた忠隣は、三月一日家康から改易の命を受け、井伊直孝に預かりの身となり、そのまま彦根に旅立たねばならなかったのは全く哀れであった。

流刑のため京・大坂に集められた切支丹の人たちは、切支丹の中でも代表格で高貴な人や士が多かったので、この人たちを極刑に処することによって、他の切支丹の棄教に大きな効果を上げることができると幕府に上書裁

決を仰いでいた。慶長十九年（一六一四）四月幕府より「信仰ヲ棄テザル者ハ之ヲ追放ニ処シ、既婚ノモノハ妻子モロトモ東日本ノハテニ流ス」と示達された。この裁決によって十五人の修道女は長崎に送られ、支那のマカオあるいはフィリッピンに送られ、妻子あるものは津軽の果に流刑することに決定された（ラウレス師報告書）。

この沙汰は京都所司代・大坂奉行から発布され、京都四十七人、大坂二十四人計七十一人の信者が京都に集められた。七十一人という数はその家長の数で、その家族をあわせると実際に追放された人の数はもっと多いというが、その実数は不明である。

一行は津軽藩より派遣された請取の隊長に渡された。全員馬に乗せられ、子供たちは籠四つを括りつけた馬に乗せられ、京都の街を引廻しのうえ大津・海津を経て越前の敦賀に到着した。ここで一行は船待ちをする間、実に二十一日の長い期間を莚一枚を敷いた番小屋に、苦難に満ちた生活をしたが、ちょうどそのころ宣教師の国外追放令のため敦賀から長崎へ赴く途中であったジョアン・バプチスタ・ポルロは、その状況を克明に本国に報告している。やがて一行は風待ちも終り、五月二十一日乗船、出発し、六月十七日津軽国の鰺ヶ沢（青森県西津軽郡鰺ヶ沢町）に到着した。ここから陸路行程一日～二日の高岡（現在の弘前市）在の流刑地に落ちついた。この流刑地は、高岡在、行程一～二日で、鰺ヶ沢からも行程一～二日の海岸線にある津軽外ヶ浜である。

「徳川実記」に「慶長十九年三月七日前田家の臣、高山右近太夫友祥入道南の坊、内藤飛驒守如安等、その他重科ある男女百余人マニラに遠流し、その残党七十余人を奥州外ヶ浜に配流すべしと命ぜらる」とある。

バルタサル神父一六一四年報告書によれば「流刑地は津軽十三合」であるとしているが、津軽地方で十三という名のついている処は、現在の青森県北津軽郡市浦村よりない。この地は津軽半島の西端権現崎近くの入江の十三湖を足場にした十三湊で、遠く鎌倉時代から室町時代にかけ蝦夷地との交通の中心地として発展し、奥州管領安東氏の重要拠点としていんしんを極めたが、室町時代の末頃から衰退し、外ケ浜の一寒村となっていた。今までの各資料を綜合しても、この十三が切支丹たちの流刑地であると信じられている。

当時の津軽藩は藩主津軽越中守為信で、津軽家は大浦氏と称して南部氏の家臣であったが、南部氏に叛いて兵を挙げ津軽地方を平定して、津軽姓を名乗った。天正十七年（一五八九）豊臣秀吉の麾下に入って大名に取立てられたが、為信は武力・外交の面において秀いで、キリスト教についてもある程度の知識を得ていた。長男津軽宮内大輔信建は豊臣秀吉の小姓となり、京都にあってキリスト教の公教要理を習い洗礼を受けたが、慶長十二年（一六〇七）父為信と同年に二十三歳で歿し、その藩図は二男信牧が継いだ。慶長元年（一五九六）ゼズス会報に、

「数日前ある有名な殿で、日本の北の境に国し、京都を距ること三十日行程なるタイガラドノの子息ヨハネ・ヴォンギがキリスト教の教籍に編入せられた。未信者なる父の願によって受洗したのであった。……略……十一歳になる次男を宣教師に托して洗礼を受けしめ、自分の帰国後、長男にも受洗せんがため京都に残して置いた」とあり、二男信牧も受洗切支丹と書かれているが、それには多くの疑問がある。

流刑信者は十三に入り荒涼不毛のこの地の開墾に従事した。たまたま宇喜多秀家の重臣宇喜多休閑は前田利長の客分として過していたが、三人の家来を連れて自ら流刑者に合流した。津軽藩主津軽信牧は農耕機具や食糧を心の糧として贈ったが、その後、幕府の厳重な戒告によって心ならずも切支丹を迫害する破目に立ちいたった。

三　アンジェリス神父の奥州入り

元和元年（一六一五）国外追放を受けて長崎に赴いていた、駿府駐在院の神父ジロラモ・デ・アンジェリス神父は、奥州地方信者に福音をもたらすべく、ひそかに上長の許可を受けて奥州に入った。元和九年（一六二三）江戸品川で処刑されるまでの九年間、東北・蝦夷地の切

支丹憧憬の的として仰がれた。

アンジェリス神父はイタリー、シシリー島の生まれで、十八歳の時ゼズス会（ヤソ会）に入った。リスボンで司祭に叙品されて後、印度のマカオに到り、この地で一年日本語を習得して慶長八年（一六〇二）渡日、更に一年日本語を研究して翌九年、伏見修道院長を努めた。八年後の慶長十六年（一六一一）フランシスコ会の江戸開教対策に対抗するため、駿府の駐在院に移り、江戸開教を対策中、慶長十九年（一六一四）の宣教師の国外追放令のため雄図空しく長崎に送られた。元和元年（一六一五）ひそかに長崎を抜けて東北地方に入り、ヤソ会東北布教長として新潟・佐渡・出羽・秋田・津軽・仙台・蝦夷地・江戸などをくまなく廻り、多くの信者に福音を与えた。元和九年（一六二三）江戸に出たところを旗本原主水などと共に捕えられた。助手として、日本布教の良き伴侶であったシモン・遠甫など三十六人の人たちとともに同年十月十四日（陽暦十二月四日）品川で火刑に処せされ、五十五歳で歿した。

特に外国人として最初の蝦夷地渡航者であり、蝦夷国報告書などを公式に発表し、蝦夷地を外国に報告した先駆者である。ローマ法王庁では福者《ふくじゃ》に列せしめた。

元和元年（一六一五）東北潜行を命ぜられたアンジェリス神父は長崎から江戸にいたり、仙台・三分（岩手県水沢市）・出羽・仙北から矢立峠の碇ケ関を経て高岡にいたり、不遇な信仰生活をつづける流刑信者たちに秘蹟を授けた（一六一四〜一五年、パジェス「迫害史」）。

この行程でアンジェリスは仙北から矢立峠を経て津軽に入ったが、この時日は七月五日ごろとされている。矢立峠の碇ケ関を越える附近では、腰を没する位の雪があったと書かれているほど雪が多く寒い年で、津軽地方では冷害のため大凶作となり、農作物はほとんど稔結せず、百姓は食うに食なく饑饉が各地に続発する有様であった。前年入植したばかりの流刑信者たちにとっては全く苦難の年で、救いを求める流刑者の手紙は長崎へと送られた。この報を知った長崎の同胞たちは多くの金や米と慰問品を集めて、元和二年（一六一六）宣教師の一人が附きそって船で津軽を見舞っている。この時の附添神父が誰であるかは不明である。

元和三年（一六一七）、ヤソ会東北管区教区長として正式にひそかに赴任したアンジェリス神父は、東北地方に居住するヤソ会神父を集めた。当時ヤソ会の東北に居住していた神父は、アンジェリスのほか、リーダッシヨ・カルワルホ、アダミ・ボルトリノの外人神父のほか、日本人ではディオゴ・結城、マルチノ・式見、ペトロ・葛西、シモン・遠甫などがあった。信者の多くは辺地にあって、苦難にあえぎながら信仰にいそしんでいた。これら切支丹に福音を与えるため、年一度は必ず辺地の信者も見舞うことを申し合せており、その際蝦夷地にも若干の切支丹がいるので、ぜひ蝦夷もその行動範囲にすることを決めている（ゼズスの証言、パジェス附録）。

四　津軽の処刑と信者の蝦夷地流入

元和三年（一六一七）津軽藩は、十三の流刑信者のうちマチヤス・長庵（松橋？）という京都出身の医師が、隣家のレオ・土手とその妻マリアに洗礼を授け、京都流人の刀鍛冶レオ・重助が、その弟子ミカエル・仁兵衛を改宗させたことから両人を召捕えた。そして高岡の獄に投じ、幕府の処置を仰いだが、幕府は京都流刑者の二人については斬罪に処し、他の三人については棄教しない場合は、同じ刑に処すべしと示達した。津軽藩は既信者への見せしめのため、その刑を更に重くし、火刑に処することを申し渡した。マチヤスは自分の妻アンナも同じ活動をしてきたので、夫婦そろって殉教したいと申し出て処刑者の中に加えてもらった。元和三年（一六一七）八月四日の雪のサンタ・マリアの祝日の前日、高岡の町を引廻されて刑場にいたり、六本の柱に縛られ従容として火刑に処せられて殉教した（一六一七〜一六一八モレホンの迫害史）。

この火刑を機会に津軽藩は、従来の寛容政策を迫害対策に切替え、積極的に迫害した。そのため流刑切支丹たちは、身の危険を感じ、一衣滞水の海を渡り、切支丹迫害のほとんどない蝦夷地へと流れ込んで来たものと思われる。そのことについての文献的な資料は残っていないが、北海道の口碑伝説の中にそのことが残されている。

北海道松前郡福島町(福山線渡島福島駅下車、津軽海峡に面した漁港)に岩部という部落がある。この部落は渡島半島の中でも一番辺鄙なところである。福島町本村から約十キロ東よりの海岸で、昨年ようやく道路が完成したという未開の部落であるが、この屹立した海岸の穴のような部落から更に東へ一キロ、断崖のそそり立つ海に、ポッカリ口を開けている穴がある。この穴は海から高さ四メートル、幅五メートル位の大きさで五屯位の漁船ならば出入りができる。穴の中は更に大きく十艘位の小舟は充分に、格納できるようになっており、潜かに蝦夷地に上陸するには全く地の理を得た処である。この穴を部落の人たちは船隠しの澗と呼んでいる。この穴の伝説として、昔津軽にいた切支丹が迫害を受けたり、こっそり金を掘っていた人たちが小舟で津軽から渡り、この澗に船を隠して千軒の金山《かなやま》に入ったところから船隠しの澗と呼んでいるといわれている。

松前藩の金山で、当時多くの切支丹が蝟集した千軒金山は、この船隠しの澗からは山道約十四キロ位の近距離である。この伝説の裏づけとして今なお船隠しの澗の上から岩部岳を通って宿辺決に出、更に碁盤坂を経て金山へと昔からの狭い山道が残っており、その点から考えあわせてもこの伝説に信憑性があると思う。

五　当時の松前藩の状況

先住民ばかりの平和な島、蝦夷地に、侵略者の和人が入り込んできたのは、いつごろの時代かということは興味ある問題である。和人創業当初の蝦夷地についての文献は少ないが、北海道の古事記ともいうべき、松前藩主の同族である松前景広が正保三年(一六四六)にものした「新羅之録」によれば、文治五年(一一八九)源頼朝に討滅された藤原氏の残党が、津軽から蝦夷島に逃げて渡り定住したという記事があり、この鎌倉時代が和人定着の初めとされている。当時の蝦夷地は奥州管領であった阿部氏の末裔である安東氏が、津軽にあって、蝦夷管領を兼ねていたものである。

室町時代の中期嘉吉年間（一四四三頃）管領安東氏が南部氏と戦って蝦夷地に敗走し、そのころから和人がぼつぼつと渡航してきたが、先住民アイヌとの抗争のため、渡航和人は集団地をつくり、その集団に必ず一つの砦を設けて戦の場合にはこれに拠るような仕組みとなっていた。長禄年間（一四五七頃）に道南には十二の砦があり、蝦夷地創業の当初は常にアイヌとの戦いの脅威にさらされていたものである。当時松前町には大館という砦があり、秋田安東氏が一族を大館に派遣して代官事務を管掌させていた。

蝦夷地の統治者である松前藩主松前家の先祖に当る初代武田信広が渡島したのは享徳三年（一四五四）である。武田信広は若狭武田の嫡流であるともいわれ、また南部地方の一流人であるともいわれるが、渡島後、桧山郡上

松前城下　元治元年撮影

の国村（江差町の隣村、江差線上の国駅下車）の館主蠣崎氏の麾下にあった。長禄元年（一四五七）アイヌの酋長コシャマインの乱にアイヌの勢力が意外に強く、渡島和人が掠殺されそうになったのを平定し、蠣崎氏の婿となった。ついで花沢館主となり蠣崎姓を名乗った。二代光広は再三のアイヌの抗争を斥けて松前の館主となり、管頭秋田安東氏の蝦夷地代官となることに成功し、松前家の蝦夷地覇権の足場をつくった。三代義広、四代季広とアイヌ懐柔政策をつづけたが、五代慶《よし》広にいたって松前家はついに大名に取り立てられるようになった。

慶広は天正十八年（一五九〇）上洛し、主家である秋田安東（藤）氏をさしおいて、前田利家のとりなしで豊臣秀吉に謁見し、蝦夷島主の待遇を受ける朱印を賜わり、従五位下、伊豆守に任じられ、安東氏の配下を脱して独立した。更に慶長四年（一五九九）には徳川家康に謁して蠣崎姓を松前姓に改め、翌年には大館（徳山館）の南に新城を築いた。六年後完成し、福山館と名付けてこの地に移り住み、蝦夷地独特の政策を掲げて藩図を確立したが、その当時の勢力範囲は広大な蝦夷地の奥までは行きわたらず、わずか道南地方に限られる状況であった。

六代目若狭守盛広は藩主生活九年、慶長十三年（一六〇八）三十八歳で歿した。七代を志摩守公広《きんひろ》が十歳で継ぎ、祖父五世慶広が執政として藩図の充実を計った。しかしなにぶん米の穫れないこの地では、無石の大名という特異な大名松前家が、蝦夷地において年と共に強固になりつつある時代が、ちょうど蝦夷切支丹史時代の当初であった。当時の居住和人の数は全道あわせて約二万人位と推定され、それらの住民は主に漁業従事者・交易商人、ついで金山鉱夫が多かったように考えられている。

六　千軒金山

蝦夷地内に金山《かなやま》が開鑿されたのは慶長九年（一六〇四）である。金山関係史料に、

「慶長九年春正月二十四日松前藩内に金山発見され幕府

に採納を願い出たところ、金山を松前藩に賜り多くの金師入り込む」とある（福山秘府年暦之三）。

　この新たに発見された千軒金山は、渡島半島の西南部

大千軒岳

の高峯大千軒岳（一、〇七二メートル、福山線碁盤坂駅下車登山—一六キロ道路悪し）から流れる知《しり》内《うち》川の上流の、福島町地内字千軒附近の上流と考えられる。金山といっても川床に滞留する砂金（粒金）を拾うという極めて幼稚な方法しかとっていなかった金山であるが、この附近に砂金掘りが一時八万人にも達したと、アンジェリスの報告書にある。しかしこれはあまりの過大評価で、実際には五、六百人位の金掘りが入り込んでいたものと考えられている。

　大千軒岳は史料によれば千剣岳・浅間岳・鬱金岳などとも書かれているが、この地方の口碑よりして砂金掘りの家が千軒あったところから千軒岳と名づけられたといわれる。この山を源流とする知内《しりうち》川流域の砂金掘りの歴史は古く、伝説に鎌倉時代の元久三年（一二〇五）甲斐国の荒木大学なる者が鉱夫など千余人を引連れてこの川を渡り、砂金採取中をアイヌに攻められて殲滅されたという古い伝説を有している。この他に松前藩内には元和三年（一六一七）に大沢（松前町字大沢大沢川流域）とソッコ（福島町字松浦、白神岬の海岸）などに砂金が大量に発見されていた。同六年（一六

二〇）には藩主公広が、幕府に砂金百両を献上し、更に幕府から献上砂金と金山を松前藩に賜わった。これは徳川幕府が各藩の財政を押えるため、新たに発見された金銀山については幕府の直轄地として、幕府が経営するという当時の規定からすれば、多大の恩恵を蒙っていたことになる（参考＝大野土佐日記・福山秘府）。

当時の蝦夷地では米が全く穫れないのに和人の数が日と共に増加する場合、食糧問題も重要問題であったが、いまだ強大な勢力を持つアイヌとの抗争をさけるためにも、松前藩は内地人の厳重な入国阻止の対策をしていた。しかし、各地にたくさんの金山が発見され、その開発のため金掘りの人夫を大量に必要としていたため、金山鉱夫のみについては、入国について寛大な態度を取っていた。そのため東北地方特に秋田・津軽などで圧迫を受けはじめた切支丹の多くが蝦夷地に入り込み、松前附近の金山に四散して行ったのである。

（この項参考＝アンジェリス報告書）

七　蝦夷地切支丹の先達

―アンジェリスの渡島

ジロラモ・デ・アンジェリス神父は東北地方に入って、すぐ蝦夷地への布教旅行と、地理探険に異状なほどの希望をいだいていたことは、元和四年（一六一八）の報告書に

「余が其地に赴いた諸事由は次のものであった。第一の事由は余が数年前より蝦夷の住民が（霊魂の）救済に適するや否やを知らんとしていたこと、第二は其地の松前には数年間というもの告解もせずに居る、若干の日本人の切支丹が居住していた事、第三はディオゴ・カルワルホ神父は余の得た此の発見を非常に喜ぶであろうと述べた事である」（北海道大学研究報告第九輯）。

元和四年（一六一八）出羽の国から伝道旅行に出たアンジェリス神父は、助手としてヒモン・遠甫、ジェンケイの二人を連れて切支丹取締りの厳重な秋田から国境の

矢立峠を通り津軽に入った。ここでアンジェリスは元和三年（一六一七）の津軽藩内六人の殉教者のことを聴き、流刑信者を見舞っている。さらに冒険心を秘めて長年の関心事である蝦夷地渡航の船を見付けて乗船した。船が深浦（青森県西津郡深浦町、別図参照）に着いたところ、逆風のため船は二十二日間も出港できず港に釘付けされた。この船に乗船していた人は八十人以上というから、二百石以上の大船であったと思われる。一行の中にジュカイという一人の坊主が同乗しており、風変りするよう祈祷しようと募金をはじめたが、アンジェリスがその募金に応じないため、坊主が発起人になって下船させられそうになった。これは、アンジェリスが切支丹のバテレン（宣教師）であることが発見されたためであったが、乗船の際とくに多額の金を支払っているので下船をまぬかれ、二十二日に船が出帆した。この船に松前殿の甥という一人の侍が乗船していたが、出帆後船は大暴風に遭って松前に到着することができず、殿の甥が地理に詳しいので蝦夷の奥地の「ツガ」という港に命からがら着いた。しかし道南地方の海岸に「ツガ」というところはないので、おそらくは「テンガ」（天の川）

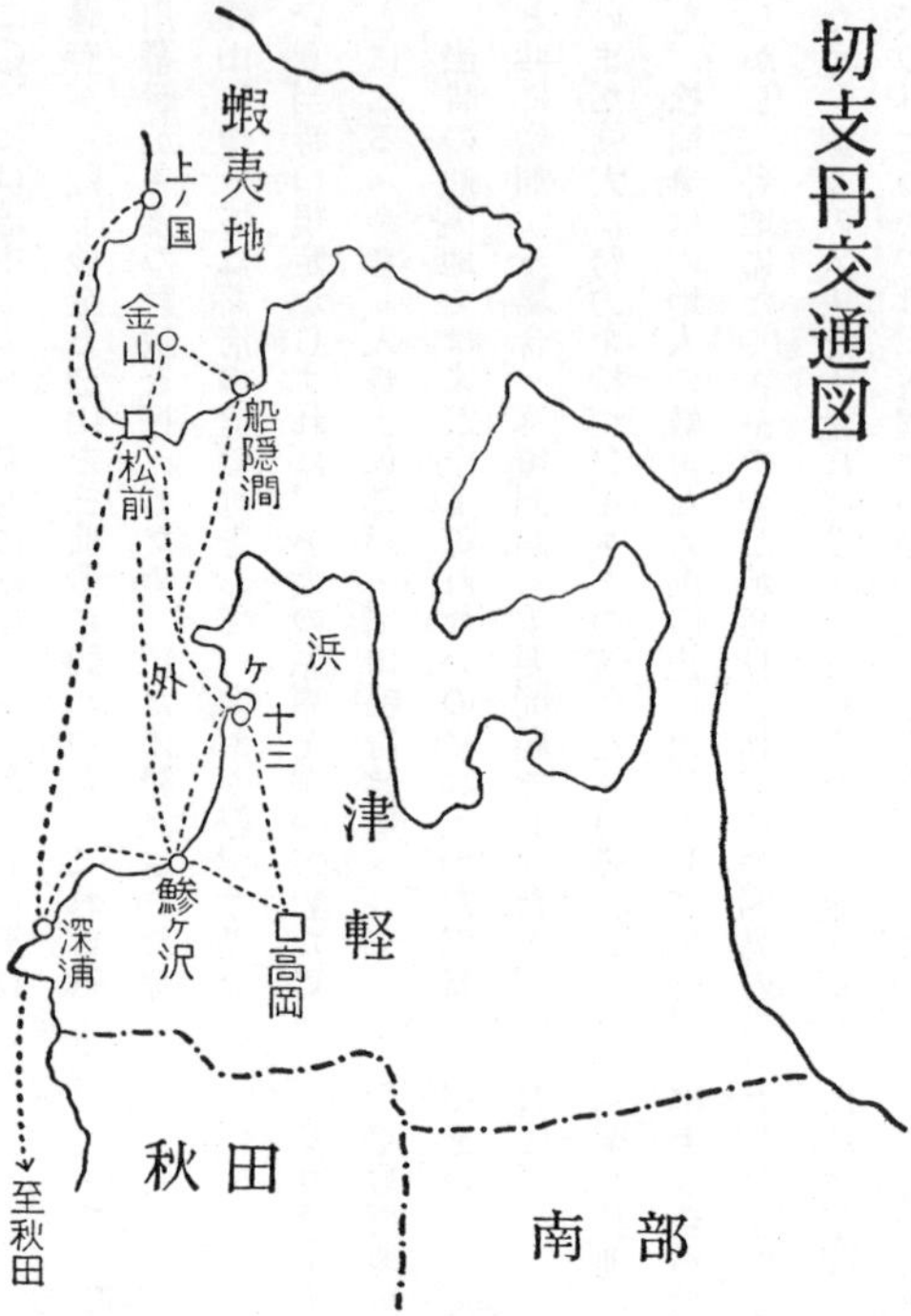

切支丹交通図

検断（沖口役所趾）松前町

のある桧山郡上の国村に着船したのではなかろうかといわれている。殿の甥はこの港についてすぐ馬で松前の城下に帰ったが、アンジェリスらは乗物もなく徒歩で、途中の険阻な山を通って数日後に松前についた。殿の甥は松前についてすぐ切支丹の神父《パードン》のくることを、藩主とその乙名《おとな》（重臣、アイヌ語の丹那様の意、敬称）に報告していた。当時の藩主は七代公広《ひろ》で二十一歳の時と考えられる。そこで乙名は、若干の切支丹を招いて神父のくることを告げた。長い間告解も受けずにいた信徒たちは小踊りして喜んだ。後で殿は「神父が松前に来るようになっているので良き場所に招じ、彼に馳走すべきである」また宿舎として検断の家（沖口役所）を指定し、併せて「幕府は切支丹を追放したが、松前は日本でないから来ても大事ない、もし松前に来て余に会いたくばいつでも逢うであろう」といったといわれるが、公広がこのような寛大な態度をもって迎えたというのは、遠来者に対し賓客として遇したものであろう（アンジェリス一六一八年報告書）

八　第一回渡航におけるアンジェリスの活躍

松前についたアンジェリスはさっそく、自分の入国について、寛大な態度でのぞんでくれた藩の重臣？（乙名）に礼のため訪問したところ、この重臣はキリスト教の道具を手離さずにもっており、同志の切支丹たちはこの重臣が切支丹であると思い込んでいたが、この人はキリスト教に好意をもっているが信者ではなかった。

アンジェリスは第一回の渡航で十日間松前に滞在したが、その間に松前に居住していた十五人の信者の告解を聴き、また新たな若干の信者を得たという。しかし今回の旅行では松前以外のどこにも旅行していないので、十五人の信者とは松前町居住の者だけであって、新たに信者に加わった者の数は不明である。

アンジェリス神父の渡島の目的の一つであった蝦夷地の地理と、土着人アイヌへの布教の可能性の調査について、松前で多くの蝦夷人と話し合い、その大要を知ったが、その内容は次の通りである。

蝦夷王国は我々の古い地図に描かれて居る様な島嶼ではなくて、大陸であり、西方ではダッタン及び支那と、東方ではノヴア《新》・エスパニヤ《西班牙》と連繋している。而して東方に走って蝦夷の岬と新西班牙の岬—我々は我らの地図で之をアニアン王国と称ぶ—との間にはアニアン海峡と称ばれる一つの海峡があるのみで、それ以外に之を分離するものはない。蝦夷国は非常な大国である。而て余は多くの人々に蝦夷にある諸国につき彼らの知っている事項、及びその道程を訊ねてみたのであるが、彼らは松前より、アニアン海峡へと至る東部地方にまで及んでいる諸国の名称を述べ始めた。余は計算してみてそれが八十日行程であることを知った。又彼らは天塩—此処も蝦夷人の船が松前へ来る一つの地点である—まで七十日以上行程であると計算した。何故ならば彼らはそれ以上には諸国の名称を知らなかったからである。又彼らは北部地方と接触していることは知っているものの、その地方が如何程の大きさを持つかは知る所がなかった（一六一八年アンジェリス報告書）。

この報告でアンジェリスは、蝦夷地方はダッタン半島の一つの半島であると報告したことは、重大な誤りであるが、翌々年の元和七年（一六二一）の渡航でこの誤りを訂正することになった。

九　リーダッシヨ・カルワルホ神父の渡航

東北布教長アンジェリス神父の良き伴侶として活躍したリーダッショ・カルワルホ神父は、ポルトガルのイコンブラ市の生れで、一五九四年十七歳でゼズス会に入り、慶長九年（一六〇一）日本に渡り堺で布教活動に当った。慶長十九年（一六一四）伴天連《バテレン》（宣教師）の追放によってマカオに退いたが、元和二年（一六一六）日本に潜かに再渡航して九州大村に入った。翌年四つの誓願を立てて奥州に入り、アンジェリスを助けて仙台藩内に主として活躍した。長崎五郎右衛門と名乗って津軽・秋田・松前をまわり、特に仙台藩三分《みわけ》（岩手県水沢市字福原）の館主で切支丹として有名な後藤寿庵の後見者として有名である。

カルワルホは元和五年（一六一九）に蝦夷地へ渡航しているようであるが、報告文献が不充分で、その時の状況は不明である。

元和六年（一六二〇）カルワルホは、助手のシモン・遠甫を連れて秋田の久保田（今の秋田市）に至り津軽に入ろうとしたが、旅券がないので入国できず、七月二十五日（陽暦）に金掘名儀で船に乗りミサの道具をもって松前にいたった。松前藩が金掘りを容易に入国させるようになったのは元和元年（一六一五）からである。当時松前に入る金掘りは各地で組をつくり、組頭に引率されて一時に多数渡航し、組頭がその名簿を検断（沖口役所）に提出するという簡単な方法であったので、切支丹には全く都合が良く、切支丹の多くはこの方法を用いて蝦夷地に渡航していたものである。

元和四年（一六一八）アンジェリスの第一回渡航後、松前藩はそれを幕府に報告し、幕府の意向をくんで、松前藩内切支丹取締りの法度を布告した。しかし一時的な来住者にはその法を適用せず、極めて緩慢な取締りであった。

カルワルホは松前到着後、一人の旅人切支丹の家に隠れ、八月五日の雪の聖母の祝日のミサを行った。このミサは蝦夷地最初のミサである。二年前アンジェリス渡航の際津軽の関所が厳重であるために、久保田へミサの道具をおいてきて、ミサを行うことができなかったからである。その後一週間松前にいて切支丹たちに面接し、更に松前から内陸一日路にある千軒岳附近の金山に至ったが、この道は馬の通行もできず深山沼沢をぬって徒歩で歩まねばならなかった。この道の途中附近の山々の中で一番高い山に登ったところ、日本の山々はすぐ足下に見え数レゴア（里）に見えたと言っている。この千軒金山に通ずる道は、松前町の及部川から約八キロさかのぼり、ドゲ沢林道の旧道十キロの地点の高小屋から前千軒岳を通り、大千軒岳との中間鞍部から知内川上流へ下ったものと考えられ、今なお当時の経路が残っている。

千軒金山附近図

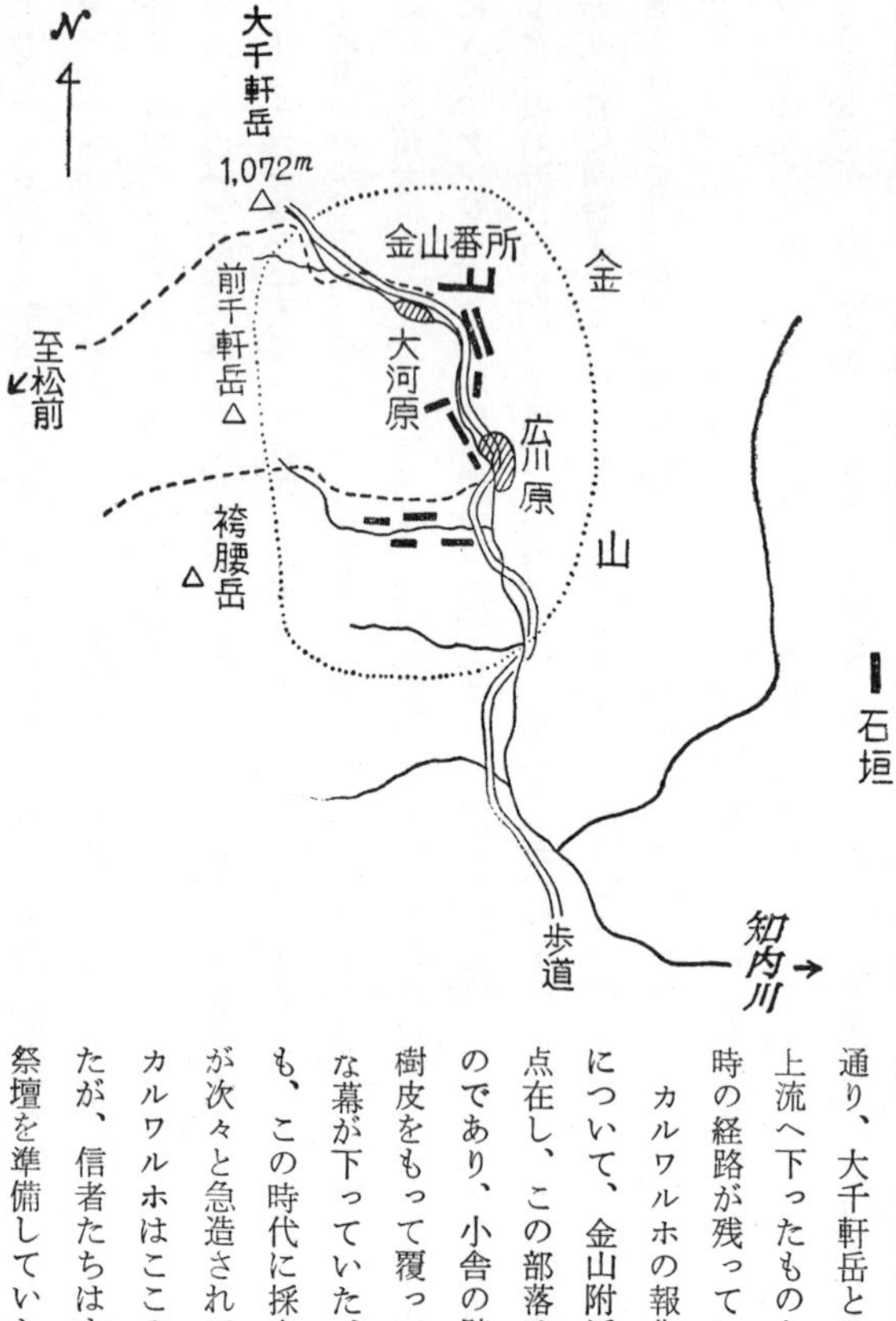

カルワルホの報告のうちに金山の状況について、金山附近には日本人の部落が点在し、この部落は新規につくられたものであり、小舎の壁は樹枝、屋根もまた樹皮をもって覆っていたが、非常に瀟洒な幕が下っていた、ということからみても、この時代に採金地帯には粗末な小屋が次々と急造されていたことがわかる。カルワルホはここの一切支丹の家に至ったが、信者たちはすでに師の来訪を知り祭壇を準備していた。八月十五日の聖母

被昇天の祝日にはここで盛大なミサを行った。金掘りの中には長崎で教え方（助教士）をしていたドウキウ・ドミンゴスとギハン・ディオゴの二人の有力切支丹がおり、師の活動について多大の世話をした。信者たちは仕事の余暇をさいて師を訪ねて告解し、更に若干の人に洗礼をさずけ、更に大川原というところに木の小枝をもって小さな仮聖堂をつくり、マリア観音寺と名づけた。

またアンジェリス、カルワルホの報告書にある砂金掘りの状況については、

「松前における金掘《かなほり》の数は一六一九年には五万人、二十年には八万人と言っているが、当時の全島和人の数二万位に比べてもあまりの過大評価と考えられるが、蝦夷では金の山は到る処にある、而もその金は非常に純良である。蝦夷の金はこの様な砂金《すながね》ではなくて金の山塊である、その最少のものでも一分ある。彼等はかつて重量百六十匁の金の大塊を見付けた。これらの金掘りは採取技術に秀でた者を長として一団をつくり、河川の一定の長さの範囲を松前の殿から購入する、この代価は相当の金を充てることが出来た。然し金掘で実際富者になって帰国するものは少なく、契約の履行が出来ずその地に果ててしまうものも多かった。

金の採取に当り金掘たちが驚くほど集団をなし、河川に赴き河流を他の場所に変え、次に河底に残った砂を河床の下にある大きな石や岩石に突当るまで掘下げる。而して砂中にある之等の岩石の孔や裂目の中に金を見出す。金は海岸の小石の様に非常に純良である。斯様な場所に金があるのは金はその産出された山から分離し出て、河流によって運び出されるものの、その重量のため砂中にめり込み岩石の割目、裂目に入るが最早それ以上には下に沈むことが出来ずそこに留まるからである。」

と砂金の採取方法について報告している。

カルワルホは金山から松前に帰り、津軽に入る必要な手続きを取った。この手続きは次のようである。シモン・遠甫を大坂五郎助と名を変えさせ、組頭として六人の金掘りの組をつくり、御手判《おてはん》をうけ、奉行たちの点検を受け、金五コンドリン（トド皮一枚位の価格という）を

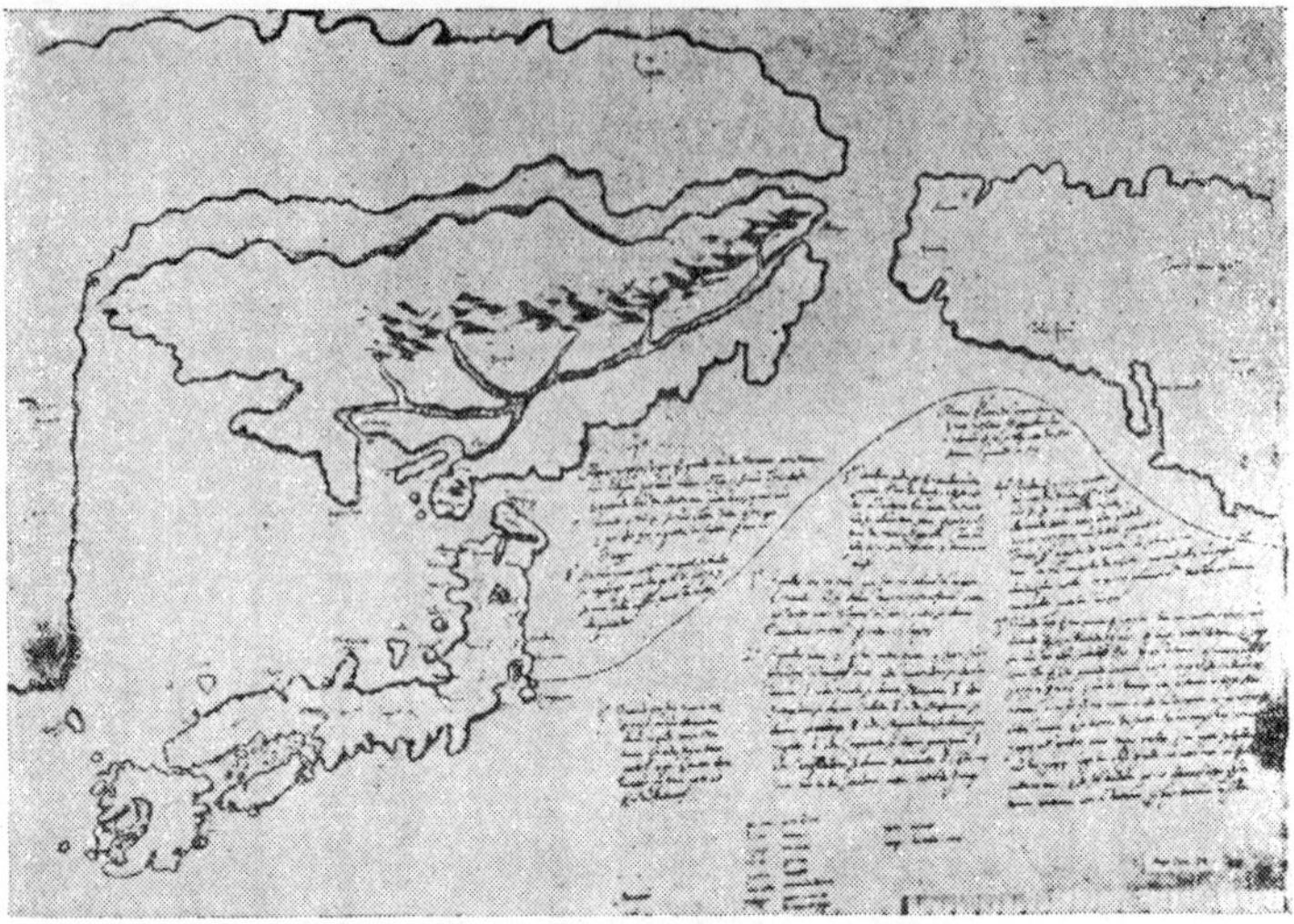

アンジェリス蝦夷地図(ヤソ会本部蔵)

支払って船出し、津軽に到着するや御手判を改めて登録して税金を支払い、入国している。

(この項参考、北大北方文化研究報告 第九輯、「蝦夷に関するヤソ会士の報告」及びフーベル述「蝦夷切支丹史」による。その他カルワルホの一九二〇報告書)

一〇 アンジェリスの第二回渡航

ジロラモ・デ・アンジェリス神父は元和七年(一六二一)更に蝦夷地へ渡った。この目的は「先年改宗させたる切支丹信徒の懺悔を聴くため」と報告書にあるが、このほか、前年調査した蝦夷の地理・人種・風俗などを更に究明することにもあった。元和七年佐渡の島に渡ったアンジェリスは、産金上のことについて信者たちに知識をさずけ、新潟に帰り、船で松前に至った。この旅行で松前に仮教会をつくり更に千軒金山に至っている。アンジェリスは鉱山学にも秀でていたので、金採取について種々の助言をし改良につとめさせたと言っているが、この改良された面がどのようなものであるかは不明である。

アンジェリスは松前に帰り、元和四年（一六一八）渡航の際と同じくアイヌ人に接して蝦夷地の地理・風俗・習慣などについて詳しく調査してものしたのが、有名な蝦夷国報告書である。

この報告書においてアンジェリスは元和四年（一六一八）の報告に誤りのあるのを素直に認め訂正している。それは前の報告で蝦夷地はダッタン地方の一つの半島であるとしたが、こんどの報告では「蝦夷地は島である」と結論している。この報告書はスペイン語で書かれた長文のもので、大要左の通りの十四項目に分けている。

緒言

第一項　蝦夷国を島なりとする二つの理由

第二項　蝦夷国の西端天塩と相対する国はコーライ若くはオランカイ

第三項　蝦夷人の体質及び容貌、男の頭髪、耳鐶、飲酒

第四項　蝦夷人の衣服、女の頸飾、髪及び文身

第五項　蝦夷人の武器

第六項　蝦夷人が松前へもたらす交易品

第七項　蝦夷の宗教、読み書きの能力

第八項　蝦夷人の妻

第九項　蝦夷人の姦通者に対する制裁

第十項　蝦夷人にはけがらわしき犯罪及び公娼の無きこと

第十一項　蝦夷人の数詞並に語彙

第十二項　添附の地図に就いて注意、ラッコの産する三島並びにその住民

第十三項　蝦夷国の船

第十四項　蝦夷人の儀礼に就いては省略

終辞

となっており、終辞においてアンジェリスは、

「以上は今日迄に余が蝦夷の国について知り得た事である。又何か新らしいことを知ったならばそれについて希望する人々に報告しようと思う。

尚余は、吾等を永遠の栄光に導く真の信仰にこの国の

人々を改宗させるために、必要な恵みと助けとを与え下さるように、凡ての人々が全能の神に祈らんことを希うものである。

松前に於いて

ジロラモ・デ・アンジェリス」

とあって、アンジェリスが蝦夷人に対する宣教について情熱を燃やし、将来に希望を抱いていたのが伺い知れる。残念なことにアンジェリスは、この二年後に江戸で逮捕、処刑されたため、この希望を達成することができなかった。

この項参考書

児玉作左衛門述「蝦夷国報告書について」

フーベル述「蝦夷切支丹史」

一一 アンジェリス、カルワルホ両神父の殉教

アンジェリス神父は元和八年(一六二二)にも蝦夷地へ渡っているといわれているが、その根拠はきわめて薄弱である。アンジェリスは元和七年の暮江戸に出て隠家におりながら、江戸や甲斐・伊豆などの伝道に当っていた。元和九年(一六二三)十月江戸の旗本で有名な切支丹であった原主水(三千石、家康の小姓)が切支丹の廉《かど》で逮捕され、これが動機となって江戸における切支丹殉教の口火となったが、アンジェリスはシモン・遠甫と二人で自ら奉行所に出頭、逮捕された。五十人の切支丹が小伝馬町の牢に投じられた。将軍家光は全国切支丹への見せしめのため、これら五十人の者を火刑にする旨を公示した。元和九年十月十三日(陽暦十二月四日)江戸の町を引廻され、品川の札の辻に設けられた刑場に引出された。この刑場は処刑所として有名な鈴ヶ森ではなく「上へ行く街道に沿って」刑場がつくられていたというから切支丹処刑のため、札の辻に特設されたものと考えられる。アンジェリスは刑場に引出されて柱に縛られた。その下に積まれた薪に松明《たいまつ》が投げ込まれると焰は至ると

ころで炎々と天に燃え始めた。人々はゼズス、マリアの聖名を声高らかに唱え、大きな苦しみに打勝ち昇天した。特にアンジェリスは主の祈りを捧げた後、燃えさかる焔の中で、怖れず大勢集まった人々に最後の辞を述べつつ五十六歳で従容と散華した。この時の殉教者は五十人といわれるが、実際には三十七人で、特に有名な処刑者は

ゼズス会のぱあでれ　ゼロニモ・デ・アンジェリス
フランシスコ会のふらい　フランチェスコ・ガルベス
ゼズス会士　シモン・遠甫
ジョアン　原主水

などである（この項参考書―チースリク述「大江戸の殉教」）。

アンジェリスのよき伴侶として東北地方に伝道活動したカルワルホ神父は、元和八年（一六二二）にも蝦夷に渡航しているというがその確証はない。元和七年（一六二一）ごろから仙台藩の切支丹迫害がはじめられ、その中心人物三分《みわけ》千二百石の館主であった後藤寿庵にもその難が注がれてきた。後藤寿庵は仙台藩士で三分の地（岩手県水沢市字福原）を賜わり、その館主であった。慶長十六年（一六一一）頃から切支丹となり、彼の家来と民衆の殆んどが切支丹となったため、三分の地は切支丹部落となり奥州切支丹の中心地の感があった。特にカルワルホは寿庵の後見役として宗教に、行政上のことに種々助言を与えていた。仙台藩の切支丹弾該は当然寿庵にその矛先が向けられ、水沢の城主石母田大膳が中心となって転宗を進めたが、所説を曲げない寿庵に仙台藩は迫害の態度を決めた。

元和九年（一六二三）この険悪な状態にある三分の地にカルワルホが至り、ここで御降誕節（クリスマス）のミサが盛大に行われたが、これが三分最後のミサとなった。このときすでに仙台藩の三分包囲の兵が発足し、宗門改めをしつつ寛永元年（一六二四＝元和九年）陽暦二月七日（旧暦十二月十九日）ごろ三分に入ったが、寿庵はすでにこの事態を考えて南部領に逃走していた。またカルワルホは切支丹に迷惑のかかるのを恐れて出羽に逃れるべく三分を立ち、胆沢川上流二十五キロの下嵐江《おろしえ》の

銀山に逃れ、この地の切支丹のところに隠れた。捕吏は雪野に点々と残された足跡を頼りに進んだ。金山小屋にいたカルワルホと二人の信者が逮捕され、水沢の信者八人と共に仙台に送られた。

仙台藩は幕府の厳重な戒告を受けているので、逮捕したカルワルホや信者たちを重科に処することになり、水牢の刑と決まった。仙台青葉城大手前の広瀬川畔に、穴を掘り、木柵をめぐらした中に二尺位の水を張り、一人ずつ裸にして入れて拷問するという方法である。第一回目は寛永元年一月二日（一六二四年二月二十日）に行われ、二人が死亡した。さらに二十二日水牢に投げ込まれ、やがて氷結し、夕方の寒さと降りしきる雪に、六人の処刑者は次々にたおれた。カルワルホ一人が残ったが、カルワルホは人々に教えた言葉をくりかえしながら真夜中に至って昇天した。このような二人の偉大な伴天連《バテレン》の処刑によって、東化・蝦夷地の切支丹は重大な支柱を失い衰亡に近づくことになったが、両神父の処刑は日本切支丹史に特筆されるものである。

（この項、浦川和三郎著「東北切支丹」、H・チースリク著「後藤寿庵」による）

一二　松前藩の切支丹処刑

松前藩が最初に幕府の意向をくんで切支丹の取締りをはじめたのは元和四年（一六一八）である。しかし当時の松前藩の取締りはほとんど形式的なもので、その制令は松前居住者のみに示達し、旅人や金掘りなどは対策の外におかれていた。元和四年から元和七年（一六一八〜一六二一）にかけ、日本切支丹史に特筆される神父アンジェリスとカルワルホの渡来は、在島切支丹に大きな励みと希望を与え、わずかの間に切支丹の実数は百人を突破するという盛況振りであった。しかも両神父によって、松前と金山に潜かに二つの聖堂も建てられるというほどであった。しかし両神父の処刑を遠く蝦夷地できいた信者たちは、さだめし驚倒したことであろうが、それでも信仰の命脈は保たれ、寛永元年（一六二四）には東北に居住していた神父ヤコーブ・カルファイロが渡航潜入しているようであるが確証はない。

寛永五年（一六二八）には産金量もやや減り、藩では千軒岳内に新たに新鉱を開さくしているというが、その地域は不明である。寛永六年（一六二九）に松前藩松前家の居城福山館（松前城現城趾附近）の新築がはじまり、千軒の金師の多くが石垣工事などに働いている。

寛永十五年（一六三八）島原の乱発生し、切支丹宗徒一揆の勢力意外に強く、幕府連合軍も攻めあぐみ、そのままでは新生徳川幕府の沽券《こけん》にかかわる状態にいたったので、将軍家光は各大名に参覲を命じ、松前藩主七代公広も急ぎ三月一日参覲した。その結果幕府はキリスト教の禁制を発布し、各大名にその藩内での厳重な取締りを命じ、その命に従わない場合は取潰しも敢て辞さないという強硬な態度をとった。藩主公広は寛永十六年（一六三九）五月二十日その対策を胸中に秘めて帰藩した。その結果松前藩が日本切支丹史上特筆されるほどの大量掠殺が惹起された。

松前藩の切支丹処刑についての記事は、松前広長筆「松前年暦捷径」の寛永十六年（一六三九）の項に「夏五月公広帰藩。修二造城営一。是歳有二吉利支丹宗門制禁一。宗徒百六人悉刎首。」とある。松前藩での切支丹処刑の記事はこれのみで、一ヵ所で（金山と推定されていた）百六人の人が処刑されたと考えられていた。

昭和三十年に市立函館図書館（函館市青柳町）から福山秘府年暦之四という本が発見された。これは松前家十一代邦広の九男で門閥村上系松前家を継いた松前広長のものしたものである。広長は藩主道広の命を受けて「福山秘府」六十巻を安永五年（一七七二）に集成し、そのほか「松前年歴捷径」、「松前志」などの著書がある松前藩随一の文学者である。この広長筆の「福山秘府」六十巻のうち三十五巻が行方不明となっておりその目録第二十二に「幾利支丹之部」の一冊を起しているが、この幾利支丹之部は行方不明である。昭和三十年市立函館書館から発見された年暦之四は、元和〜万治までの切支丹史上の重要な年代で、この寛永十六年（一六三九）の項に切支丹処刑の重大事項が登載されていた。

寛永十六己卯

又按是歳有幾利支丹宗門制禁蓋島原賊徒起于寛永十四年至同十五年而平治故是歳秋八月於本藩東部大沢亦刎首其宗徒男女都五十人也検司蠣崎主殿友広下国宮内慶季酒井九十郎長野次郎兵衛池木利右衛門也後日又刎首残党六人西部日市邑後又於金山刎首余党五十人悪宗都一百六人也蠣崎友広者今之佐土広重之第二祖也下国慶季者主典由季之子也自今之下国勘解由季致己上五世之祖也酒井氏見于上其名未詳長野氏又見于即半左衛門重定之子乎池木未詳日市邑一作比石今之西部石崎邑是也

とあって、従来考えられていた松前藩の切支丹処刑についての基本的事項が分り、その面から再考を要することになった。この資料からして、寛永十六年（一六三九）帰藩した公広は、切支丹処刑の重大案件を重臣の蠣崎主殿と下国宮内の二人に命じて総司とさせ、三カ月にわたってその対策を考えて処刑を強行した。最初に元和三年（一六一七）藩によって開鑿された大沢金山（松前町字大沢、大沢川河口より約二キロ位、松前本町より六キロ）で、八月、五十人を惨殺刎首した。さらにそこにいた切支丹の逃亡者六人が、おそらくは金山に通ずる道路から大千軒岳を越えて、桧山郡上の国村字石崎に逃げたのを追捕して、首を斬って殺したものと考えられる。

切支丹金掘りの本拠である千軒金山では、当然処刑されることを覚悟してその日のくるのを待ち、逃亡者は少なかったと考えられる。藩では慎重に期間をおいて蠣崎主殿、下国宮内が中心となって多くの手兵を率いて金山を包囲した。信者たちはその報をきき少しも驚かず、前にカルワルホ神父が建立したマリア観音寺の前にひざまずき、従容として最後の祈りを捧げ、次々と聖母マリアの御名を呼びつつ首を刎ねられて死地に赴いていった。寛永年間未開の蝦夷地は人口わずかに二万に達しない時で、しかも内地より遠くはなれた蝦夷の草深い山中で、このような大量掠殺が行われたなどと信ずる人は少ないが、これらの人たちの遺体はこの山中の三カ所のどこかに永遠の限りについているのである（千軒岳金山の処刑についてはフーベル述「蝦夷切支丹史」による）。

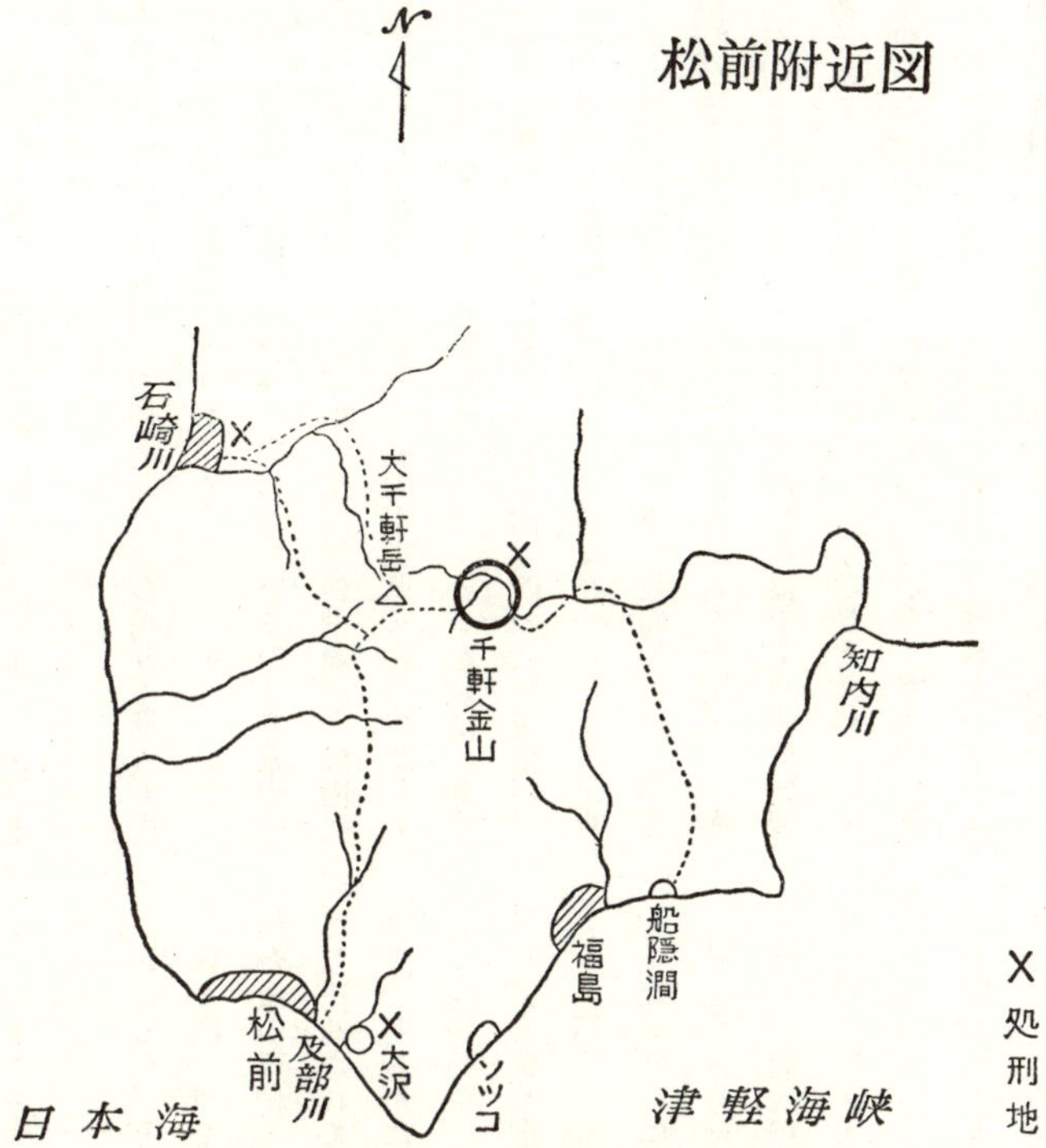

松前附近図

一三　切支丹児玉喜左衛門の逮捕

従来発行されている諸書には寛永十六年（一六三九）松前藩の切支丹百六人の処刑と、翌十七年の内浦岳（駒ヶ岳）の爆発による地殻の変動により、松前藩の千軒金山は廃絶したと書かれている。しかし前述「福山秘府」年暦之四正保元年の項に

正保甲申
又按是歳夏五月廿二日飛札到仙台人菊地豊平訴悪宗徒児玉喜左衛門児玉見干上是時賜御奉書
又按是歳秋七月十二日於金山今井五左衛門工藤勘之亟山口金之亟搦捕児玉喜

左衛門而後蠣崎左馬介今井五左衛門携児玉到于送井上筑後守之第

とあり、切支丹処刑後も千軒金山には金掘りも役人も居住していたことが証明されている。

この児玉喜左衛門が資料に表われているのは寛永十一年（一六三四）で、この年の金山関係の役職は下国内記、蠣崎左馬介が総司（奉行）で金山小吏児玉喜左衛門とある。金山小吏という役柄で職名が出ているとせば、身分も相当の侍で、この児玉は千軒金山番所の代表者格の者といえる。当時の職制では奉行は城に在ってたまに巡視する程度のものであったので、実質的な職務は児玉喜左衛門が行っていたとせば、この重要ポストの児玉喜左衛門が切支丹であったということは松前藩でも重大問題であったろうと考えられる。しかも児玉は切支丹処刑の六年前から金山の実質的統轄者でありながら、寛永十六年（一六三九）の百六人の切支丹処刑より逃れているのは、自分が保身のため切支丹であることを隠して処刑をまぬかれたか、あるいはキリスト教の今後の布教活動の重要ポイントの一つとなって、隠れてその場を逃れたかと推定される。

ところが、その児玉喜左衛門がついに仙台人菊地豊平《ぶんぺい》の訴人によって逮捕された。訴人した仙台人菊地豊平は仙台領の三分の人のようで、後には児玉と同じ運命にいたり逮捕されていることが上智大学のチースリク教授の調査で明らかになった。両者共に切支丹であり、二人の間に何かの争いがあって菊地豊平が訴人した。藩では児玉逮捕を決め七月十二日に千軒金山の番所で捕え、かつての上司である金山奉行の蠣崎左馬介が同道して、江戸井上筑後守の邸に送った。

井上筑後守政重は下総国一万五千石の大名で徳川家康に仕え、幕府の大目付として活躍した。寛永十五年から切支丹取締方となり、切支丹対策の政策はすべてこの人のところから出されたという。その邸宅は江戸小石川の本鷹匠町にあり、近くの小日向町に切支丹屋敷（キリシタン牢）があり、井上筑後守邸送りとは、実はこの切支丹屋敷へ送られたものである。江戸送りをされた児玉喜

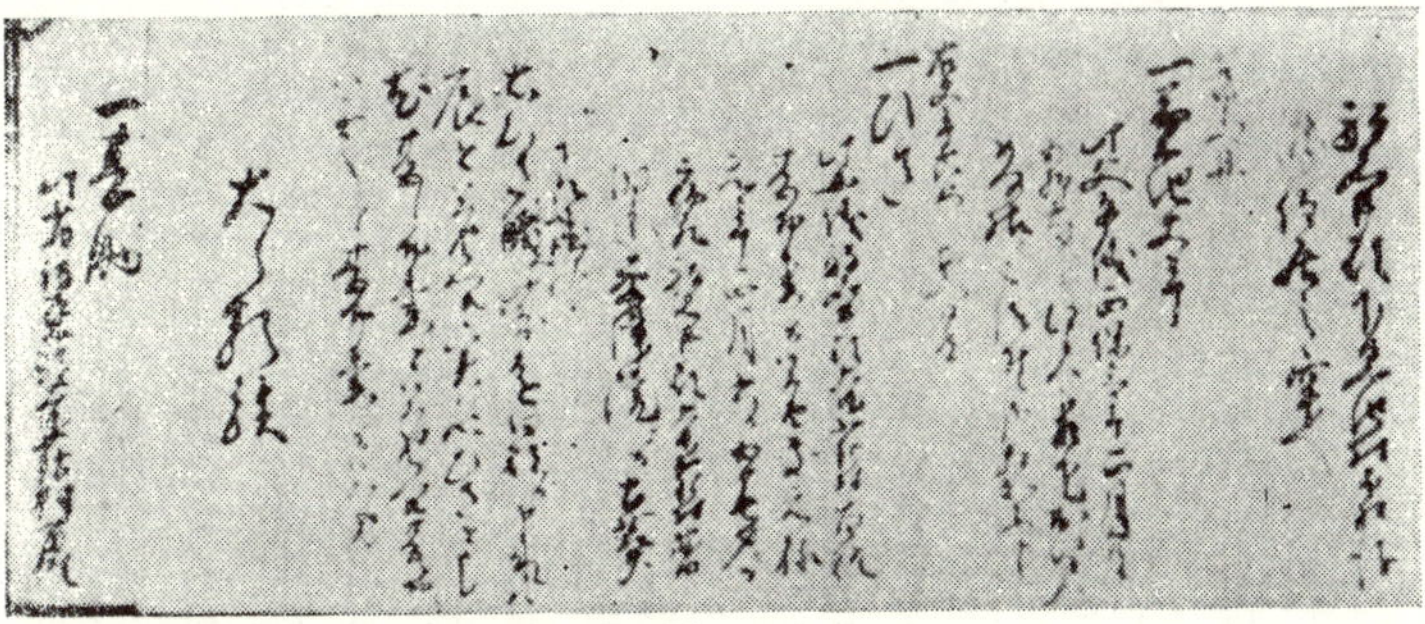

古切支丹菊池文平一件書類

左衛門の白状によって菊地文平《ぶんぺい》という三分の古切支丹が正保三年逮捕され、江戸送りとなったと考えられる。

この資料には

古切支丹菊池文平、此文平儀正保三年正月二十日五十六歳に而、江戸被相登、於江戸ニ如何様ニ被○付候哉相知不申

とある。菊地豊平《ぶんぺい》と菊池文平《ぶん》は同一人で、金山に出稼中何かの事で争い、児玉喜左衛門を訴人した後、居たたまらず郷里に帰り、更に、切支丹屋敷で児玉が白状してこの豊平が召捕えられ、同じ運命を辿ったものと思われるが、切支丹屋敷におけるその後の二人の記録は全くない。

一四　蝦夷切支丹の終末

松前藩の切支丹百六人の処刑を契期とし更に正保元年（一六四四）の児王喜左衛門の逮捕によって、蝦夷地における切支丹の活動は事実上停止したと思われる。しかし全部の切支丹が処刑され又は棄教したのではなく、ひそかに隠れて信じていた者は多かったと考えられる。

明暦年間（一六五五ごろ）「切支丹出申候国所の覚」にも奥州のうち松前四、五人とあるところから見ても、やはりいくらかの切支丹は残っていたことであろう。

北海道の日高支庁様似《さまに》町にキリシタンナイ（ナイとは

沢の意）という処があり、この町の沿革史には寛永十七年（一六四〇）ごろ松前の方からきた和人によって開かれた、といわれているところを見ても、あるいは千軒岳処刑切支丹の残党が松前藩の行政力のとどかない辺鄙な地方に逃れて行ったのではないかと考えられる。

松前藩では自藩内に切支丹が潜入することを極度におそれ、沖口奉行や桧山奉行（江差や上の国方面の担当奉行）に左のような示達をして、その取締りを厳重にさせた。

覚

一、切支丹就二御穿鑿一従二他国一出入之船頭水主迄、宗旨吟味可二申付一候、兼テ此趣不レ承者ハ自然寺判不レ致二持参一儀可レ有二申付一候事。

一、以来当地江船令二渡海一候ハ水主共迄モ銘々寺判持来候様可二申付一候事。

一、船主、船頭、水主迄、宗旨国所書付、宿致二加判一手形請取置、出判ハ披見ノ後、其主江返シ可レ申候事。右之趣急度可二申付一者也

延宝二年二月七日

（「福山秘府」）

とあり、更に毎年十月には、松前藩の戸口調査を兼ねて切支丹の戸別調を行っている。その際は藩より派遣される取調奉行が予め日時を指定し、その日名主・五人組共にそろって罷り出て、寺判を示し質問を受けて終るという方法であって、踏絵などはやらなかったと思われる。

覚

一、切支丹宗門改之時分念入様名主五人組ドモヘ能々可二申付一候事。

元禄四年四月

（「福山秘府」）

和田家記録

六代　和田粂五郎氏春

一、宝暦二年壬申十月朔日
西在江宗門改ヲ命ゼラル十二月二十四日帰着

などの資料がある。切支丹禁制の高札は各藩共大手前広場や奉行所前に掲出したが、訴人者に対する賞金は各藩

によって異っていた。松前藩のものは

定

きりしたん宗門は累年御制禁たり、自然ふしんたる者

あらば申出づべし御ほうびとして

ばてれんの訴人　　銀五百枚

いるまんの訴人　　銀三百枚

立かえり者の訴人　　同　断

同宿ならびに家門の訴人　　銀　百枚

右の通り下され候に付同宿家門の内よりも訴人の出しなにより銀五百枚下され隠し置きたる場合は其の名主五人組迄重き厳科あるべし

仍下知如件

天和五年五月　　奉　行

（市立函館図書館蔵）

以上のような積極的な松前藩の切支丹取締りによって、明暦年間（一六五五頃）から藩内の切支丹の確数も四、五人程度に減り、三百年位前には全くその影を潜めるにいたった。

一五　織部灯篭

松前町の旧城趾のすぐ後方に寺街があって古い寺院が立並び、いかにも昔栄えた町という感じの処であるが、その行きづまりの老杉に囲まれた一郭に松前家の墓地がある。松前家墓地は松前家七代公広が現城趾附近に福山館を修造した後、寛永六年（一六二九）頃松前家墓地を現地域につくったが、以来現在まで藩主一族など五十四基が栄枯盛衰の夢を物語って深い眠りについている。この五十四基のうちに異様な主の分らない墓のようなものが二基ある。一基は水色の水成岩で、一基は花崗岩であり、竿下が別掲の図のように十字型になっており、その下部にはマリアの合掌をした像か、バテレン（宣教師）の像が刻まれ、その上部には五輪を擬した笠石が残っている。これが織部灯籠の形式のものである。

千利久の弟子で武家茶道の祖といわれた伊勢津の城主古田織部正重然が茶室用の灯籠に作製したのが、この織部灯籠の形式である。織部灯籠などのうち切支丹に何かの関係のあるものが、切支丹灯籠だといわれている。松前家の墓地のものは織部灯籠の形式であって切支丹灯籠かどうかは分らない。しかし、その一基については台石とローマ字のTの頭文字が入っている。織部灯籠の竿石にはよくEーを基調に花文字を入れたものは良く見受けられるが、台石にTの文字の入った織部灯籠はこれ一基のみである。このTの文字について、松前家一族の誰かの墓で、その人の頭文字を入れたのだという考え方もあるが、種々の角度から考えて、これはクルス型（十字架）を表わしたものであるという。古切支丹時代にはTをもって十字架にした時代があるので、十字架を明示したものと考えられ、この面より考察するとき、松前家の墓地の一基は墓ということとなる。筆者がこの灯籠型を墓とする論拠はこのほかに、①この灯籠の配列は他の墓と同じ間隔を正しく置いて配列され、後日適当に移したものとは考えられない、②松前地方で青い水成岩をもってつくった墓碑は、非常に古く三百年を経過している、などがその論拠である。

織部灯籠　松前家墓地

織部灯籠は京都・大和地方に多く、北にくるに従って少なくなり、東京品川の智福寺に三基あるのが、北限のように考えられている。東北地方にはその姿は見られない。この織部灯籠が一足飛びに蝦夷地に入って現在四基残っている。

松前家墓地内の二基と、筆者が松前町字神明の山中で

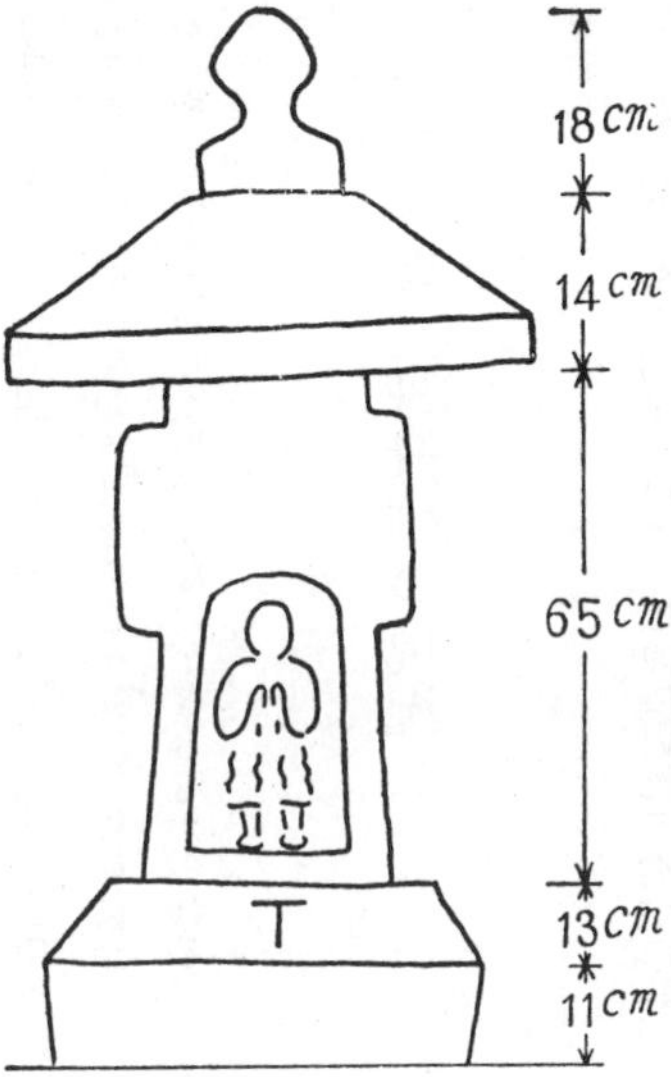

織部灯籠型墓碑　松前家墓地

昭和二十五年に発見したものと、有球郡有球町善光寺境内宝蔵脇にあるものと四基であるが、どうして織部灯籠が東北を越えて松前に入ってきたかということは、興味のある問題である。

松前家々臣履歴書の中に古田という古い家柄の家があり、その履歴には

○一世　五兵衛

徳川氏に仕へ桐之間相勤む同僚の乱心によって知行被召放、松前侯公広帰国の際被召連朝夕伴餮、藤倉四郎兵衛に命じ居宅を大松前に造り以って賜之、侯も時に之を訪門するあり。西部（モイン）即ち忍路を賜ふて之を管轄せしむ、以後名を杢之助と改む候参府陪従せしこと数度万治元年死す。

とあるが、この履歴書から見て、古田五兵衛が桐之間勤めの直臣であったとすれば、桐之間は万石家班の者の格式で大体従五位下ということであれば、相当の大身であったことが当然考えられる。

古田の一族は元和元年（一六一五）大坂方に加担した

廉で自殺を命ぜられて四散しているので、松前の古田家もおそらくは古田織部の流れをくむ一族で、松前に至ってから蝦夷地に流布したのではないかとも考えられる。

一六　切支丹遺跡の現況

千軒岳

函館から福山線の列車にのって松前にいたる途中に碁盤坂という駅がある。この駅で下車するとすぐ目の前に、道南山系の雄大千軒岳（一〇七二メートル）がその峨々たる山骨を目前に展開している。この山のすぐ下一帯から駅附近までが、昔の砂金掘りの行われていたところである。この附近に残る地名のなかにはずいぶん砂金掘りと関係のあるものが多い。その二、三をあげると、

(1)碁盤坂　御番坂というのが本当の書き方で、昔金山番所のあったところという。

(2)住　川　昔たくさんの砂金掘りがいたという。

(3)綱這野《つなはいの》　昔この附近が金山の境界線で、網を張って区分していたという。

(4)黄金山　黄金滝　昔金が一番あったところといわれ、桧山郡上の国村石崎川支流澄川から千軒岳にいたる中間にある。

と、砂金掘りと関係のある地名が多く、この地と砂金にまつわる伝説や小説もどきの実話も多い。明治八年（一八七五）北海道開拓使は早くもこの千軒金田の調査を、アメリカ人御用掛モンローに命じて行わせた。モンローはここにおもむいて約一月、砂金採取の採算がとれるか否かについてじっくり坪掘、猫流しの方法で二十二ヵ所位砂金を掘って見た。ところがどこを掘っても昔地層を掘起した跡があり、砂金はきわめて少量しか出ないので、採算はとれないと開拓使に報告している。

しかしごく最近砂金を掘りに行った人が、さっぱり出ないので中止しようかと思案していたところ、一つの異様に光る石を見付けたところ、これが三十二匁もある大きな砂金であったと大さわぎしたことがある。千軒の砂

番所跡石垣（右当別トラピスト浦口神父）

金は純度が良く、生金で二十二金で売買されるという。

外国人神父などの報告書にある千軒金山の切支丹居住地がどの辺であるかということについて、筆者は処刑地の調査をあわせ終戦後十回以上大千軒岳に登っている。大千軒岳には碁盤坂駅を下車してから、一の渡の鉄橋を渡り約四キロの地点までは立派な車道がある。ここで左折して千軒歩道に入るが、この道路は名のみで丈余の草が埋って案内人なしでは歩行も困難である。この道路を知内川本流沿いに進み出戸二股、中二股、奥二股の三流を超えた、駅から十四キロの地点に広い川原というところがある。ここは千二百坪位の平地であり、流域では一番広い土地で、登山者にはここがキャンプ地となる。この地が千軒岳では三合目位に当る。この奥五合目位までが当時の砂金掘りの蝟集居住した跡地である。どうしてそれが分るかというと、外人神父の報告書にもある通り、当時は砂金掘りといっても河の中の石や砂を取り除き岩盤の中にはさまっている砂金を拾うという、きわめて幼稚な方法であるため、河中の石を脇の方に積み上げたが、その石が現在もなお石垣となって残っている。しかもこの石垣の多いのは三合目から五合目までの間と、奥二股の沢の中であるから、石垣跡の多いこの附近に砂金掘りが多く住んでいたという結論になるのであって、切支丹たちもこの附近に多く住んでいたものと考えられる。

四合目の右方に約三百坪位の平坦地がある。ここを部落の人たちは「御番所《げんしょ》」と呼んでいる。二重の石垣に囲まれ、前方の石垣は高さ三メートルあり、内側の石垣は一・五メートル、延長は二十メートルに及んでいる。石垣も古い乱石積方式に則っているところからみても、おそらくは三百年は経過したものである。この石垣跡が金山番所跡とすれば、この附近が金山の中心地であったことは間違いない。番所跡より上方二百メートルの地点に大川原という地名のところがある。外人神父の報告書によれば、この大川原に教会を建立したという記録からして、この附近に教会があり五十人の信者もここで処刑されたものと思うが、遺物の発見はできないでいる。

大沢川附近

大沢川に砂金が発見されたのは元和三年(一六一七)であるが、その後寛永十六年(一六三九)の切支丹五十人の処刑まで、史料には全く表われていない。大沢川の調査は昭和三十一年から始められているが、部落の口碑伝説によって往時砂金掘りがたくさんいた沢は大沢川だということから、大沢川を中心に附近の反部川・ヒッの下川・荒谷川なども調査した。大沢川は全体的に砂金含有層が多く、古生層・青花崗岩層の中に雲母・石英岩層の小層が多く走っているところから見ても、往時の砂金掘りがうかがい知られる。この川は延長約六キロで岩盤が多いが、採金地跡と目されるのはあまり奥の方ではなく、上流二キロの地点である。ここには五、六百坪の平坦地があり、表土が非常に荒れているところを見ても盛んに採金されたと考えられる。切支丹行刑地がどこかは不明であるが、鉱夫の多く住んだ二キロの地点ではないかと考えている。

昭和三十三年部落の人が切支丹五十人の行刑地と考え

ている地点のやや上方の谷から、高さ約六十センチメートル重さ二十キロの石仏を発見して、部落に持ち帰り大沢法隆寺内陣に安置してある。この石仏は一見切支丹には関係のない大日如来のように考えられるが、しかし、人跡少ないこの山中で、切支丹処刑地と目される地点の附近から発見されたということからすれば、寛永十六年行刑された信者慰霊のため部落の人たちが、その地にこの仏像を安置して冥福を祈ったものではないかとも考えている。

大沢川で発見された石仏

石崎川流域

石崎で切支丹六人が松前藩に処刑された記録が分ったのは昭和三十年である。この資料の裏づけとして昭和三十一年に石崎川流域の調査が行われた。石崎は桧山郡上の国村のうち松前町に隣接し、この部落に注ぐ石崎川の支流は大千軒岳に源を発している。この川の流域二キロのところに満俺《マンガン》の生産日本一を誇る、中外・今井の二鉱山がある。この鉱山脇の道路のすぐ横に二つの古い鉱道が残っている。入って見ると延長十五メートル、高さ二メートルの手鑿による「ノミ」の跡が今でも確認でき、古生層・石英岩層を含んだ採金の跡が見られる。切支丹時代のものかどうかは研究の余地がある。上流六キロの地点の旧ベニヤ工場跡の二股附近に昔からの言伝えという塚があるが、今では畑地になっているため、その痕跡をとどめているに過ぎないが、今後発掘調査を要するところである。

石崎川上流の調査

　本流十キロの地点から千軒岳へ登るには支流の澄川を遡る。この澄川は道路は全くなく、千古斧を入れないブナの密林がつつき、熊がいるので、素手での調査は困難なほどの未開の地帯である。澄川から上流六キロに去沢というところがあり、この地点には砂金採取の際の石垣や去沢の水を引いて山を洗って、砂金を採取した導水路の跡などが残っている。ここから二キロ上流に黄金滝がある。この滝は落差十五メートルで深淵をたたえているが、大正年間に滝つぼを干して中の砂金を拾おうと、揚水発動機などを持込んで一攫千金を夢見たものがあったが、大雨のため囲が破れ、その夢も潰え、発動機のみが赤く錆びて砂金ブームの夢を伝えている。

　黄金滝の上流には三階滝や多くの淵があり、歩行は全く困難を極め、川も急流となるが、この附近にも三、四の砂金採取石垣が発見され、住居址の炉趾や陶器類も発見された。しかしこの地点から千軒岳までは約六キロで、歩行は全く困難になる。現在では人跡未踏で、熊の銀座通り化しているようなこの地に、人口わずか二万人位の蝦夷地時代に多くの切支丹たちが、このような地帯にまで入って砂金掘りをしながら、信教の道にいそしんでいたことは奇異に価することである。

主要キリシタン用語略解

（葡）ポルトガル語 （西）スペイン語 （拉）ラテン語 （伊）イタリア語の略

ア

アグハベンタ（葡）**agua benta** 聖水。アグワベンタとも云う。

あたへて 与手、施与主、天主のこと。

アチリサン（葡）atrição （拉）attritio （西）atrición 不完全なる痛悔。

アニマ（拉・伊・西・葡）**anima** 霊魂。

アビト（葡）habito 修道服、バテレン・イルマン等が平常着用。

アベマリヤ（拉）Ave Maria アヴェ・マリア、天使祝詞。

アポストロ（葡・伊）apostolo 使徒、キリストの選んだ十二使徒。アポストロスは複数。

アルセイホス（葡）arcebispo 大司教。

アルチイゴ（葡）artigo 箇条。ヒィデスのアルチイゴ＝信仰箇条、信条。

アンジヨ（葡）anjo 天使、御アンジヨとも云う。複数は**アンジヨス anjos**

イ

イグレジヤ（葡）**igreja**（西）**iglesia** 教会、聖堂、天主堂。エキレンシヤ、エケレジヤ（拉・伊）**ecclesia** に同じ。サンタエケレジヤはカトリック教会全体を指す。

イマセ（葡）**imagem** 影像、肖像、画像、聖画、御影（ごえい）。イマゼン、イマゼウとも云う。

イムノス hymnos 聖歌、讃歌。

イルマン（葡）**irmão** 伊留満、入満とも書く。神弟、兄弟の意。平修士、助修士、司祭職に挙げられた修道会司祭（伴天連）をも含む修道者一般をも指す。

インヅルゼンシヤ（葡）indulgencia 贖宥。インドフルゼンジヤ（拉）indulgentia とも云う。

インヘルノ（葡・西）**inferno** 地獄。

エ

エウカリシチア（拉・葡）Eucharistia 聖体の秘蹟。エウカリスチヤ又はユカリシチヤとも云う。

エケレジヤ（拉・伊）ecclesia 教会。イグレジヤを見よ。

エジット Egypto 国名、エジプト。

エスキリプツラ（葡） Escriptura 聖書。エスキリツラとも云う。

エステレマウンサン（葡） extremauncção（拉）extre-maunctio 終油の秘蹟。ウンサンとも云う。

エスピリツ（西）espiritu 霊。
エスピリッアル（西）espiritual 霊の、心霊の。
エスペランサ（葡）esperança 望み、徳望、対神徳の一つ。スペランサとも云う。
エアニダアデ（葡）eternidade 永遠。
エピストラ（拉）epistola 書簡。
エベレヨス（拉）Hebraeos ヘブライ人の意。
エムペラドル（葡）Emperador インペラトール、皇帝。エンペラトルとも云う。
エレジア（拉）heresia 異端。エレチヨとも云う。訛ってエレンジアとも云う。
エルミタン（葡）ermitão 隠修士。
エワンゼリヨ（葡）evangelho（拉）evangelium（伊・西）evangelio 福音又は福音書。エワンゼリヨの御法＝福音の掟。
エンテンヂメント（葡）entendimento 悟性、理解力。

オ

オスチヤ（伊）ostia（西・葡・拉）hostia ホスチヤ、聖餅。
オスピタル（西・葡）hospital 療養所、施療院、病院。
オヒシオ（葡）officio（西）oficio（拉）officium 日課、聖務日課、聖務日祷。オヒシヨとも云う。
オラシヨ（拉）oratio 祈、祈祷。
オラトリオ（葡・伊）oratorio 礼拝堂、祈祷所。オラトリヨとも云う。
オルデン（葡・西）orden 品級の秘蹟、叙品。オルデムとも云う。
オンタアデ（葡）vontade（拉）voluntas（西）voluntad（伊）volontà 意志、御オンタアデ、神の御意、聖旨、みむね。

カ

カザ（葡・西・伊）casa 住院、駐在所。
カテキシタ（葡・伊・拉）catechista（西）catequista 教え方、同宿とも訳す、カテキシモを教える人、伝道士。カテキスタとも云う。
カテキシモ（葡・伊）catechismo（西）catecismo, catequismo キリシタン教義の問答体解説書、公教要理。カテキズモとも云う。
カトリカ（拉）catholica（葡）catholico（西・伊）catolico 公、普遍、天主公教、天主教、カトリック教徒。
かなしみのうち 悲しみの内、（葡）Quadragesimo の訳、四旬節、復活祭前の悲しみの時期。
カノネシ（拉）canones 教会法、法律。

カペラ（葡・伊）capella（拉）capella, cappella 礼拝堂、聖堂、修道院、学校、邸宅等の附属礼拝堂。カペラとも云う。

ガラサ（葡）graça（西）gracia（拉）gratia（伊）grazia 聖寵、恩寵。

カリス（葡）calix, calis（拉）calix 盃、聖盃、祭爵。

カリダアデ（葡）caridade（西）caridad 慈愛、愛、愛徳。

カルタ（葡）Quarta 第四の意、クワルタとも云う。カルタヘリア（葡）Quarta-feria の略、日曜日から算えて四日目の日、水曜日。

カルデアル（葡）cardeal カーディナル、枢機卿。複数はカルデヤレス（葡）cardeales

カレンダリヨ（葡）calendario 教会暦、祝日表。

カンチイコ（葡）Cantico 雅歌（旧約聖書中の一書）、カンタテス（葡）Cantates とも云う。

キ

キリシタン（葡）Christão, Christã 吉利支丹、切支丹、鬼理志端、貴利至端とも書く、キリスト（カトリック）教徒、特に天文・慶長（十六・七世紀）から明治に至る日本カトリック関係の事項をさす。

キリシタンダアデ（葡）christandade（拉）christanitas（西）cristiandade キリシタン宗、キリシタン宗門徒全体、キリシタンの信仰。

キリシマ（拉・葡）chrisma（伊）crisma 聖香油。堅信（コンヒルマサン）に同じ、キリズマとも云う。

キンタ（葡）Qtinta 第五の意。キンタヘリヤ（葡）Qnintaferia の略、木曜日。

ク

クハレイズマ（葡）quaresma 四旬節、クハレズマとも云う。

クルシヒシヨ（葡）crucifixo 磔形像。

クルス（葡・西）cruz（拉）crux（伊）croce 苦留子とも書く、十字架。

ケ

ケレイト（拉）Credo 信条、使徒信経、ケレンドとも云う。

ケレリゴ（葡）clerigo 聖職者、複数はケレリゴス（葡）clerigos

けんぽう 憲法、（拉）justitia の訳、正義、成聖の恩寵の状態、御憲法、神の正義、神の義。

コ

コウロス（葡）Cōros 合唱隊、聖歌隊、聖堂二階の合唱席、聖堂の中央祭壇の周囲。

ごえ 御影、imagem キリスト、聖母、聖人等の信心用小型聖像。

ごこうりょく 御合力、（拉）gracia（葡）graça ガラサの訳、聖寵、恩寵。

ごさくしゃ 御作者（葡）Creador（拉）Creator の訳、創造主、造物主、御造主。

ごたいせつ 御大切（拉）amor, caritas（葡）charidade の訳、愛、慈悲、敬愛、親愛、親切、神の愛。

ごパッシヨ 御 passio（後婆通志与、御罰所）御パッションとも云う。passio は苦難の意、キリストの御受難。

ごみさ 御 Misa（御弥撒）ごミイサとも云う。（拉・葡）Missa（西）Misa はミサ聖祭の意。

コミサリオ（西）comisario（葡・伊）commissario 遣外司教、司教名代、管区長名代、司教区または管区の管轄にして遠地の場合、その司教または管区長を代表するもの。コミサリヨとも云う。

コムニヨン（葡）comunho（西）comunion 聖体拝領。コムニヤンとも云う。

コレヂヨ（葡・伊）collegio（西）colegio 学院、学林、学習所とも訳されているが、イエズス会の学校制度では大神学校に当る。コレイヂョとも云う。

ゴロウリヤ（拉・伊・葡・西）gloria 栄光、栄光の聖歌。コロウリヤ、ゴロリヤとも云う。

コロトン（葡）cordão（西）Cordon 縄帯（フランシスコ会士の上帯）。コルドンとも云う。

コロハ（葡）coroa 冠、花冠。コロワとも云う。

コンサガラサン（葡）consagração 聖別、聖変化。コンサカラル（葡）consagrar 聖別する。

コンシエンシヤ（拉）conscientia（葡）consciencia 良心。コンシヤンとも云う。

コンタス（葡）contas 数珠、ロザリヨのこと。コンタツとも云う。

コンチリサン（葡）contirição 胡無血利佐無、完全な痛悔。アチリサンと区別。

コンテンパラサン（葡）contemplação 観想、観念冥想。

コンパニヤ（葡）companhia（西・拉）compania（伊）compagia 会、修道会。キリシタンでは門派と訳す。ゼズスの門派（イエズス会）の略称、転訛してコンメニヤとも云う。

コンヒサン（葡）confissão 悔悛の秘蹟、告白、告解。七秘蹟の一、転訛してコンブサンシウとも云う。

コンヒルマサン（葡）confirmacão 堅信の秘蹟。

コンヘシヨン（西）confesión コンヒサンに同じ。

コンヘソル（拉・葡）confessor（西）confessor（伊）confesore 証聖者、信仰告白者、聴罪司祭、告解司祭。コンヘソレスは複数型。

コンベント（葡・西・伊）修道院。

サ

サガラダスキリツラ（葡）Sagrada Scriptura 聖書。

サカラメント（葡・西）sacramento（伊）sacramento, sagramento 秘蹟。バウチスモ（洗礼）、コンヒルマサン（堅信）、エウカリスチヤ（聖体）、コンヒサン（悔悛）、ウンサン（終油）、オルデン（品級）、マチリモニヨ（婚姻）の七秘蹟のこと。

サキリヒィシヨ（拉・葡・西）sacrificio（伊）sacrifizio 犠牲、聖祭。

サセルドウテ（葡・西・伊）sacerdote 司祭、聖職者。

サタナス（葡）Satanaz サタン、悪魔の頭。

サバオト（ヘブル）Sábaoth 万軍。サバオトの御主デウスと云えば、万軍の主なる神、万軍の天主。

サバト（葡）Sabbado（西）Sábado（伊）Sabato 安息日、土曜日。転訛してサハタとも云う。

サルヘレシヒナ（拉）Salve Regina めでたし元后の意、聖務日課中、聖マリアに対する終の交誦。

サルモ（葡）Psalmo 詩篇、讃歌、サルモスは複数型。

サン（葡）são, sã（西・伊）san 聖なる、男性の人名に付して「聖」の意に用いる。

サンタ（葡・西・伊）santa（拉）sancta 聖なる、聖女、女性の聖人。

サンタサントウルン（拉）Sancta sanctorum 至聖所。

サンチシイモ（葡）santtissimo（西）santisimo（拉）sanctissimo 至聖の、いと聖き、サンチシイモ・サカラメントと云う時は、いと聖き秘蹟即ち聖体の秘蹟（貴きエウカリシチヤのサカラメントとも云う）。

サンチシイマ・チリアンダアデ（葡）Sanctissima Trindade 至聖三位一体、サンチシイマ・チリアンダアデのミステリヨと云う時は、至聖三位一体の玄義。

サンチダアデ（葡）santidade（西）santidad 聖なること、聖性、神聖。

サンチヒカアド（葡）sanctificado 聖とされたもの。

サント（葡・西・伊）santo 男性の聖人。

サントサカラメント（葡）Santo Sacramento 貴き秘蹟、聖体。サント・サカラメントの祝い＝聖体の祝日。

サントサント（葡）santo, santo「聖なるかな、聖なるかな」

サントス（葡）santos サントの複数形、男性女性に共通。サントスの御作業＝聖人伝。

サントスのコムニヨ（拉）Communio sanctorum 諸聖人の通功。

三人の帝王（葡）Magos 三王または東方の三博士（聖嬰イエズスを参拝した人たち）。

シ

シエルサレン Hierusalem, Jerusalem イエルサレムのこと。

しきたい 色体、色身に同じ、肉体のこと。

シクタゼウン（葡）Secunda jejum 月曜の小斎。シクタはセクンダの転訛したもの。

シナゴガ（葡）Sinagoga シナゴグ、会堂（主としてユダヤ教のもの）。

じひや 慈悲屋、ミゼリコルヂア（拉・葡・西・伊）misericordia の訳、慈善施設。

ジャネイロ（葡）Janeiro, Januario 一月。

ジュイゾ（葡）juizo（西）juicio 審判、最後の審判、公審判。転訛してスイゾとも云い、辞伊座とも書く。

ジュスチイサ（葡）justiça（拉）justia（西）justicia 正義、義、ジュチイシアとも云う。キリシタン時代には、憲法と訳した。

ジュスト（葡）justo 正しい人、義人。

ジュデヤ（葡）Judea ユデア。

ジュデヨ（葡）Judeo 需天与、ユデア人。

ジュニヨ（葡）Junho 六月。

ジュヒレヨ（葡）juhileo 大赦、特別全贖宥（聖年または特別祝年にあたっての）。

ジュリヨ（葡）Julho 七月。

じゅんしょく 潤色、（拉）benedictio の訳、祝福。

シルクンジサン（葡）circumcisão 割礼、シルコンシサンとも云う。御身のシルクンジサン＝わが主イエズス・キリストの御割礼の祝日（一月一日）。

しんぺん 神変、奇特と同し、奇蹟のこと。

シンボロ（西）symbolo 信経、象徴。

ス

スカプラリヨ（葡・西）escapulario（拉）scapularium 無袖肩衣、修道服の一種。

スキリツウラ（葡）Scriptura 聖書、貴きスキリツウラとも云う。スキリツウラの法度＝十誡。

ススタンシヤ（葡）sustancia（拉）substantia（西）substancia 実体、本体。

ストラ（拉・伊）stola（葡・西）estola 頸垂帯、司教・司祭・助祭が儀式に着用する。

スピリツ（葡）spiritu 霊。

スピリッアル（葡）spiritual 霊の、心霊の。

スピリト（伊）spirito（葡）espirito（西）espiritu 霊。

スピリトサント（葡）Espirito Santo（拉）Spiritus Sanctus 聖霊。スピリトサントのドミンゴ（葡）Domingo de Spirito Sarito 聖霊御降臨の大祝日。

スペランサ（葡）sperança 望み、希望、望徳。エスペランサとも云う。対神徳の一つ。

スペリオル（葡・西・拉）superior 長上、修道院長。スペリオレス superiores は複数。

セ

セカンダ（葡）Segunda 第二の意、セカンダヘリヤの略。Segunda-feria＝日曜日から算えて二日目の日、月曜日。

セジェン（葡）jejum 大斎、断食、小斎。転訛してゼウンとも云う。

ゼズスキリシト（葡）Jesus Christo（拉）Iesus Christus（伊）Gesù Cristo（西）Jesús Cristo イエズス・キリスト。

ゼズスの門派 イエズス会、耶蘇会。コンパニヤとも云う。

セスタ（葡）Sexta 第六の意、セスタヘリヤの略。Sexta-feria＝日曜日から算えて六日目の日、金曜日。受難曜日。

セスタ講 勢数多講とも書く。金曜信心会の意。慶長年間、江戸にあったフランシスコ会系の組講。

ゼスタゼウン（葡）Sesta jejum 金曜日の小斎。

ゼゼマニア Gethsemania ヂッセマニの園、ゼッセマニとも云う。

セテンボロ（葡）Setembro 九月。

ゼネシス（拉・葡）Genesis 創世記。

ゼラル（葡）geral すべての、全体の。ゼラルの役＝首長、総長。

ゼロ（葡）zelo 熱意。

ゼロニモ（葡）Jeronimo（拉）Hieronymus（伊）Geronimo, Girolamo（西）Jerònimo 人名、ヒエロニモ。

セミナリヨ（葡・西・伊）seminario 小神学校、セミナリオとも云う。

セヤ（葡）Ceia（de Jesus Christo） イエズス・キリストの晩餐、最後の晩餐。

センシチイバアニマ（拉）sensitiva anima 覚魂、感覚、記憶の原動力。アニマインテレッアル anima intelectual 智魂、理性魂に対する。

センチイド（葡・西）sentido 感性、感覚。センチイドスはその複数型。

ゼンチヨ（葡）gentio 異教徒、教外者、キリシタン信仰をもたぬ者。転訛してセンチョウとも云う。

センチル（葡）sentir 感ずる。

センツリヨ（葡）centurio 百夫長、百人隊長、百卒長。

セントロ（葡）centro 中心、地心。

ぜんのがくもん 善の学問、倫理学のこと。

ソ

そくさい 息災、霊魂の平安。

ソブペリス（葡・西）sobrepelliz（拉）superpelliceum スペルペリチェウム、短白衣、司祭が祭式・祝別式に着用する白色の上衣。

ソベレナッラアル（葡）sobrenatural 超自然の、ナッアルに対する。ソベレナッアルの世＝超自然界、超自然的秩序。

ソマナ（葡）somana 週間。ドミンゴ（日）、セカンダ（月）、テルシヤ（火）、クワルタ（水）、キンタ（木）、セスタ（金）、サバト（土）の七日。

タ

ダイウス（拉）Deus の転訛。提宇子、大宇須とも書く。

たいせつ（拉）amor, caritas（葡）charidade の訳。愛、慈愛、慈悲、親切。ごたいせつ（御大切）＝神の愛、聖愛、御慈悲、大慈大悲。

たのもしき 頼母敷、頼敷（拉）esperança, confiança の訳、希望、望徳。テョロガアレス theologales 大神徳の一。

タランスヒクラサン（葡）transfiguração 変容。御身タランスヒクラサン＝我が主イエズス・キリストの御変容の祝日＝八月六日。

だんぎしゃ 談義者（葡）pregador の訳、説教者。談義者の門派＝プレヂカドレスの門派に同じ、ドミンゴの門派の別称。

ダンノ（葡）damno 劫罰を受けたもの、永遠に罰せられた者。

チ

ヂシピリナ（拉・葡・西・伊）disciplina 苦業用鞭、ヂシピリイナ。オテンペンシヤとも云う。

ヂシリサン（葡）discrição 思慮。

ヂビイナ（葡）divina 神の、神聖な。

ヂビイナレイ（葡）divina ley 神法、神から出た掟。

ヂビニダアデ（葡）divinidade 神性、ウマニダアデ humanidade に対する言葉。**ヂビンダアデ**（葡）**divindade**（西）**divinidade** とも云う。

チモルデイ（拉）**Timor Dei** 敬神。

ヂヤコノ（葡）diacono 執事、助祭。

ヂヤロゴス（葡）dialogos 対話、会話。

チリウンハンテ（葡）triumphante 凱旋の、勝利の。チリウンハンテのエケレジヤ＝凱旋の教会、勝利の教会。

ヂリゼンシヤ（葡）diligencia 精進、勤勉、才幹。

チリニダアデのドミイゴ（葡）Domingo de Trindade 三位一体の祝日。

チリンダアデ（葡）Trindade 三位一体。貴きチリンダアデ＝聖三位一体。

テ

デウス（拉）**Deus** 提宇子とも書く。天主、上帝、神。デウス御一体＝三位一体の天主。

デウスパアデレ（拉・葡）Deus Padre 御父天主、聖父。

デウスヒイリヨ（拉・葡）Deus Filho 天主の御子、キリスト。

テスタメント（葡）Testamento 契約。古きテスタメント＝旧約聖書、新しきテスタメント＝新約聖書。

デゼンボロ（葡）**Dezembro** 十二月。

デソベヂエンシヤ（葡）desobediencia 不従順、不服。

テデウム（拉）**Te Deum** 天主の恩恵を感謝する祈りの一つ。

テヨロガアレス（葡）theologales 対神徳。ヒイデス（信徳）、スペランサ又はエスペランサ（望徳）、カリダアデ（愛徳）の三対神徳。

テヨロゴ（葡）theologo 神学者、テヨロゴスは複数型。

テヨロヂヤ（拉・葡）theologia 神学。

テルサ（葡）Terça 第三の意、テルサヘリヤの略。Terça-feria 日曜日から算えて第三日目の日、火曜日。

てんぐ 天狗、悪魔。

てんしょく 天食、（拉）**Coelestem cibum** の訳、天の糧、聖体を指す。

テンタサン（葡）tentação 誘惑、悪魔の誘い。

てんどう 天堂、（葡）Paraiso の訳、天国。

てんのこうぐう 天の皇后、（拉）Regina Caeli の訳、聖母マリアを指す、現在は「天の元后」と称す。

てんのずいげん 天の瑞験、（拉）coelicas visiones の訳、天来の幻示、超自然的幻視、至福直観。

テンペランサ（葡）temperança（伊）temperanza 節制。

テンポロ（葡）templo 神殿、聖殿、殿堂、契約の櫃の至聖部分、即ち贖罪所、天主の櫃。

テンロ（葡）tenro 柔和な、優しい、憐憫の。

ト

どうしゅく 同宿、（葡・拉）catechista の訳、伝道士、教え方。

どうしんしゃ 道心者、行者、修士、隠者、遁世の修行者。山居の道心者＝山修士。

ドウネス（葡）dones 賜物。スピリッサントのドウネス＝聖霊の賜物、上智・聰明・賢慮・剛毅・知識・孝愛・敬畏の七賜物を指す。

とがおくり 科送り ①（葡）satisfação の訳、罪の償いを果すこと、サチスハサンとも云う。②（葡）penitentia の訳、痛悔、悔悛の秘蹟における罪の償い。

とがのぞき 科除き（葡）confissão の訳、悔悛の秘蹟、告解、告白。

ドチリナ（葡）doutrina 教理、ドクトリナ（拉）doctrina と云う、ドチリナキリシタンの略称。

ドチリナキリシタン（葡）doutrina christão キリスト教教理、文禄元年と慶長五年に日本耶蘇会版あり、明治初年にプティジャン版「聖教初学要理」として復活され、今日の「公教要理」となるに至る。

ドットル（拉・葡）doctor 博士、学者、教会博士。貴きドットレス＝聖博士、聖なる教会博士。

ドナ（葡・西）Doña（伊）Donna 貴婦人、貴婦人名、特にクリスチャン・ネーム（霊名）に冠する敬称、例えばドナ・ガラシア Doña Gracia これに対し、男性（紳士）はドン。

ドミニカ（拉）dominica 日曜日、主日。

ドミンゴ（葡・西）Domingo ①ドミイゴとも云う、日曜日、主日、②人名、ドミニコ（伊）Dominico ドミニクス（拉）Dominicus 転訛してドメゴスとも云う。

ドミンゴのもんぱ Domingo の門派、別名を教義者の門派、ドミニコ修道会、ドミニコ説教団。

トメイ Tomé 人名トマ、（拉）Tomas（伊）Tomaso（西）Tomás.

とりあわせ 取合せ、（葡）intercessão の訳、執成、取次。

とりあわせて 取合手、仲保者、執成者。

ドン（葡）Dom（西・伊）Don スペイン・ポルトガルで貴顕紳士名に関する敬称、クリスチャン・ネーム（霊名）の前に付す。

トンスラ（拉・伊・葡・西）Tonsura 剃髪、特に修道者の剃髪を指す。

ナ

ないしょう 内証、意向、旨。
ナタル（葡）Natal 降誕祭、クリスマス。御身のナタル（拉）**Nativitas Domini**＝我が主イエズス・キリストの御降誕の大祝日、十二月二十五日。
ナツウラ（拉）**natura** 自然、万有、天然、天性、本性、性質。ナツウラの上＝超自然。ナツウラの御法（みのり）＝自然法。
ナツウラウマアナ（葡）**natura humana** 人性、人間の天性。
ナツラアル（葡）natural 自然の、天地森羅万象、ソベレナツアル sobrenatual（超自然の）に対して云う。ナツラアルの世＝自然界、自然的秩序。
ナツレザ（葡）natureza 自然、万有、本性。
なみだのたに 涙の谷、（拉）lacrymarum valle の訳、この世、下界。

ノ

ノベンボロ（葡）Novembro 十一月。
ノンチヨ（葡）**nuncio** 教皇大使。

ハ

パアテルナウステル（拉）Pater noster われらの父の意、主祷文、主の祈。
バウチシモ（葡）baptesimo（西）bautismo（伊）battesimo 洗礼。
パシエンシヤ（葡）paciencia 忍耐。
パシヨン（西）Passíon キリストの受難。パシヨン節＝イエズス御受難の主日。
パスカ（拉）Pascha 巴斯卦、復活祭、過越祭。パスコワ（葡）Paschoa ハスクハ、パスクワとも云う。
パストル（拉・葡）pastor 牧者。よきパストル＝キリスト聖名の一。
パチリアルカ（葡）patriarcha（伊・西）patriarca ①太祖（旧約時代のアブラハム等）②総大司教 ③総主教（東方非カトリック教会の高位聖職者）。パチリアルカジャコブ＝太祖ヤコブ。
パツシヨ（拉）Passio 苦難の意、パッションとも云う。キリストの御受難。ごパッショ（御ばつしよ、後婆通志与）は敬称。
パツパ（葡）Papa 教皇。

パテナ（拉・葡）patena 聖鉢、聖体拝領の時に用いる受皿。
パーテル（拉）Pater 父の意、①三位一体なる天主の第一位格、聖父を指す、②パーテルノステルの略。
パーテルノステル（拉）Pater noster われらの父の意、おんあるじのオラショとも云う。主祷文、主の祈。
パーデレ（葡・西・伊）Padre（拉）Pater 父の意、パードレ、バテレン（伴天連）とも云う。神父、司祭、師父。
ハテンシヤワ（葡）potencia ポテンシヤの転訛、能力、力。
パトリアルカ パチリアルカに同じ。
パプチスモ（葡）baptismo 洗礼、バウチシモとも云う。
パライソ（葡・西）Paraiso（伊）Paradiso 天国、天堂。
パライゾテレヤル（葡）Paraiso terreal 地上の楽園、エデンの園。
ハラオ Pharao ファラオ、エジプト国王の称号。
バルトロメヨ（伊・葡・西）Bartolomeo 人名、バルトロメオ、（拉）Bartholomaeus.
パルマ（拉・伊・西・葡）palma 棕櫚、その枝または葉、勝利凱旋の象徴、枝の主日に使用、転訛してハルマとも云う。
はんだい 飯台、祭壇。

ヒ

ヒイアツ（西）Fiat 認可、承諾。
ヒイデス（拉）Fides 信仰、信徳。対徳神の一つ。ヒデスに同じ。
ビシタドル（葡・西）visitador 巡察師、巡察伴天連。
ヒシタトロ（葡）visitação 訪問、視察、巡察。サンタ丸ヤヒシタトロ＝聖母御訪問の祝日。
ビスパアド（葡・西）bispado 司教区。
ビスポ（葡）bispo 司教。ビスボスは複数型。
ビセプロビンシヤル（葡・西）Vice-provinciale 副管区長、管区長代理、管区長座から遠方の地で、将来一管区となる見込があるが、まだ独立していない修道会伝道区の長。
ビセレイ（葡）vicerei（西）virrey（伊）vicere 副王、太守、総督、特に属国における王代理。
ビセンテ（葡）Vicente 人名、ヴィンセンシオ（拉）Vincentius（伊）Vincenzio（西）vincente
ビタアクチワ（拉）vita activa 活動的生活、修道生活の活動的方面、冥想的方面に対する。
ビヂリア（葡）vigilia 終夜（徹夜）祈念の行、キリシタンでは「不眠の行」と訳す。

ヒデス（拉）fides（伊）fede（葡・西）fé ヒイデスに同じ。

ヒビリヤ（拉・西・葡）Bibilia（伊）Bibbia 聖書。

ヒヨノノ Pio 人名、ピウス、ピオ、バッパヒヨノノ＝教皇ピオ。

ピラトス Pilatos 人名、ピラト、ローマのユダヤ総督。

ヒリガドウジヨウ（葡）Purgatorio プルガトリヨの転訛、煉獄。

ヒリヨ（葡）Filho（伊）Figlio（西）Hijo 聖子、三位一体の天主の第二位、キリスト。

ビルジネス（葡）virgines 処女、童貞女。

ビルゼン（葡）Virgem（西）Virgen 処女、童貞女、特に聖母マリアを指す。ビルゼンス（複数型）＝もろもろの童貞者。

ビルゼン・サンタ・マリヤ（葡）Virgem Santa Maria 童貞聖マリア。

ビルヂンダアデ（葡）virgindade 処女の貞潔、童貞。ビルダンダアデの善＝貞潔の徳。

ビルツウス（拉）virtus ①善徳、力 ②天使の階級、力天使。

ヒロゾハル（葡）philosophar 哲学する。

ヒロゾヒヤ（拉）philosophia 哲学。

ヒロゾホ（葡）philosopho 哲学者。

フ

プウロスピリツ（葡）puro spiritu 純霊。

ふだい 普代、臣属、奴隷。天狗の普代＝悪魔の奴隷。

ふみんのぎょう 不眠の行、（拉）vigilia の訳、終夜（徹夜）祈念の勧行。

フライ（西）fray 布羅以、修士。フラレ（西）fraile の略。

フライド（葡）frade 兄弟。

フライレ（西）fraile 修道者、アウグスチノ・フランシスコ・ドミニコ・カルメル等修道会員の称、伴天連、伊留満を問わず、名に冠して呼ぶ。通常フライと約し、略字 Fr を用いる。

プルヒカサン（葡）purificacão 潔め、浄化。サンタマリヤのプルヒカサン＝童貞マリアのお潔めの祝日、二月二日。

フルイサン（葡）fruição 結果、果徳。

プルガトリヨ（伊・葡・西）purgatorio 煉獄、転訛してプルガトウリウとも云う。

ふるきごおきて 古き御掟、旧約の掟、モイゼ（モーゼ）の律法。これに対して、新約の掟を今の御掟（キリストの掟、福音の掟）と云う。

ふるきみのり 古き御法、古き御掟に同じ。
プルデンシヤ（葡）prudencia 賢慮、賢明。
プレスビテロ（西）presbitero 司祭。
プレヂカドレスのもんぱ Predicadores の門派、談義者の門派とも云う。説教者の兄弟会の意、ドミンゴ門派の別称、ドミニコ会を指す。（拉）Ordo Praedicatorum
プロビデンシア（葡）providencia 摂理、神慮。
プロビンシア（拉・伊・葡・西）provincia 州、管区（修道会の）。
プロビンシアル（葡・西）provincial（拉）provincialis（伊）provinciale 管区長。

へ

ベアタ（葡・西・伊）Beata 聖なる、聖女、女性の聖人。
ベアチヒカサン（葡）beatificação 列福、列福式。
ベアト（葡・西・伊）Beato 聖なる、男性の聖人。
ヘイトロ（葡・西）Pedro ペドロとも云う。人名ペトロ（拉）Petrus（伊）pietro。
ヘイボ（葡）phebo ポイボス、光輝あるものの意、光の神、アポロの別称。
ヘスキリシト（西）Jesucristo イエズス・キリスト、（葡）ゼズス・キリシト。
ベゼタチイバアニマ（葡）vegetativa anima 生魂。
ベゼタイチバポテンシヤ（葡）vegetativa potencia 営養、成長の力。
ベナベンツランサ（葡）benaventurança 祝福、浄福、吉祥、円満福徳。
ベニアルとが（葡・西）venial 科、小罪。venial は赦され得るの意、モルタル科に対する。
ペニテンシヤ（西・葡）penitencia 科送りとも云う。悔悛の秘蹟。
ベヤタ（葡・西・伊）Beata ベアタとも云う。聖なる、聖女。
ヘベレイロ（葡）Fevereiro 二月。
ベヤチイシマ（西）beatissima 女性形容詞最上級、至聖なる。
ベヤチシイモ（西）Beatissimo, ma 男性形容詞最上級、至聖なる、いと貴き。
ベヤト（葡・西・伊）Beato ベアトとも云う。聖なる、福なる、男性の聖人。ベヤト日＝聖日、祝日。
ペルセギサン（葡）perseguição 迫害。
ペルセクシヨン（西）persecución 迫害。
ペルソウナ（拉・葡）persona ペルソナ、位格。三つのペルソウナ＝パアデレ（聖父）、ヒイリヨ（聖子）、スピリッサント（聖霊）。

ペルヘイサン（葡）perfeição 完徳、円満な人格の完成。

ペルヘチシイモ（葡）perfetissimo 最も完全。

ヘレイ（西）Fray 修道者、フライレに同じ。

ペレセンタサン（葡）presentaç̃o 奉献。ビルゼンサンタマリアのペルセンタサン＝童貞聖マリアの御奉献の祝日、十一月二十一日。

ペレナリヤ（拉）plenaria 充全の、充満した。

ベレン Belem 地名ベトレヘム。

ベンサン（葡）Bençāo 祝福、聖体降福式（ベネディクション）。

ペンテコステス（葡）Pentecostes ペンテコステ、聖霊御降臨の大祝日。

ベント（葡）Bento 人名、ベネディクト（拉）Benedictus（西）Benito

ホ

ポセシヨン（西）posesión もちもの、所有物、取得。

ぼだいしん 菩提心、（拉）devotio の訳、信心、安立。

ポテンシヤ（葡）Potencia ①力、能力 ②天使の階級名、能天使。

ボニシイモ（葡）bonissimo 最善好意。

ポベレザ（葡）pobreza 清貧、貧窮。

ホルタレザ（葡・西）fortaleza 剛毅、堅固強精の徳、超自然的倫理道徳中の四枢要徳の一つ。

ホルマ（拉・葡）forma 物の精とも云う。形相、形態。

ポロシモ（葡）proximo 隣人。ポロシモの大切＝隣人愛。

ポロビデンシヤ（葡）providencia 摂理、神慮。

ポロヘシヤ（葡）prophecia 預言。ポロヘシヤスは複数型。

ポロヘイタス（葡）prophetas（伊・西）profeta 預言者。ポロヘタスとも云う。

ポロボ（葡）probo 代官、総督。

ポロミサン（葡）promessão 約束。ポロミサンの国＝（葡）Terra de promissão 約束の地、カナアンの地、乳と蜜との流れる地（創世記三ノ八）。

ほんじ 本寺（拉）cathedrale の訳、司教座聖堂、大聖堂、本聖堂。

ボンダアデ（葡）bondade 善意、好意。

ポンチヒカアト（葡）pontificato 教皇職。我がポンチヒカアトの受禅＝わが教皇登位。

ポンチヒセス（葡）pontifices 教皇、司教。

ほんどう 本道、内科（医学用語）のこと。

マ

マイヨ（葡）Maio 五月。
マギニヒカト（拉）Magnificat 聖母頌歌、マグニフィカト（ルカ一ノ四六—五五）
マサン（葡）maçāo 善悪識別の木（創世記二ノ一七）
マゼスタアデ（葡）majestade 尊厳、威光。デウスのマゼスタアデ＝天主の御威光。
マチナス（葡）Matinas 朝課、聖務日課中の定時課の一部、勧行の一種。
マチリモニヨ（葡）matrimonio 婚姻。
マテマチカ（拉）mathematica 数学。
マテリヤ（拉・葡）materia 物の下地とも云う。物質。
マルジ 丸じ、マルチル（殉教者）の転訛。
マルソ（葡）Março 三月。
マルダアデ（葡）maldade 悪意。
マルヂザン（葡）maldição 呪い。
マルチリ マルチリヨに同じ。
マルチリヨ（葡）martyrio（伊・西）martirio 殉教。
マルチル（拉・葡）martyr（葡・西）martir 丸散、丸血留、殉教者。マルチレス（葡）martyres, martires は複数。
マンダメント（葡）mandamento（西）mandamiento 命令、戒律、天主の掟。マダメントとも云う。十のマンダメント＝十誡。
マント（葡・西・伊）manto 外套、特に宣教師用。
マンナ（拉・葡）manna マナ、天の糧、天食。

ミ

ミイサ ミサに同じ。
ミゲル Miguel 弥解留、ミケルとも云う。天使または人名、ミカエル。
ミサ（拉・葡）Missa（西）Misa 弥撒、ミサ聖祭。ごミサ（御ミサ）＝ミサ聖祭の敬称。
ミサこたへ ミサ答、ミサ侍者、ミサ仕えに同じ。ミサを挙行する司祭の言葉に答えるもの。
ミスチカテヨロジヤ（拉）mystica theologia 神秘神学。
ミステリヨ（葡）mysterio 玄義。サンチシイマチリンダアデ・インカルナサン・パシヨン・エウカリスチヤのミステリヨ＝至聖三位一体・御託身・御苦難・聖体の玄義。
みらいき 未来記、（葡）prophecia の訳、預言。
ミリタンテ（葡）militante 戦いの、戦闘の。ミリタンテのエケレジヤ＝戦闘の教会、戦いの教会、地上の信徒を指す。プルガンテのエケレジヤ（煉獄の霊魂を指す、潔めの教会）・リウンハンテのエケレジヤ（天国の聖人を指す、凱旋の教会）と共に、キリストの神秘体を形成。

メ

メザ（葡）**mesa** 食卓。

メジタサン（葡）**meditação** 黙想、観想、冥想。

メノウレス（葡）**menores** いとも小さき。メノウレスの門派＝小さき兄弟会、フランシスコ修道会の別称。

メモウリヤ（葡）**memoria** 記憶、覚え、記念。

モ

モイゼス Moises 人名、モイゼ（モーゼ）

モデスチヤ（葡）modestia 謙遜、慎み、貞節。

モニエス（葡）**monjes** 行者、隠修士、修道士。

モルタル（葡）**mortal** 死すべき、死ぬべきもの。モルタル科＝大罪、悔悛の秘蹟によらなければ赦されない罪、魂の死、永生（救い）に支障を来すべき罪を指す、ベニアル科（小罪）に対する。七つのモルタル科＝高慢、貪欲、邪淫、貪食、懈怠、嫉妬、憤怒。

もろもろのひととむらひ 諸人葬い、（拉）Commemoratio Omnium Fibelium Defunctorum の訳、奉教諸死者の記念日。

もろもろのヘヤトのかひ 諸々のヘヤトの会、（拉）Omnium Sanctorum の訳、諸聖人の大祝日、十一月一日。

もんぱ 門派、（葡）companhia ordem の訳、修道会。御門派は敬称。

ユ

ユカリシチヤ（拉・葡）euchalistia 聖体の秘蹟。

ゆきのサンタまるヤ 雪のサンタ丸や、（葡）Santa Maria della Neve ローマの雪の聖母マリア大聖堂奉献の祝日、八月五日。

ラ

ラダイニヤス（葡）ladainhas 連祷。

ラチリア（葡）latria 崇拝、礼拝。

ラチン latin 拉丁、羅典、ラテン。

らっし 臈次、（葡）ordem の訳、秩序。

ラモスのドミンゴ（葡）Ramos の Domingo 枝の主日。

リ

リウズ　デウスの転訛。リウズ仏＝天主、神。

リベラリダアデ（葡）liberalidade　自由、心の自由濶達。

リヤン　Lião　人名、レオ。

リンテヨ（葡）Linteo　布の如き器（使徒行録一〇ノ一一）。

リンボ（葡）Limbo　古聖所。

ル

ルシヘル　Lucifer　天使名、神に反逆してサタン（悪魔）となった天使。

ルシヤ　Lucia　人名、ルチア。

ルソン　Luzon　呂宋、地名、フィリッピン群島のルソン島。

レ

レグワ（葡・西）legua　長さの単位、約一里に相当。

レジメント（葡）regimento　管理。コンフラリヤのレジメント＝お組の管理。

レズレイサン（葡）Resurreição　復活、イエズス・キリストの御復活。

レタニヤ（葡）letania　連祷、ラダイニヤスと同じ。

レヂナ（拉）Regina　元后。

レデンサン（葡）Redempção　贖い、贖罪、救い。レデンサンのミステリヨ＝救世の玄義。

レトリカ（拉・葡）rhetorica　修辞学。

レプビリカ（葡）republica　共同生活、国家、共同体。

レリキヤ（葡）reliquia　聖遺物。

レリヂヤン（葡）religiam　宗教的、特に信心敬虔の心、宗教的行事。

レリヂヨソ（葡）relgioso　修道者、行者。レリヂョソスは複数。

レリヂヨン（西）**religión**　修道院、修道生活。

ロ

ロウレンソ　Lourenço（伊・西）Lorenzo　人名、ロレンソ、ラウレンチウスのこと。

ロザイロ　ロザリヨに同じ。

ロザリヨ（葡・西・伊）rosario（伊）rosarjo　玫瑰花冠、聖母に対する祈祷と祈祷用具、コンタスの別名。

ロヂカ（拉）logica　論理学。

ロマノス（拉）**Romanos**　ローマ人の意。

ワ

ワイダアデ（葡）vanidade 実もなきこと、空しきこと、偽り、虚栄。

ヱ

エの項を見よ。

ヲ

オの項を見よ。

あとがき

「きりしたんの愛と死」は昭和三十五年新刊「切支丹風土記」をもとにし、補篇再編集をしたものである。当時は刊行部数も少なく絶版のままであったが、その後切支丹史に対する関心は更に騰まり再刊の要望が多くの方々から寄せられていた。ここに明治百年を記念し再刊することにしたものである。本書は本来、助野健太郎と山田野理夫によって企画・編集されたもので、再刊するにあたり責任の意味を含めて、あきらかにし、定本とすることにしたのである。改めて執筆者の方々と、再刊をお引受け頂いた東出版社及川篤二氏また編集にたずさわられた吉富英紀氏に心からお礼を申上げる。

一九六七年十一月

助野健太郎
山田野理夫

復刻
キリシタン迫害と殉教の記録（下巻）　定価2,100円（本体2,000円＋消費税）

初　版　2010年8月31日復刻発行（旧初版発行日　1967年11月25日）
共著者　飯塚伝太郎・斉藤秀夫・内山善一・満江　厳・海老沢有道
山口弥一郎・梅宮　茂小野忠亮・今村義孝・山田野理夫
榎本宗次・松野武雄・永田富智
編　者　助野健太郎・山田野理夫
発行者　山内継祐
発行所　〒112-0014　東京都文京区関口1-21-15
株式会社フリープレス
電話03（3266）1121　ファクス03（3266）1123
e-Mail　info@freepressss.co.jp
発売所　㈱星雲社
印刷所　日本ハイコム株式会社
製　本　ダンク セキ株式会社
 ISBN978-4-434-14740-1　C0016　¥2000E

きりしたんの愛と死

―その歴史と風土と―

全3巻

九州編（上）

薩摩の切支丹	茂野幽考
豊後の切支丹	半田康夫
平戸の切支丹	板橋勉
生月の切支丹	助野健太郎
長崎の切支丹	片岡弥吉
島原の切支丹	助野健太郎
天草の切支丹	今村義孝
五島の切支丹	田北耕也
肥後の切支丹	上妻博之

近畿中国編（中）

防長の切支丹	樋口彰一
芸備の切支丹	チースリク
四国の切支丹	松田毅一
南近畿の切支丹	松田毅一
都の切支丹	海老沢有道
近江の切支丹	助野健太郎
北陸の切支丹	カステラン
尾濃の切支丹	森徳一郎

東日本編（下）

駿河の切支丹	飯塚伝太郎
相模の切支丹	斎藤秀夫
江戸の切支丹	内山善一
伊豆諸島の切支丹	満江巌
北関東の切支丹	海老沢有道
福島の切支丹	(1)山口弥一郎 (2)梅宮茂
仙台の切支丹	小野忠亮
南部の切支丹	山田野理夫
山形の切支丹	榎本宗次
秋田の切支丹	今村義孝
津軽の切支丹	松野武雄
蝦夷の切支丹	永田富智